Arrière : Jonathan Choujaï, Audrey Lorans
Avant : Noémie Roy Lavoie, Valérie Fortier, Perrine Faillot et Katy Boudreau

Comme dit le proverbe : « les affaires sont les affaires », et les voyages qu'elles occasionnent nous conduisent régulièrement à partir à la rencontre de clients, collègues et autres fournisseurs.

Il s'agit toujours d'un investissement important, en temps comme en argent, qui constitue par là même un acte de consommation stratégique. Heureusement, la province recèle un grand nombre d'établissements de qualité, couvrant une vaste gamme de besoins. Les raisons de se déplacer sont multiples, et les voyageurs d'affaires constituent aujourd'hui une clientèle à part, avec des contraintes particulières qui imposent de la rigueur dans le choix des prestataires durant les déplacements.

Chaque année, l'équipe du Petit Futé sillonne le Québec à la recherche des meilleures adresses. Que se soit pour un voyageur seul, en petit ou en grand groupe, vous trouverez dans nos pages des établissements qui répondront à vos attentes. Que vous recherchiez un hôtel dans lequel organiser un grand congrès un restaurant ou inviter vos clients ou une auberge champêtre pour discuter stratégie, vous trouverez toutes les informations dont vous avez besoin.

Vous avez en tête une idée précise de la région dans laquelle vous souhaitez séjourner ? Consultez notre sommaire et rendez-vous au chapitre qui la concerne. Et si vous hésitez entre plusieurs régions, vous repérerez facilement celle qui répond à vos attentes grâce à nos informations sur leurs atouts respectifs.

Même si le travail est le principal motif de votre déplacement, pourquoi ne pas le combiner avec la découverte des somptueux paysages du Québec, de ses bonnes tables et du confort de ses auberges ? Nous vous invitons à travers cet ouvrage à découvrir ce que le Québec a de mieux à offrir pour rendre l'expérience mémorable. Nous vous souhaitons bonne lecture et succès dans vos voyages et réunions d'affaires !

PRÉCISIONS SUR LES PRIX INDIQUÉS DANS NOS ARTICLES :

Prix des chambres d'hôtel

Selon la taille du groupe, le prix de la chambre varie. Le Petit Futé vous donne un tarif indicatif pour une chambre en tarif corporatif. Mais, il est conseillé de bien demander quel est le prix, en fonction du nombre de personnes.

Prix des tables d'hôte dans les restaurants

$: 10-20 $ la TH
$$: 20 – 40 $ la TH
$$$: 40 – 60 $ la TH
$$$$: plus de 60 $ la TH

ÉDITÉ PAR :

Les Éditions Néopol Inc | 43 av. Joyce, Montréal (Qc) H2V 1S7
tél : 514-279-3015 | fax : 514-279-1143
courriel : redaction@petitfute.ca | www.petitfute.ca

Administrateurs : Jonathan Chodjaï, Audrey Lorans.
Directeurs de collection : Jonathan Chodjaï, Michaël Galvez.
Directrice des publications : Audrey Lorans.
Directeur de la rédaction : Jonathan Chodjaï.
Directrice du studio : Noémie Roy Lavoie.
Auteures : Valérie Fortier, Katy Boudreau.
Conseillère en publicité : Perrine Faillot.
Impression : LithoChic
Distribution : Socadis-Flammarion.
ISBN : 978-2-922450-77-4
Dépôt légal – Bibliothèque nationale du Québec, 2009.
Dépôt légal – Bibliothèque nationale du Canada, 2009.

AVERTISSEMENT

Tous les prix et adresses qui se trouvent dans ce guide étaient valables au 1er septembre 2009. Il est possible que les prix aient un peu augmenté et que certains établissements aient fermé entre le jour de l'impression de ce guide et le moment où vous l'utiliserez. En ce qui concerne les horaires d'ouverture, ils peuvent avoir été modifiés.

Photo en couverture © Eric Gevaert - Fotolia.com
Photo d'équipe en page 1 © NRL

004 I Pratique

013 I Montréal

051 I Québec

078 I Régions

Abitibi-Témiscamingue—078
Bas-Saint-Laurent—083
Cantons-de-l'Est—088
Centre-du-Québec—100
Charlevoix—105
Chaudière-Appalaches—110
Côte-Nord—118
Gaspésie—123

Îles de la Madeleine—130
Lanaudière—133
Laurentides—139
Laval—149
Mauricie—152
Montérégie—159
Outaouais—167
Saguenay-Lac-St-Jean—177

TRAIN

COORDONNÉES DES GRANDES GARES FERROVIAIRES

Montréal
GARE CENTRALE DE MONTRÉAL

895, de la Gauchetière O

514-989-2626 / 1 888-842-7245

M° Bonaventure. Heures d'ouverture de la gare : lun-dim, 5h30-00h15. Heures d'ouverture de la billetterie : lun-dim, 6h-21h.

Québec
GARE DU PALAIS

450, de la Gare du Palais | 1 888-842-7245

Heures d'ouverture de la gare et de la billetterie : lun-ven, 5h15-21h ; sam-dim, 7h-21h.

Ottawa
GARE D'OTTAWA

200, Tremblay Road | 1 888-842-7245

Heures d'ouverture de la gare : lun-ven, 5h-22h30 ; sam, 6h-minuit ; dim, 7h30-minuit. Heures d'ouverture de la billetterie : lun-ven, 5h-21h ; sam-6h-19h ; dim, 7h30-21h.

Toronto
UNION STATION

65, Front Street W | 1 888-842-7245

M° Union. Heures d'ouverture de la gare : lun-sam, 5h30-00h45 ; dim, 6h30-00h45. Heures d'ouverture de la billetterie : lun-ven, 6h-22h30 ; sam, 6h15-22h ; dim, 7h-22h.

VIA RAIL

1 888-842-7245 | www.viarail.ca

Pour les réservations et achats de billets :

➲ En ligne : système sécuritaire de réservations en ligne (www.viarail.ca) – réservations d'hôtels, voitures, activités et forfaits aussi disponibles

➲ En personne : billetteries VIA et agences de voyages

➲ Par téléphone : 1 888-842-7245

Forfait BizPAk

Pour les voyageurs fréquents, le forfait BizPAk permet d'acheter 10 allers simples en classe Économie afin de voyager à sa guise, tout en économisant jusqu'à 25% sur le plein tarif adulte.

Nouveauté en classe Affaires

Une expérience culinaire vous attend sur le train de 17h voyageant entre Montréal et Toronto. À bord d'une voiture de style européen, profitez d'un apéritif de bienvenue avant de déguster un repas 3 services. Autres petits plus : l'accès privilégié au salon Panorama dans certaines gares, un lounge exclusif avec téléviseur, un espace de travail avec prise pour portable et Internet sans fil facturé à l'utilisation.

Noliser une voiture

Pour une réunion d'affaires hors de l'ordinaire, optez le service de réunion et de voitures nolisées de VIA Rail. Pour plus d'information sur les classes de service, les menus, l'animation, les destinations et les services offerts, contactez Via au 1 888-842-0588.

Internet à bord

Service Internet sans fil facturé à l'utilisation disponible à bord des trains du corridor Québec-Windsor, de même que dans les principales gares de la région et les salons Panorama. Plans d'accès quotidien et mensuel disponibles.

AirConnect

VIA Rail offre le service AirConnect entre la gare de Dorval et l'aéroport Montréal-Trudeau (minibus gratuit). Le coût est de 12$ à partir de la gare centrale de Montréal. Pour les voyageurs arrivant de l'Ouest, cette liaison est incluse dans les prix du billet. Ce service est également disponible à partir de l'aéroport.

Tarifs spéciaux

Renseignez-vous sur les tarifs pour entreprises, les tarifs spéciaux pour congrès et conférences, ainsi que le programme de récompense VIA Préférence.

AUTOBUS

L'achat de billets se fait généralement en personne dans les gares routières ou chez les agents autorisés. Par contre, toutes les compagnies offrent également le service d'achat en ligne par carte de crédit sur leur site Internet. Vous devez cependant imprimer vos billets.

COORDONNÉES DES GRANDES GARES ROUTIÈRES

Montréal
STATION CENTRALE D'AUTOBUS DE MONTRÉAL
505, de Maisonneuve E | 514-842-2281
Mᵒ Berri-UQÀM. Heures d'ouverture de la gare routière et de la billetterie : 24h/24, 7j/7.

Québec
TERMINUS D'AUTOBUS DE LA GARE DU PALAIS
320, Abraham-Martin | 418-525-3000
*Heures d'ouverture de la gare routière et de la billetterie : 5h30-00h45, 7j/7. *Les arrivées et départs se font également en dehors des heures d'ouverture de la gare routière.*

Ottawa
OTTAWA BUS TERMINAL
265, Catherine Street | 613-238-5900
*Heures d'ouverture de la gare routière et de la billetterie : 5h30-minuit, 7j/7. *Les arrivées et départs se font également en dehors des heures d'ouverture de la gare routière.*

Toronto
TORONTO COACH TERMINAL
610, Bay Street | 416-594-1010
Mᵒ Dundas. Heures d'ouverture de la gare routière et de la billetterie : 5h30-minuit, 7j/7.

COMPAGNIES D'AUTOBUS

GROUPE LA QUÉBÉCOISE
1 888-872-5525
418-872-5525 (région de Québec)
www.autobus.qc.ca
Noliser un autobus
Le Groupe La Québécoise est fort connu dans le service du transport nolisé au Québec et de l'organisation de voyages dans la province, au Canada et aux États-Unis. Il met à votre disposition deux types d'autocars : de luxe et VIP. D'une capacité de 56 personnes, la série de luxe offre des sièges spacieux, un système de son haute-fidélité, télévision et vidéo, etc. Pour un voyage plus confortable, les autocars VIP, d'une capacité maximale de 34 passagers, sont aménagés de façon à permettre aux voyageurs de poursuivre leur travail plus aisément : salon, système audio-vidéo, réfrigérateur-cafetière, téléphone cellulaire à disposition, connexion ordinateur, tables de travail, écouteurs individuels et stores vénitiens aux fenêtres. Les sièges de cette série peuvent également se convertir en sièges-couchettes. Pour obtenir une soumission sur la location d'autocar, contactez-les par téléphone ou en remplissant la demande de soumission en ligne sur leur site Internet (formulaire pour la série de luxe uniquement). La Québécoise assure également la liaison entre le centre-ville de Montréal et l'aéroport Trudeau.

ORLÉANS EXPRESS
1 888-999-3977
514-395-4000 (région de Montréal)
418-525-3043 (région de Québec)
www.orleansexpress.com
Pour les réservations et achats de billets : en personne à l'un des points de vente dans les gares routières ou sur leur site Internet (imprimante requise). Orléans Express dessert la grande région de Montréal, la Mauricie, la grande région de Québec, le Bas-Saint-Laurent et la

Gaspésie ; ainsi que le Nouveau-Brunswick, la Nouvelle-Écosse et l'Île-du-Prince-Édouard par le biais de sa filiale Acadien. Service quotidien de navette aéroportuaire à partir de/vers Sainte-Foy, Québec, Trois-Rivières et Montréal vers l'aéroport Trudeau. Des services additionnels entre la gare routière de Montréal et l'aéroport sont assurés par l'Aérobus (transfert d'autobus requis).

Transport de personnes d'affaires

Si vous êtes un utilisateur fréquent, optez pour les livrets de billets prépayés (10 ou 20 allers simples) afin de bénéficier d'une économie de 10% sur le prix régulier. Il est également possible d'ouvrir un compte auprès de la compagnie en tant qu'utilisateur fréquent ou entreprise en remplissant le formulaire à cet effet sur leur site Internet.

Noliser un autobus

Vous désirez noliser un autocar ou un minibus pour votre groupe ? Orléans Express offre ce service à partir de 200 municipalités au Québec. Pour une estimation des coûts :

➲ Par courriel : charter@orleansexpress.com
➲ Par téléphone : 514-395-4008

TRANSDEV LIMOCAR

450-970-8899 | www.transdev.ca

Pour les réservations et achats de billets : en personne à l'un des points de vente dans les grandes gares routières du circuit Montréal-Sherbrooke, chez certains agents autorisés (voir Planibus ou site Internet), ou sur leur site Internet (imprimante requise).

Transport de personnes d'affaires

Transdev Limocar s'occupe du transport interurbain dans trois régions du Québec : la rive-nord de Montréal, la Montérégie et l'Estrie, et dessert plus de 20 municipalités. Si vous voyagez fréquemment, optez pour les livrets de 10 billets prépayés afin d'économiser 20% sur le prix régulier. Des passes mensuelles sont également disponibles. La compagnie propose également un service de liaison aéroportuaire avec un départ quotidien de l'Estrie vers l'aéroport Montréal-Trudeau via la Station Centrale de Montréal, mais un changement d'autobus est nécessaire (navette aéroportuaire L'Aérobus – La Québécoise). Transdev Limocar gère également le transport urbain de certaines localités : Basses Laurentides (450-433-7873), rive-sud de Montréal (Roussillon, 514-877-6003), Vallée du Richelieu (450-464-6174), et offre des liaisons avec le métro de Montréal, dont la ligne Saint-Jérôme-Terminus Henri-Bourassa, Sainte-Hyacinthe-Terminus Longueuil, et Autoparc Georges-Gagné-Terminus Angrignon. Depuis peu, Internet sans fil est offert gratuitement à bord des autocars interurbains.

Noliser un autobus

Il est possible de noliser un autocar auprès de Transdev. Il suffit de remplir le devis en ligne sur leur site Internet ou de communiquer avec le service des réservations d'autobus au 819-566-7828 ou 450-619-1767.

AUTOBUS VOYAGEUR / GREYHOUND CANADA

1 800-661-8747 | www.greyhound.ca

Pour les réservations et achats de billets :

➲ En ligne : www.greyhound.ca (un minimum de 10 jours ouvrables avant la date de départ peut être requis pour certaines destinations – les billets peuvent être envoyés par la poste si payés par carte de crédit, ou ramassés directement à la gare routière). Nouveau : des billets électroniques sont disponibles pour plusieurs itinéraires au pays.

➲ En personne : dans les gares routières et les agences Greyhound

Transport de personnes d'affaires

Greyhound Canada est le plus important transporteur interurbain du pays avec près de 1 100 points de service d'un océan à l'autre. Par contre, seule Montréal est disponible comme destination ou point de départ dans la province. Notez que la compagnie offre un service de liaison aéroportuaire entre Ottawa et l'aéroport Montréal-Trudeau, avec plusieurs départs par jour dès 11h. Une multitude d'aubaines et de rabais s'offrent aux voyageurs futés : billets vendus au tarif Achat anticipé, rabais lors de réservations en ligne, rabais sur les destinations populaires comme Montréal-Toronto, tarif compagnon (jusqu'à 3 billets réduits de 50 % à l'achat d'un billet à tarif courant), etc.

Noliser un autobus

En termes de services nolisés, la réputation de Greyhound n'est plus à faire ! Seul réseau pancanadien de location d'autocars en Amérique du Nord, la compagnie affiche la plus haute cote en matière de sécurité au pays. Ses autocars ont une capacité maximale de 55 passagers et sont équipés de sièges inclinables, climatisation et toilettes. Équipement audio et vidéo disponible sur demande. Communiquez avec un représentant des services nolisés Greyhound afin d'établir le produit qui répondra le mieux à vos besoin d'affaires et ce, à prix très compétitifs. Pour toute demande ou pour ouvrir un compte corporatif :

➲ Par courriel : commercial.sales@greyhound.com
➲ Par téléphone : 1 866-562-1321

COACH CANADA

1 800-461-7661 | www.coachcanada.com

Coach Canada dessert une quinzaine d'États américains et l'Ontario. Au Québec, seule Montréal est disponible comme destination ou point de départ dans la province. De nombreuses villes de l'Ontario sont desservies. Pour les réservations et achats de billets :

➲ En ligne : www.coachcanada.com (billet e-ticket imprimable)
➲ En personne : dans les gares routières desservies par Coach Canada ainsi que chez certains agents autorisés (voir site Internet).

Transport de personnes d'affaires

Coach Canada offre pour la ligne Montréal-Toronto, lors de réservations en ligne, des ventes de sièges pour cette route à partir de 10 $ l'aller, mais pour des dates et heures précises. Une fois ces sièges écoulés, le prix d'un aller simple peut coûter au maximum 55 $. Prenez note que les billets soldés ne sont ni remboursables ni échangeables.

Noliser un autobus

La flotte de Coach Canada est composée d'autocars pouvant accueillir jusqu'à 56 passagers en tout confort. Équipement audio et vidéo disponible sur chaque véhicule. Pour une estimation des coûts de location d'autocar :

➲ En ligne : www.coachcanada.com/enfr/coachcanada/chs.quote.asp (formulaire de soumission)
➲ Par téléphone : 1 800-461-7661 (Ontario) et 1 800-461-1223 (Québec)

APAQ (ASSOCIATION DES PROPRIÉTAIRES D'AUTOBUS DU QUÉBEC)

www.apaq.qc.ca

Comme il existe une multitude de compagnies de transport interurbain et nolisé à travers la province, il peut devenir complexe de trouver celle qui dessert votre région. Le site de l'APAQ répertorie toutes ces compagnies par région avec les coordonnées complètes, ainsi que quelques-unes au Nouveau-Brunswick et en Ontario. Question de vous faire sauver du temps dans l'organisation de votre voyage d'affaires !

AVION

COORDONNÉES DES AÉROPORTS

➲ Pour obtenir la liste de tous les aéroports au Québec, visitez le site de Transport Canada au : www.tc.gc.ca/quebec/fra/aeroports/menu.htm

Montréal
AÉROPORT INTERNATIONAL PIERRE-ELLIOTT-TRUDEAU DE MONTRÉAL

975, Roméo-Vachon N, Dorval
514-394-7377 / 1 800-465-1213
www.admtl.com

Heures d'ouverture de l'aéroport : 24h/24, 7j/7. Service d'Internet sans fil facturé à l'utilisation disponible partout dans l'aérogare (gratuit au Salon TD). Service de navette avec le centre-ville (Aérobus), taxis et limousines. Service de navette gratuite avec plusieurs hôtels. Comptoirs de location de voitures dans le stationnement au niveau des arrivées. Nouveautés : le Salon TD Classe Ultime à la jetée internationale (porte 53), et le nouveau secteur des départs vers les États-Unis avec boutiques, restaurant, hôtel Marriott, stationnement souterrain.

Québec
AÉROPORT INTERNATIONAL JEAN-LESAGE DE QUÉBEC

500, Principale | 418-640-2600
(service d'information automatisé seulement)
www.aeroportdequebec.com

Heures d'ouverture de l'aéroport : 24h24, 7j/7. Service d'Internet sans fil gratuit disponible partout dans l'aérogare. Aucun service de navette avec le centre-ville mais depuis août 2008, le RTC (réseau de transport de la Capitale) assure une liaison en transport en commun (www.rtcquebec.ca ou 418-627-2511). Taxis et limousines. Service de navette gratuite avec plusieurs hôtels. Comptoirs de location de voitures à l'aérogare.

Ottawa
AÉROPORT INTERNATIONAL MACDONALD-CARTIER D'OTTAWA

1000 privé Airport Parkway
613-248-2125 (arrivées)
613-248-2141 (départs)
www.ottawa-airport.ca

Heures d'ouverture de l'aéroport : 24h/24, 7j/7. Aucun service de navette avec le centre-ville mais le OC Transpo (réseau de transport en commun) offre une ligne entre Bayshore et l'aéroport. Taxis et limousines. Service de navette gratuite avec plusieurs hôtels. Comptoirs de location de voitures dans le stationnement de l'aérogare.

Toronto
AÉROPORT INTERNATIONAL LESTER B. PEARSON DE TORONTO

3111 Convair
416-247-7678 (aérogare 1)
416-776-5100 (aérogare 3)
1 866-207-1690 | www.gtaa.com

Heures d'ouverture de l'aéroport : 24h/24, 7j/7. Service de navette avec l'ensemble de la région métropolitaine, taxis et limousines. Service de navette gratuite avec plusieurs hôtels. Comptoirs de location de voitures dans le stationnement au niveau 1 de chaque aérogare.

TORONTO CITY CENTRE AIRPORT

416-203-6942 | www.torontoport.com

Ce petit aéroport est situé à quelques minutes du centre-ville de l'autre côté du Western Channel. La ligne de traversier est située sur la rue Bathurst. Porter Airlines exploite ses liaisons à partir et vers cet aéroport.

AIR CANADA

1 888-247-2262 | www.aircanada.com
Pour les réservations et achats de billets :
➲ En ligne : www.aircanada.com — enregistrement en ligne offert sur leur site Internet — réservations d'hôtels et voitures et achat d'assurances voyage et forfaits vacances aussi disponibles
➲ En personne : billetteries Air Canada et agences de voyages
➲ Par téléphone : 514-393-3333 ou 1 888-247-2262 (individuels), 1 888-567-4160 (groupes), 1 800-361-7585 (réunions d'affaires et congrès)

Air Canada est le plus important transporteur aérien du pays et offre des vols directs sur plus de 170 destinations réparties sur 5 continents. La compagnie fait également partie de Star Alliance, le plus vaste regroupement mondial de transporteurs aériens.

Destinations

Pour vos déplacements d'affaires, plusieurs vols quotidiens desservent les grands centres tels Montréal, Québec, Ottawa et Toronto. Air Canada Jazz

Pêche à la journée

1 800-665-6527 | www.sepaq.com

Vous souhaitez organiser une journée de pêche avec votre équipe de travail ? Les réserves fauniques de la Sépaq offrent de nombreux plans d'eau de grande beauté et la possibilité de louer des embarcations. Nous vous conseillons de réserver à l'avance (jusqu'à 4 mois avant). Vous pouvez combiner la pêche avec une nuit dans une des auberges de la Sépaq. La description de certaines figure dans ce guide.

(www.flyjazz.ca), la division régionale, assure des liaisons dans la province avec Québec, Bagotville, Mont-Joli, Baie-Comeau, Gaspé, les Îles de la Madeleine, Rouyn-Noranda et Val-d'Or.

Programmes pour voyageurs fréquents

Si vos voyages sont fréquents, optez pour la Passe de vols Affaires qui permet d'acheter des crédits de vol pour vos employés (valable pour l'Amérique du Nord seulement). Air Canada offre également le plus grand nombre de vols quotidiens entre Montréal, Ottawa et Toronto via son service Rapidair. Vous terminez votre réunion plus tôt que prévu ? Rapidair vous permet de prendre un vol partant plus tôt ou de modifier immédiatement votre réservation (sans frais pour les clients Latitude et Classes Affaires). Des passes Rapidair sont également disponibles à raison de 10 voyages aller simple ou de voyages illimités pendant 3 ou 6 mois. Vous pouvez aussi vous procurer des certificats de surclassement valables sur les liaisons entre le Canada et les États-Unis ainsi que sur les vols Rapidair. N'oubliez pas de vous procurer votre carte Aéroplan afin de cumuler des miles de récompenses (www.aeroplan.ca). En vous inscrivant au service « réunions d'affaires et congrès », vous pourrez profiter de tarifs réduits sur les vols en plus de bénéficier d'une gestion simplifiée de vos déplacements. Il vous suffit

d'être au moins 10 délégués à vous rendre à la même destination et ce, peut importe le point d'origine. Vous pouvez également devenir membre d'Aircanada.com Affaires, votre outil de gestion en ligne des voyages d'affaires par excellence.

Salles d'attente VIP

Renseignez-vous sur les Salons Feuille d'Érable, présents dans une dizaine d'aéroport au pays. Ces derniers mettent à votre disposition de nombreux services gratuits : restauration et bar, divertissement, Internet haute vitesse, centres d'affaires, ordinateurs personnels Lenovo, etc. Pour devenir membre du Club Feuille d'Érable d'Air Canada, remplissez le formulaire en ligne (www.airclublounge.com) et profitez d'un enregistrement prioritaire à l'aéroport ainsi qu'un accès à différents salons « VIP » au Canada, aux États-Unis, à Londres, Paris, Francfort et Munich. D'autres salons, exploités à contrat et répartis à travers le monde, sont accessibles aux membres Feuille d'Érable Monde sur présentation de leur billet ou de leur carte d'embarquement (voir site Internet pour la liste complète des aéroports).

Noliser un avion

Air Canada Jetz est la division d'affrètement d'avions pour les voyageurs d'affaires qui recherchent un service hors-pair pour les déplacements de leur entreprise. À bord d'Airbus A320 totalement reconfigurés pour votre confort, profitez de nombreux services tels un système de divertissement prenant en charge plusieurs formats, des repas de 1ère classe personnalisés, des consommations et rafraîchissements gratuits, etc. Vous pouvez choisir un aéroport public ou une aérogare privée, toujours avec un service d'enregistrement rapide ou, le cas échéant, un accès au Salon Feuille d'Érable. Pour plus d'information ou pour une soumission, contactez le 1 888-567-4160.

AIR CREEBEC

819-825-8375 / 1 800-567-6567
www.aircreebec.ca

Pour les réservations et achats de billets :

➲ En ligne : www.aircreebec.ca

➲ Par téléphone : 819-825-8375 ou 1-800-567-6567

Air Creebec, compagnie aérienne exclusivement détenue par la Nation autochtone Crie, opère principalement dans le nord québécois et ontarien. Certaines villes plus rapprochées de la métropole montréalaise, telles Chibougamau et Val-d'Or, sont également desservies par Air Creebec.

Noliser un avion

Contactez directement la compagnie pour une soumission qui répondra à vos besoins d'affaires. Si vous êtes détenteur d'une carte Aéroplan, n'oubliez pas de le mentionner lors de votre réservation.

PORTER AIRLINES

416-619-8622 / 1 888-619-8622
www.flyporter.com

Pour les réservations et achats de billets :

➲ En ligne : www.flyporter.com – enregistrement en ligne offert sur leur site Internet

➲ Par téléphone : 416-619-8622 ou 1 888-619-8622

Porter Airlines, compagnie aérienne basée à Toronto, offre des vols quotidiens desservant Montréal, Ottawa, Toronto et Halifax. La ville de Québec est desservie pour l'instant trois fois par semaine et Mont-Tremblant, de décembre à avril Depuis peu, des vols quotidiens sont disponibles vers Boston, Chicago et Newark (USA), ainsi qu'à St. John's (Terre-Neuve) et Thunder Bay (Ontario). Prenez note que Montréal a comme seules destinations canadiennes Toronto et Thunder Bay. La flotte de Porter est composée d'avions à turbopropulseurs Bombardier Q400. En plus d'être les plus silencieux du marché et d'avoir la cote en matière d'environnement, leur grand confort agrémentera vos déplacements d'affaires.

Programmes pour voyageurs fréquents

Les voyageurs ont le choix entre trois types de tarifs ayant des conditions de modification et d'annulation différentes, bien adaptées aux divers besoins de la clientèle (tarif liberté, tarif flexible et tarif fixe). Pour les voyageurs fréquents, trois types de passes comprennent chacun 10 vol prépayés en aller simple entre Toronto, Ottawa et Montréal (passe liberté, passe flexible et passe fixe). Leurs tarifs sont très intéressants : 10 trajets (Montréal-Toronto ou Ottawa-Toronto ou inversement) valent entre 1 050 $ et 2 840 $. Un service de collation et de consommations, incluant vin et bière, est offert gratuitement sur chaque vol. À l'aéroport du centre-ville de Toronto, où opère Porter, un salon est mis à la disposition des voyageurs en partance de la métropole. Plusieurs services gratuits sont offerts aux gens d'affaires : accès à Internet sans fil, consommations, et centre d'affaires doté de postes de travail. Porter offre dorénavant un programme de récompenses : VIPorter. En vous inscrivant, chaque vol vous permettra d'accumuler des points échangeables contre des vols gratuits. Vous pouvez vous inscrire en ligne ou par téléphone.

Noliser un avion

Il est également possible de noliser un avion pour les déplacements de votre entreprise en communiquant avec Porter par téléphone ou par courriel au : charters@flyporter.com. Redéfinir l'expérience des voyageurs d'affaires, telle est la mission de Porter Airlines.

WESTJET

1 877-956-6982 | www.westjet.com

Pour les réservations et achats de billets :

➥ En ligne : www.westjet.com — enregistrement en ligne offert sur leur site Internet – réservations d'hôtels et de voitures et achat d'assurances voyage et forfaits vacances aussi disponibles

➥ En personne : billetteries Westjet et agences de voyages

➥ Par téléphone (heure des Rocheuses) : 1-877-956-6982 (individuels), 1-877-952-4696 (groupes, réunions et congrès)

Westjet est la deuxième société aérienne en importance au pays desservant plus d'une soixantaine de destinations au Canada, aux États-Unis et dans le Sud.

Programmes pour entreprises

Westjet offre un service en ligne de gestion des déplacements, le Biz WEBLink, s'adressant aux entreprises dépensant au moins 10 000 $ par an en voyages d'affaires au pays. Cette application permet aux entreprises de réserver elles-mêmes leurs billets d'avion, de faire la présélection des sièges, d'obtenir un suivi des réservations en cours ou passées de chacun de leurs employés, d'accumuler et transférer des crédits de vols, et bien plus encore. Des promotions exclusives sont également offertes aux membres de ce service. Notez que l'adhésion à Biz WEBLink ainsi que l'achat de passes de vol ne sont pas disponibles pour l'instant, situation qui devrait être rétablie à l'hiver 2010 au plus tard.

Voyage en groupe

Pour vos déplacements d'affaires en groupe, contactez leur bureau des congrès et obtenez un rabais de 10% sur le meilleur tarif offert en plus de profiter de conditions de modification et d'annulation très flexibles. Vous pouvez faire la demande de soumission en ligne, par courriel au conventions@westjet.com, ou par téléphone.

ASSOCIATION SPÉCIALISÉE

ASSOCIATION DES BUREAUX DE CONGRÈS DU QUÉBEC

648, Lajeunesse, Laval

450-969-1307 / 1 888-969-1307

www.congres.com

Ce réseau d'organismes et d'intervenants spécialisés dans l'organisation de congrès s'avère bien pratique. Sur leur site Internet, on trouvera des ressources pour chaque région : point de contact (généralement l'office du tourisme) et quelques adresses de grands établissements pratiques pour un congrès. Les membres de l'ABCQ vous offrent tous des services gratuits, allant de l'analyse de vos besoins à l'exploration des sites potentiels, en passant par l'accueil du groupe, etc. Afin d'obtenir ces services, contactez directement le membre (voir sur leur site Internet) ou passez par l'association en remplissant le formulaire de demande de proposition en ligne.

www.petitfute.ca

OFFICES DU TOURISME

Les offices du tourisme sont une source inépuisable d'informations, de conseils et d'aide pour l'organisation de voyages d'affaires. Plusieurs régions éditent un « Guide du planificateur » qui comprend de nombreux détails sur les hôtels, restaurants et activités disponibles. Celui de la Ville de Québec est remarquable au niveau de la quantité et de la qualité de l'information. Beaucoup d'offices du tourisme disposent d'un agent spécialisé dans le voyage d'affaires. Il donne des conseils personnalisés en fonction des besoins, budgets et goûts de chacun. Les coordonnées des offices du tourisme de chacune des régions se trouvent en introduction de nos chapitres.

TRUCS ET CONSEILS

L'organisation d'un congrès et les voyages d'affaires, c'est coûteux ! Il existe cependant plusieurs trucs afin de vous faire économiser. Selon M. Conrad Doucet, président et fondateur de Hotel Management International, une firme spécialisée dans les voyages de groupes corporatifs, quelques éléments sont à considérer :

1. Définissez le plus tôt possible vos besoins : destination, nombre de personnes, nombre de salles/chambres, etc. Vous pourrez alors bénéficier de tarifs avantageux tout en ayant plus de choix.
2. Faites vos réservations à l'avance.
3. Optez pour des destinations moins populaires pour vos réunions ou congrès.
4. Évitez à tout prix les périodes de pointe où tous les hôtels affichent complets (manifestations sportives, festivals d'ampleur, vacances scolaires et longs congés, etc.).
5. Choisissez la classe économique lors de courts vols domestiques, par exemple Montréal-Toronto.
6. Utilisez les systèmes de réservations en ligne offerts par de nombreux hôtels. Ces derniers offrent alors un lien électronique afin que chaque participant puisse effectuer sa propre réservation.
7. Tenez compte des services offerts à l'hôtel et des coûts : repas, pauses café, frais de stationnement, Internet, etc.
8. Comparez les coûts d'un hôtel à l'autre en tenant compte des services inclus au tarif de la chambre.
9. Si possible, réservez en occupation double.
10. Négociez des gratuités et/ou réductions pour les organisateurs.
11. Informez-vous sur l'équipement audiovisuel disponible sur place et les coûts. Nous vous recommandons cependant d'apporter votre portable ainsi qu'un projecteur afin de minimiser les frais.
12. Essayez d'obtenir gratuitement la salle de réunion.
13. Invitez des commanditaires ou exposant afin de réduire vos coûts.
14. Pour les repas et boissons, il est souvent possible d'effectuer des changements à la toute dernière minute quant au nombre de participants. Informez-vous sur les conditions. Opter pour des pauses café à la carte est moins coûteux que les forfaits clé en main. Les pichets d'eau sont également moins chers que les bouteilles.
15. Instaurez des politiques et un code d'éthique de voyage clairs pour vos employés.

Montréal

Organiser un séminaire à Montréal, c'est décider d'utiliser des infrastructures de qualité et de profiter d'un bel environnement. En effet, Montréal offre une grande diversité de restaurants, des hôtels de toutes catégories et un quartier historique constituant un cadre très agréable.

ADRESSES UTILES

TOURISME MONTRÉAL

a/s Gail Howell

1555, Peel, bureau 600 | 514-844-6804

howell.gail@tourisme-montreal.org

www.tourisme-montreal.org

Tourisme Montréal met à votre disposition une foule de services, d'outils et de conseils afin de faire de votre événement un franc succès. De la planification à la réalisation, en passant par le marketing, cette entreprise vous aidera à organiser un événement d'affaires qui répondra à vos besoins tout en respectant votre budget.

WAXMAN

4605, du Parc | 514-845-8826 | www.waxman.ca

Lun-mer, 9h-18h; jeu-ven, 9h-20h; sam, 9h-16h; dim, fermé. La famille Waxman est en affaire depuis trois générations à cette adresse. Wolf (Willi) Waxman ouvra sa boutique en 1927, spécialisée alors dans la confection de robes de mariée et de robes du soir. C'est en 1961 que la maison changea de vocation pour offrir la location et la vente de smokings. Depuis, c'est sans contredit l'adresse la plus fréquentée et la plus réputée dans le domaine des tenues de gala pour hommes. Queue-de-pie, veste à simple boutonnage, Jaquette, redingote, veste croisée, veste droite à trois boutons… sans oublier les accessoires qui donnent la touche finale comme les boutons de manchette, les nœuds papillons, les cravates ou les gilets. La maison offre aussi une sélection de prêt-à-porter dans sa collection privée ainsi qu'un service exclusif de confection de complets sur mesure. Gens d'affaires, le temps est souvent précieux et c'est pourquoi il vous est possible de remplir un formulaire de réservation de smoking directement sur leur site Internet. Une adresse de choix gérée par un fin connaisseur !

CONTACTS POUR L'ORGANISATION D'UN ÉVÉNEMENT

OPUS3

417, Saint-Pierre, bureau 203

514-395-1808 | www.opus3.com

Que vous organisiez une petite réunion d'affaires ou un événement de grande ampleur, les services de cette firme spécialisée vous seront fort utiles. Opus3 vous propose une vaste gamme de services allant du plus simple détail à la gestion d'ensemble de votre événement : planification (programmation, concepts et thématiques, marketing, etc.), gestion (planification financière, levée de fonds, secrétariat, etc.) et logistique (hébergement et transport, audiovisuel, scénarios techniques, aménagement, etc.).

PHANEUF ÉVÉNEMENTS

50, de la Barre, bureau 110, Longueuil

450-651-1030 | www.phaneuf.ca

Phaneuf est fort connu dans le monde du spectacle depuis près d'une quarantaine d'années. L'entreprise possède également une division qui offre toute une gamme de services de planification, gestion et logistique pour les congrès et réunions d'affaires, les événements corporatifs, les campagnes de financement, les événements de promotion, ainsi que les grands événements spéciaux ou célébrations. Phaneuf peut également se charger de la programmation artistique, lors d'un festival par exemple, ou de monter un spectacle thématique pour événement. Un service sur mesure à la hauteur de vos attentes !

TRAIN

GARE CENTRALE DE MONTRÉAL / VIA RAIL

895, de la Gauchetière O
514-989-2626 / 1-888-842-7245
www.viarail.ca

Mº Bonaventure. Heures d'ouverture de la gare : lun-dim, 5h30-00h15. Heures d'ouverture de la billetterie : lun-dim, 6h-21h. Heures d'ouverture de la billetterie Amtrak : tous les jours de 7h30 à 17h. La Gare Centrale de Montréal est une gare patrimoniale située en plein cœur du quartier des affaires, sous l'hôtel Fairmont Le Reine Élizabeth. Les transporteurs Via Rail et Amtrak offrent de nombreuses destinations un peu partout en Amérique du Nord à partir de cette gare. On recommande d'ailleurs aux voyageurs d'être à la gare au moins une heure avant le départ du train. Les trains de banlieue de l'AMT utilisent également la gare centrale pour les lignes Deux-Montagnes et Mont-Saint-Hilaire. Pour les voyageurs Via Rail, vous retrouverez sur place une billetterie avec vente de passes et billets, des bornes de billetterie libre-service, un salon Panorama avec Internet sans fil payable à l'usage, ainsi qu'une salle de bagages. Une aire de restauration, des boutiques, un bureau de change, une aire d'attente, un comptoir de location de voitures, et bien d'autres services sur place rendront vos déplacements plus agréables. Prenez note que la gare est

entièrement accessible aux personnes à mobilité réduite.

AUTOBUS

STATION CENTRALE D'AUTOBUS DE MONTRÉAL

505, de Maisonneuve E | 514-842-2281

Mº Berri-UQÀM. Heures d'ouverture de la gare routière et de la billetterie : 24h/24, 7j/7. La Station centrale d'autobus de Montréal dessert les villes du Québec, du Canada et des États-Unis. On recommande d'être à la station au moins 45 minutes avant le départ afin de s'assurer une place à bord. La navette aéroportuaire L'Aérobus offre des départs toutes les demi-heures environ vers l'aéroport Montréal-Trudeau, 7j/7, 24h24 (départs toutes les heures entre 21h et 9h). Sur place, des billetteries libre-service, des restaurants, des boutiques, un bureau de change, des casiers, etc.

AVION

AÉROPORT INTERNATIONAL PIERRE-ELLIOTT–TRUDEAU DE MONTRÉAL

975, Roméo-Vachon N, Dorval

514-394-7377 / 1-800-465-1213

www.admtl.com

Heures d'ouverture de l'aéroport : 24h/24, 7j/7. Service d'Internet sans fil facturé à l'utilisation disponible partout dans l'aérogare. Service de navette avec le centre-ville (L'Aérobus), ainsi que Trois-Rivières, Sainte-Foy et Québec (Orléans Express), Ottawa-Gatineau (Greyhound) et Mont-Tremblant (Skyport Mont-Tremblant Express). Taxis et limousines. Service de navette gratuit avec plusieurs hôtels. Comptoirs de location de voitures dans le stationnement au niveau des arrivées. Montréal-Trudeau est relié par vol direct à plus de 130 destinations à travers le monde. Depuis l'année 2000, Aéroports de Montréal a entrepris un vaste programme d'agrandissement et de modernisation. À cela s'ajoute de nombreux services supplémentaires afin de faciliter et de rendre plus agréables vos déplacements d'affaires ou d'agrément. Nouveautés : le Salon TD Classe Ultime à la jetée internationale (porte 53), et le nouveau secteur des départs vers les États-Unis avec boutiques, restaurant, hôtel Marriott, stationnement souterrain. Si vous êtes membre du Club Feuille d'Érable d'Air Canada, un salon VIP vous accueille dans met à votre disposition de nombreux bar, divertissement, Internet haute vitesse, centres d'affaires, ordinateurs personnels, etc. Les membres des clubs d'Air France et de KLM ont également accès à un salon VIP. Aires de restauration, boutiques en tout genre, boutiques hors-taxes, bureaux de change et bien plus.

Navette aéroportuaire

La navette L'Aérobus relie la Station Centrale d'autobus de Montréal et l'aéroport Trudeau. Plus de 35 départs dans les deux sens sont offerts quotidiennement et le tarif par adulte est de 16 $ l'aller simple et de 26 $ l'aller-retour. Départ toutes les 30 minutes, 7j/7, 24h/h (départs toutes les heures entre 21h et 9h). Les billets sont disponibles à l'aéroport (étage des arrivées) et à la Station centrale. L'Aérobus fait la tournée des plus grands hôtels afin de venir vous y chercher ou de vous déposer (réservations au 514-631-1856).

STATIONNEMENTS

VOITURE

Se garer au centre-ville de Montréal peut rapidement devenir ardu, mais, avec ces petits conseils, vous y verrez plus clair. La métropole compte des milliers de places de stationnement que ce soit sur la rue ou dans des stationnements administrés par des sociétés de commandite ou des privés.

Sur la rue : Vous ne trouverez généralement que des places payantes réparties dans quatre zones tarifaires, le centre-ville étant le plus cher avec un tarif de 3 $ de l'heure. Prenez note que vous pouvez payer pour un maximum de 2 heures à chaque fois seulement. Les périodes tarifées sont : lun-ven, 9h-21h ; sam, 9h-18h ; dim, 13h-18h. Des exceptions peuvent s'appliquer dépendamment du secteur. Si vous trouvez des places gratuites, vérifiez bien les panneaux sur la rue afin de ne pas vous retrouver avec une très mauvaise surprise à votre retour…

Dans les stationnements administrés par Stationnement de Montréal : Cette société gère 36 terrains de stationnement de courte durée, principalement regroupés au centre-ville, pour un total d'environ 3 750 places. Le tarif à l'heure varie généralement de 2 $ à 5 $ mais plusieurs de ces terrains sont réservés

Pour un événement fleuri

BLUME

4815, Saint-Laurent | 514-543-5526 | www.blumefloral.ca

Ouvert lun-mer, 9h-18h ; jeu-ven, 9h-19h ; sam, 10h-17h ; dim, 12h-17h. Livraison à Montréal et sur la Rive-Sud et la Rive-Nord. Plus qu'une simple boutique de fleurs, Blume est l'atelier de création d'artistes-concepteurs floraux. Sophistiquée, chic et différente, cette adresse saura ravir les plus exigeants. L'équipe confectionne avec talent et créativité des arrangements floraux d'une beauté remarquable. Pour les évènements spéciaux, laissez parler le « savoir-fleur » de Blume ! Il est possible d'organiser des événements au sein même de l'atelier-floral. Il peut accueillir 110 personnes en cocktail dînatoire et 80 personnes assises. Vous pouvez même prendre un forfait incluant le DJ.

aux détenteurs de permis, ou encore ferment vers 22h. Pour plus d'information, contactez le service à la clientèle au 514-868-3737.

Dans les stationnements privés : Leur tarif varie vraiment d'un endroit à l'autre mais ils ont l'avantage d'être disponibles à toute heure et pour plusieurs jours si nécessaire. Il en existe une panoplie, soit sur des terrains extérieurs ou dans des édifices. Et si votre hôtel possède un stationnement, comparez les prix. Cela ne vous en coûtera pas nécessairement plus cher et vous facilitera la vie !

LOCATION DE VOITURES

Quand on parle de location de voitures, les prix varient beaucoup en fonction de la catégorie, de la saison, de la distance parcourue (mais le kilométrage est souvent illimité), des spéciaux en vigueur et ce, d'une compagnie à l'autre. Notez que certaines de ces compagnies ont des comptoirs de location à l'aéroport ainsi qu'à la gare Centrale.

Authentik Canada

514-769-0101 | www.authentikcanada.com

Avis

514-866-2847 ou 1 800-879-2847 | www.avis.ca

Budget

514-866-7675 ou 1 800-268-8970 | www.budget.ca

Discount

514-286-1929 | www.discountcar.com

Enterprise

514-861-3722 ou 1 800-261-7331
www.enterprise.com

Hertz

514-938-1717 ou 1 800-263-0678 | www.hertz.ca

Thrifty

514-875-1170 ou 1 800-847-4389
www.thrifty.com

Via Route : 514-871-1166 | www.viaroute.com

LOCATION D'AUTOCARS

Quels que soient vos besoins, un minibus de luxe ou un autocar, pour vos déplacements dans la métropole ou pour une excursion, vous trouverez ici quelques bonnes adresses de compagnies de location d'autocars de la grande région de Montréal.

Autobus Galland

(location d'autocars et navette aéroportuaire)

514-333-9555
www.galland-bus.com

Autocar Excellence/Excel-Tours
(tours de ville, location d'autocars et navette aéroportuaire)
514-990-7012 ou 1 866-990-7012
www.autocarexcellence.com

Coach Canada
(tours de ville et location d'autocars)
1 800-461-1223 | www.coachcanada.com

Groupe Gaudreault
(tours de ville, location d'autocars et navette aéroportuaire)
514-352-2330 | www.groupe-gaudreault.com

Groupe La Québécoise
(location d'autocars)
1 888-872-5525 | www.autobus.qc.ca

LIMOUSINES

Les compagnies de location offrent plusieurs choix, des voitures antiques aux modèles plus standards, en version allongée ou non. On peut également louer des limovan. Comptez un minimum de 100 $ à 125 $ de l'heure.

Celebration Limousine
514-329-1234 ou 1 877-329-1234
www.celebration-limousine.com

Limousine Montréal
514-875-5466 | www.montreallimousine.ca

Limousine Murray Hill
514-331-9338 | www.murrayhill.qc.ca

Limousine Sélect
514-990-7915 ou 1 877-990-7915
www.limoselect.com

Phénix Limousine
1 888-504-4447
www.phenixlimousine.com

SLS Limousine
514-942-5466 | www.samlimo.com

TAXIS

On compte plus de 4 500 taxis à Montréal et ils sont extrêmement faciles à trouver, surtout au centre-ville. Le chauffeur ne peut pas exiger un supplément pour vos bagages, peu importe le nombre de valises. Il est recommandé de laisser un pourboire de 15% au chauffeur.

Champlain : 514-273-2435 ou 514-271-1111
Coop : 514-725-9885
Diamond : 514-273-6331
Hochelaga : 514-256-9033 ou 514-256-9135

ORGANISER UN CONGRÈS

PALAIS DES CONGRÈS DE MONTRÉAL
1001, place Jean-Paul-Riopelle
514-871-8122 / 1 800-268-8122
www.congresmtl.com
➲ Nombre de salles : 65
➲ Capacité maximale : 12 000 personnes en théâtre et 12 696 en cocktail
➲ Service de traiteur : exclusif
➲ Stationnement : 2 (400 / 1 200 places intérieures)
➲ Équipement audiovisuel : location en sus de la salle
➲ Localisation : Mᵒ Place-d'Armes, centre-ville.
En plus d'un attrait esthétique certain, le Palais offre des infrastructures adaptées à tout événement d'envergure. Un étage au complet est dédié aux expositions, un autre aux congrès et plusieurs salons privés sont équipés de cuisinettes.

CENTRE MONT-ROYAL
2200, Mansfield
514-844-2000 / 1-866-844-2200
www.centremontroyal.com
➲ Nombre de salles : 17 plus une terrasse
➲ Capacité maximale : 800 personnes en théâtre ou cocktail
➲ Service de traiteur : exclusif
➲ Stationnement : 700 places intérieures

⊃ Équipement audiovisuel : location en sus de la salle

⊃ Localisation : M° Peel, centre-ville.

Un établissement très professionnel pour l'organisation d'événements. Le Centre Mont-Royal regroupe en effet les services de coordinateur, de techniciens multimédias, de traiteur. Possibilité de se faire aider par un planificateur d'événements.

ORGANISER UNE RÉCEPTION

BIOSPHÈRE

160, Tour-de-l'Isle, Île Sainte-Hélène

514-496-8282 | www.biosphere.ec.gc.ca

⊃ Nombre de salle : 1

⊃ Capacité maximale : 20 personnes en carré

⊃ Service de traiteur : références sur demande

⊃ Cuisine accessible : oui

⊃ Stationnement : plusieurs stationnements publics sur l'île

⊃ Équipement audiovisuel : location en sus de la salle

⊃ Localisation : M° Jean-Drapeau, au parc Jean-Drapeau.

Un lieu franchement unique dans l'ancien pavillon des États-Unis de l'exposition universelle de 1967. Les lieux sont dorénavant l'hôte du Musée de l'environnement. La salle de réunion compte deux grandes baies vitrées offrant une vue exceptionnelle sur le parc. Question de joindre l'utile à l'agréable, vous pouvez jumeler votre journée de réunion à une visite des salles d'expositions.

BLANCHISSERIE LA PARISIENNE

3550, Saint-Antoine O

514-989-1056

www.parisianlaundry.com

⊃ Nombre de salles : trois étages dont deux galeries à aire ouverte, une salle souterraine et une cour intérieure

⊃ Capacité maximale : 300 personnes en cocktail par étage, 40 en banquet dans la salle souterraine

⊃ Service de traiteur : références sur demande

⊃ Cuisine accessible : non

⊃ Stationnement : non

⊃ Équipement audiovisuel : location en sus de la salle

⊃ Localisation : M° Lionel-Groulx, à proximité de l'autoroute 720.

Cette immense galerie d'art, située dans un édifice industriel historique du quartier Saint-Henri, offre 15 000 pi^2 d'espaces répartis sur trois étages. Vous pouvez aussi jumeler votre événement à une des expositions de la galerie. Une salle souterraine appelée « le bunker » est parfaite pour les petits comités qui souhaitent une expérience plutôt… gothique !

CABARET LION D'OR

1676, Ontario E | 514-598-0709

www.cabaretliondor.com

⊃ Nombre de salles : 2

⊃ Capacité maximale : 200 personnes en banquet

⊃ Service de traiteur : exclusif (restaurant Au Petit Extra)

⊃ Cuisine accessible : non

⊃ Stationnement : non

⊃ Équipement audiovisuel : location en sus de la salle

⊃ Localisation : M° Papineau, dans le Village.

Le Lion d'Or est un passage obligé du circuit des salles de spectacles montréalaises. En dehors de sa programmation, il est possible de réserver l'une ou l'autre de ses salles afin d'y tenir un lancement, un spectacle privé, un cocktail. Pour les rencontres plus intimes, la salle Le Lionceau accueille au maximum 60 convives.

CASINO DE MONTRÉAL

1, avenue du Casino, Île Notre-Dame

514-392-2728

www.casino-de-montreal.com

⊃ Nombre de salles : 3 (le salon exécutif, le restaurant Nuances et le Cabaret)

⊃ Capacité maximale : 500 personnes

⊃ Service de traiteur : exclusif

⊃ Cuisine accessible : non

⊃ Stationnement : 1 900 places

⊃ Équipement audiovisuel : location en sus de la salle

⊃ Localisation : M° Jean-Drapeau, parc Jean-Drapeau.

Impressionnez vos collaborateurs et

vos invités grâce aux salles et restaurants du Casino. Ce prestigieux établissement saura vous offrir les ambiances adaptées à vos événements. Du salon chaleureux et convivial à la salle de cabaret, profitez de tous les avantages d'un grand établissement, en particulier de la cuisine, Le Nuance, un restaurant coté 5 diamants.

CENTRE CDP CAPITAL SITQ
1000, place Jean-Paul Riopelle
514-847-2555 | www.centrecdpcapital.com
⮑ Nombre de salle : 2 (salle Le Parquet et l'atrium) et 2 terrasses adjacentes
⮑ Capacité maximale : 420 personnes en banquet et 800 en cocktail
⮑ Service de traiteur : 12 traiteurs accrédités, redevance de 10% sur la nourriture et de 15% sur la boisson
⮑ Cuisine accessible : espace traiteur (pas de four)
⮑ Stationnement : 1 300 places intérieures
⮑ Équipement audiovisuel : équipement audio sur place et fournisseurs audiovisuels accrédités
⮑ Localisation : M° Place-d'Armes ou Square-Victoria, dans le Vieux-Montréal.

Situé à proximité du Palais des Congrès, le Centre CDP propose une salle remarquable : 10 000 pi² de plancher surplombés par une verrière de 125 pieds de haut et deux terrasses. Idéal pour les banquets et les cocktails !

CHALET DU MONT -ROYAL
1196, voie Camilien-Houde
514-872-3911 | www.ville.montreal.qc.ca
⮑ Nombre de salle : 1
⮑ Capacité maximale : 700 personnes en cocktail
⮑ Service de traiteur : non
⮑ Cuisine accessible : oui
⮑ Stationnement : payant
⮑ Équipement audiovisuel : non
⮑ Localisation : au sommet du Mont-Royal.
⮑ Critère d'acceptation d'une demande de location : événement protocolaire, notoire, d'envergure, de grande portée.

Rien de moins que le Belvédère du mont Royal comme toile de fond à votre événement. Bien sûr, une salle

aussi prestigieuse et un tel décor ne sont pas facilement accessibles. La Ville de Montréal ne loue ce chalet de 1930 qu'en cas de cérémonie importante. Le formulaire de demande de location se trouve sur le site Internet de la ville.

CIRQUE ÉLOIZE
471, Berri | 514-596-3838 | www.cirque-eloize.com
⮑ Nombre de salles : 2
⮑ Capacité maximale : 270 personnes en banquet
⮑ Service de traiteur : non, redevance de 10% sur la nourriture
⮑ Cuisine accessible : non, espace traiteur
⮑ Stationnement : 20 places extérieures
⮑ Équipement audiovisuel : en supplément, concept clef en main
⮑ Localisation : M° Champ-de-Mars, dans le Vieux-Montréal.

Besoin d'originalité pour une réunion exceptionnelle ? Ne cherchez plus, Le Cirque Éloize a sûrement la réponse. Dans leurs superbes locaux, vous pourrez insérer un de leurs numéros dans votre soirée pour le transformer en un vrai spectacle.

CLUB MOUNT -STEPHEN
1440, Drummond
514-849-7338
www.clubmountstephen.com
⮑ Nombre de salles : 12
⮑ Capacité maximale : 500 personnes en réception
⮑ Service de traiteur : exclusif
⮑ Cuisine accessible : non
⮑ Stationnement : non
⮑ Équipement audiovisuel : en supplément et fournisseur accrédité
⮑ Localisation : M° Peel, au centre-ville.

Un club très select où se croisent les célébrités politiques et médiatiques. Le Club met à disposition des salles de grand standing pour recevoir des invités autour d'un buffet ou pour une réunion de travail. Le style « Vieille Europe » de l'établissement invite au calme et donne une ambiance studieuse, appréciée en ces lieux.

Croisières sur le Saint-Laurent

AML

1 866-856-6668 | www.croisieresaml.com

Le Cavalier Maxim accueille jusqu'à 626 personnes en banquet ou 685 en cocktail pour une croisière sur le Saint-Laurent. Celle-ci peut être festive (repas, soirée dansante) ou studieuses (location de salles de réunion). Dans tous les cas, vous aurez une vue panoramique sur Montréal vraiment unique !

FONDERIE DARLING

745, Ottawa | 514-392- 1554
www.quartierephemere.org

- Nombre de salles : 3
- Capacité maximale : 500 personnes en cocktail
- Service de traiteur : oui, non-exclusif
- Cuisine accessible : possibilité d'aménagement
- Stationnement : non
- Équipement audiovisuel : location en sus de la salle
- Localisation : M° Square-Victoria, dans le Vieux-Montréal.

Spécialisée dans les expositions et les lancements, cette ancienne fonderie rénovée s'adapte avec style à toutes les occasions. Le caractère industriel du bâtiment peut donner une ambiance particulière à vos réunions.

JARDIN BOTANIQUE ET INSECTARIUM DE MONTREAL

4101, Sherbrooke E | 514-872-1446
www2.ville.montreal.qc.ca/jardin/jardin.htm

- Nombre de salles : 25
- Capacité maximale : 1 000 personnes en cocktail
- Service de traiteur : non (permis d'alcool à la responsabilité du client)
- Cuisine accessible : non
- Stationnement : 2 (400 / 300 places extérieures)
- Équipement audiovisuel : technicien et matériel disponibles en sus
- Localisation : M° Pie-IX, à proximité du stade olympique.

Le Jardin botanique offre un cadre original et agréable lors de vos cocktails puisque les réceptions se font dans les salles d'expositions et les serres. Mais il faut réserver à l'avance en raison de la popularité des lieux.

JUSTE POUR ÉVÉNEMENTS

2142, Mackay | 514-931-1870
www.justepourevenements.com

- Nombre de salle : 1
- Capacité maximale : 100 personnes en cocktail
- Service de traiteur : références sur demande, aucun frais de redevance
- Cuisine accessible : oui et bar avec licence
- Stationnement : oui, derrière l'édifice
- Équipement audiovisuel : inclus dans la location
- Localisation : M° Guy-Concordia, dans l'ouest du centre-ville.

Située dans une ancienne demeure du centre-ville, le cachet des lieux est indéniable. La salle bénéficie des dernières technologies et s'adapte à toutes configurations. Petite terrasse extérieure.

LA TOHU - CITÉ DES ARTS DU CIRQUE

2345, Jarry E
514-374-3522, poste 2228 / 1 888-376-TOHU
www.tohu.ca

- Nombre de salles : 3 (dont deux salles scindées)
- Capacité maximale : 1 100 personnes en cocktail
- Service de traiteur : dépend du type de soirée désirée
- Cuisine accessible : non
- Stationnement : 250 places extérieures payantes
- Équipement audiovisuel : inclus, technicien en sus
- Localisation : près de l'autoroute 40, au nord de Montréal.

Le foyer d'accueil/Espace SSQ et la salle de spectacles sont deux espaces distincts avec leur caractère propre. Le premier est idéal pour toute sorte d'expositions grâce à la lumière naturelle qui y pénètre. La deuxième est la seule salle circulaire au Canada et permet l'organisation de conférences exceptionnelles. De plus, l'équipement scénographique à disposition autorise toutes les extravagances.

LE WINDSOR

1170, Peel | 514-393-3588, poste 221
www.lewindsor.com
➲ Nombre de salles : 3 (incluant le hall)
➲ Capacité maximale : 500 personnes en cocktail
➲ Service de traiteur sur place : traiteurs accrédités, frais de redevance de 3$ par personne sur la nourriture
➲ Cuisine accessible : oui (aucune chambre froide)
➲ Stationnement : non
➲ Équipement audiovisuel : location en sus de la salle
➲ Localisation : M° Peel, au centre-ville.

Superbe immeuble de style européen, Le Windsor propose bien plus que des salles de bal : il nous fait voyager dans le temps. Le style « renaissance française » ou « victorien » donne aux salles un cachet rare. Les bals sont les événements les plus adaptés à ce type de salle, mais les conférences et les réceptions s'accommodent aussi très bien de ce style particulier.

MAISON DU GOUVERNEUR

901, 903, 905, de Lorimier | 514-523-0440
http ://gouverneur.saq.com
➲ Nombre de salles : 6
➲ Capacité maximale : 110 personnes
➲ Service de traiteur : plusieurs références en exclusivité
➲ Cuisine accessible : plusieurs
➲ Stationnement : 250 places extérieures
➲ Équipement audiovisuel : 2 salles entièrement équipées
➲ Localisation : M° Papineau, quartier Centre-Sud.

La nouvelle vocation de cette ancienne prison -devenue le siège de la SAQ- est la promotion du vin et de la gastronomie. Vos soirées seront donc animées par des professionnels de l'art de la table, dans un cadre historique particulièrement adapté. Chaque salle dispose d'une cuisine équipée pour votre

traiteur et les vins peuvent être fournis par la cave de garde de la SAQ. Vous aurez le choix parmi près de 75 000 bouteilles au prix succursale. Soirées à thèmes disponibles pour les groupes de 10 personnes maximum.

MARCHÉ BONSECOURS

350, Saint-Paul E | 514-872-5547
www.marchebonsecours.qc.ca
➲ Nombre de salles : 4
➲ Capacité maximale : 862 personnes en cocktail
➲ Service de traiteur : non, redevance de 10% sur la nourriture
➲ Cuisines accessibles : 3
➲ Stationnement : 1 200 places payantes à proximité (immeuble Chaussegros-de-Léry)
➲ Équipement audiovisuel : non
➲ Localisation : M° Champ-de-Mars, Vieux-Montréal.

Bâtiment historique du Vieux-Montréal, le marché Bonsecours offre quatre grandes salles pour toutes sortes de réceptions. Les vieux murs de pierre et les plafonds voûtés peuvent suffire à la décoration mais des aménagements plus spectaculaires sont aussi possibles. À noter : les cuisines d'appoint sont pratiques pour les traiteurs, certaines possédant des fours à convection.

MUSÉE D'ART CONTEMPORAIN DE MONTRÉAL

185, Sainte-Catherine O | 514-847-6234
www.macm.org
➲ Nombre de salles : 5 plus le jardin et la terrasse
➲ Capacité maximale : 400 personnes en banquet
➲ Service de traiteur : oui, non exclusif, redevance de 10% sur la nourriture
➲ Cuisine accessible : non (espace traiteur)
➲ Stationnement : Place des arts, intérieur
➲ Équipement audiovisuel : inclus et technicien en sus
➲ Localisation : M° Place-des-Arts, en plein cœur de la Place des Festivals.

Un bâtiment pour le moins original qui permet d'accueillir de nombreux événements dans des salles de style et de tailles très variées. Le hall d'entrée peut accommoder plusieurs centaines de personnes alors que le jardin de sculptures offre un espace détente avec une vue remarquable sur le centre-ville. La terrasse privée, fleurie, sur le toit du musée est elle un lieu très original et prestigieux pour une réception.

MUSÉE DES BEAUX-ARTS DE MONTRÉAL

1379 et 1380, Sherbrooke O | 514-285-1600

www.mbam.qc.ca

⮑ Nombre de salles : 6

⮑ Capacité maximale : 250 personnes en banquet ou cocktail et 316 sièges dans l'auditorium

⮑ Service de traiteur : non, redevance de 10% sur la nourriture

⮑ Cuisines accessibles : 6 cuisines équipées

⮑ Stationnement : non

⮑ Équipement audiovisuel : inclus, équipement de base

⮑ Localisation : M° Guy-Concordia, au centre-ville.

Très design, les deux pavillons du musée offrent des salles à leurs images, modernes et confortables. Salon intime, verrière spacieuse avec une vue extraordinaire sur le centre-ville ou auditorium sont disponibles. Le musée propose aussi une salle de réunion entièrement équipée pour toutes sortes de présentations.

MUSÉE JUSTE POUR RIRE

2111, Saint-Laurent | 514-845-3155, poste 2451

www.hahaha.com

⮑ Nombre de salles : 4

⮑ Capacité maximale : 800 personnes

⮑ Service de traiteur : 2 références, non exclusifs, redevance de 12% sur la nourriture

⮑ Cuisine accessible : 1

⮑ Stationnement : non

⮑ Équipement audiovisuel : 2 salles équipées, référence de fournisseur

⮑ Localisation : M° Saint-Laurent, au centre-ville.

Une institution à Montréal, ce musée propose aussi des salles hors du commun pour tous vos événements. Le Ciné Club et le Salon Rouge peuvent, par exemple, servir de salles

de visionnement privé comme de théâtre, alors que la grande luminosité du Loft permet d'organiser des expositions ou des repas extraordinaires.

MUSÉE McCORD

690, Sherbrooke O | 514-398-7100, poste 247

www.musee-mccord.qc.ca

⮑ Nombre de salles : 5

⮑ Capacité maximale : 175 personnes en cocktail

⮑ Service de traiteur : oui, sans exclusivité ni redevance

⮑ Cuisine accessible : cuisinette

⮑ Stationnement : non

⮑ Équipement audiovisuel : 1 salle multimédia

⮑ Localisation : M° McGill, au centre-ville.

Les cinq salles du musée possèdent chacune un style et une fonction différente. Du théâtre J.Armand Bombardier à la salle du conseil, elles sont toutes pratiques et surtout élégantes. Une bonne façon d'organiser un événement avec classe et simplicité.

POINTE-À-CALLIÈRE, MUSÉE D'ARCHÉOLOGIE ET D'HISTOIRE DE MONTREAL

350, place Royale | 514-872-8209

www.pacmusee.qc.ca

⮑ Nombre de salles : 6

⮑ Capacité maximale : 250 personnes en cocktail

⮑ Service de traiteur : sur place sinon, non-exclusif avec redevance de 10% sur la nourriture

⮑ Cuisine accessible : non

⮑ Stationnement : non

⮑ Équipement audiovisuel : inclus, équipement de base

⮑ Localisation : M° Place-d'Armes, Vieux-Montréal.

Organiser un événement dans un musée d'archéologie ! Quoi de mieux pour épater la galerie. Le musée propose des visites de ses attractions aux groupes et un concept clef en main qui comprend la décoration et l'animation. Privatiser le restaurant l'Arrivage est aussi une excellente solution : le chef est excellent et la vue sur le port, magnifique. Dans un tel cadre, un événement « historique » est à prévoir !

SCENA

Quai Jacques-Cartier

514-866-2323 (Agnus Dei) | www.scena.ca

- Nombre de salles : 1 plus une terrasse
- Capacité maximale : 500 personnes en cocktail
- Service traiteur : exclusif (La Maison Traiteurs)
- Cuisine accessible : non
- Stationnement : plusieurs payants au Quais du Vieux-Port
- Équipement audiovisuel : location en sus de la salle
- Localisation : Mᵒ Champ-de-Mars, Vieux-Port

Ce tout nouvel espace événementiel a de quoi plaire ! Situé directement au pavillon Jacques-Cartier du Vieux-Port, la vue sur le fleuve, la marina et la vielle ville est imprenable. Les lieux, vitrés sur trois murs entiers, comptent une grande salle et une mezzanine avec terrasse. Parmi les services offerts : installation de chapiteau sur la terrasse, menus thématiques, service de bar, DJ et maître de cérémonie, décoration, etc. Une nouvelle adresse qui fait déjà jaser !

HÔTELS

HÔTELS POUR UN SÉMINAIRE

5 ÉTOILES

FAIRMONT
LE REINE ELIZABETH

900, René-Lévesque O

514-861-3511 / 1 800-441-1414

1 866-662-6060 (ligne Affaires)

www.fairmont.com/fr/queenelizabeth/

www.fairmontmeetings.com/queenelizabeth/

index.shtml (Affaires, en anglais)

- Chambres standards : 947 – à partir de 169 $
- Suites : 92
- Restaurants sur place : 3
- Le Beaver Club : gastronomie française, capacité de 120 couverts
- Bistro bar Le Montréalais : cuisine méditerranéenne, capacité de 229 personnes + 88 personnes en salle privée
- Bar-salon Les Voyageurs : cuisine internationale
- Salles de réunion : 30 (de 10 à 700 personnes)
- Salle la plus grande : 95 pi X 75 pi, jusqu'à 700 personnes cocktail
- Commodités : Internet haute vitesse sans fil, équipement audiovisuel, centre d'affaires complet, menus pour groupes et banquets, salon de thé, piscine intérieure, salle de conditionnement physique, bain vapeur, spa et salon de coiffure Gibson
- Localisation : Mᵒ Bonaventure au centre-ville

Le plus grand établissement hôtelier de Montréal est bien plus qu'un hôtel de luxe, c'est un centre de congrès à part entière. Confiez vos événements aux mains professionnelles du personnel, et profitez de l'expérience unique d'une des plus grandes équipes de Montréal en matière de cuisine et d'organisation de conférences. Les chambres possèdent bien sûr le confort et la technologie indispensables à tout séjour d'affaire. Les salles de réunion sont modulables à volonté.

HÔTEL CRYSTAL
DE LA MONTAGNE

1100, de la Montage | 514-861-5550

www.hotellecrystal.com

- Suites : 131 – à partir de 199 $
- Restaurants sur place : 2
- La Coupole : brasserie française de luxe, capacité de 150 couverts sur deux étages, 4 terrasse, un salon VIP (12 personnes)
- Café Millésime : bar à vins, menu de style bistro
- Salles de réunion : 5 (de 10 à 500 personnes)
- Salle la plus grande : 3 660 pi², jusqu'à 500 personnes en cocktail
- Commodités : Internet haute vitesse sans fil et avec prise, équipement audiovisuel, centre d'affaires, menus pour groupes et banquet, forfaits réunion, centre de santé Spa Ibiza, piscine intérieure, salle de conditionnement physique, jacuzzi extérieur
- Localisation : Mᵒ Lucien L' Allier, au centre-ville

Cet hôtel cinq étoiles, au centre-ville de la Montréal, porte bien son nom puisque la façade est faite entièrement de verre. Les chambres sont très bien conçues, car même dans les suites les moins dispendieuses, l'espace bureau est légèrement séparé de la partie chambre. La salle de bain vous réserve plein de jolies surprises, dont des produits pour le corps de haute qualité. Pour prolonger la détente, faites un tour à la piscine ou au centre Spa Izba. Le restaurant la Coupole au rez-de-chaussée, une brasserie haut de gamme, est reconnu pour sa qualité.

INTERCONTINENTAL
360, Saint-Antoine O
514-987-9900 / 1 800-361-3600
www.montreal.intercontinental.com

➲ Chambres standards : 334 – à partir de 195 $
➲ Suites et chambres de luxe : 23
➲ Restaurants sur place : 2
➲ Restaurant Osco : gastronomie provençale, salon privé La Rotonde (12 personnes)
➲ Sarah B. : bar à absinthe, sélection de tapas, deux salons privés
➲ Salles de réunion : 18 (de 12 à 800 personnes)
➲ Salle la plus grande : 300 pi X 27 pi, jusqu'à 800 personnes en réception
➲ Commodités : Internet haute vitesse sans fil et avec prise, équipement audiovisuel, centre d'affaires, menus pour groupes et banquet, piscine intérieure à l'eau salée, sauna, massage, salle de conditionnement physique, club lounge
➲ Localisation : M° Place d'Armes ou Square-Victoria, dans le Vieux-Montréal

L'hôtel s'est refait une beauté en 2009 afin d'offrir davantage de confort et de luxe à ses hôtes. Chambres rédécorées et remeublées, nouveau restaurant et bar à absinthe, aire d'accueil restylée… bref, une expérience rehaussée vous y attend. Idéalement situé dans le Vieux-Montréal, dans le Centre de Commerce Mondial face au Palais des congrès, l'Intercontinental vous propose également une gamme complète de salles pour vos réunions et vos réceptions. Ce superbe édifice avec accès sur l'attrayante ruelle des Fortifications, a été construit sur trois magnifiques voûtes en pierre de taille.

LOWES HOTEL VOGUE
1425, de la Montagne
514-285-5555 / 1 800-465-6654
www.loweshotels.com

➲ Chambres standards : 126 - à partir de 189 $
➲ Suites et chambres de luxe : 16
➲ Restaurant sur place : 1
➲ Ristorante Cellini : cuisine méditerranéenne, capacité de 60 couverts
➲ L'opéra Bar : 45 personnes
➲ Salles de réunion : 13 (de 8 à 350 personnes)
➲ Salle la plus grande : 44 pi X 66 pi, jusqu'à 350 personnes en réception
➲ Commodités : Internet haute vitesse, équipement audiovisuel, centre d'affaires, salle de conditionnement physique,
➲ Localisation : M° Peel, au centre-ville

Le hall d'entrée, urbain et épuré, ouvre sur un hôtel classieux, mais d'une sobriété agréable. Les chambres sont équipées de table de travail et d'Internet haute vitesse. Les suites disposent en plus de lits King et de la télévision dans la salle de bain. Les hauts plafonds des salles de réunions et leurs teintes claires en font des espaces plaisants, que ce soit pour une réunion d'affaires ou un banquet.

SOFITEL MONTREAL GOLDEN MILE
1155, Sherbrooke O
514-285-9000 | www.sofitelmontreal.com

➲ Chambres standards : 241 – à partir de 200 $
➲ Suites et chambres de luxe : 17
➲ Restaurant sur place : 1
➲ Renoir : terroir fusion, capacité de 90 couverts
➲ Salles de réunion : 5 (de 16 à 400 personnes)
➲ Salle la plus grande : 3 778 pi², jusqu'à 400 personnes en théâtre
➲ Commodités : centre d'affaires, Internet haute vitesse sans fil et avec prise, salle de conditionnement physique, service de massothérapie, sauna, bar
➲ Localisation : M° Peel, au centre-ville

Le seul 5 étoiles de la rue Sherbrooke réunit les normes de qualité d'une grande chaîne européenne et les petits plus qui définissent les grands hôtels modernes. Le lobby éclairé par la verrière de deux étages est orné d'un tapis d'Aubusson très coloré, en hommage à Fernand Léger. De même, toutes les chambres sont éclairées par d'immenses fenêtres et offrent des vues imprenables sur le centre-ville et le mont Royal. Les chambres comme les suites disposent de tables de travail, de deux lignes téléphoniques et d'Internet.

W MONTREAL

901, square Victoria
514-395-3100 / 1 888-627-7081
www.whotels.com/montreal
➲ Chambres standards : 124 – à partir de 229$
➲ Suites : 28
➲ Restaurant sur place : 1
➲ Ristorante Otto : fusion italienne, capacité de 120 couverts
➲ Salles de réunion : 5 (de 15 à 120 personnes)
➲ Salle la plus grande : 417 pi^2, jusqu'à 120 personnes en réception
➲ Commodités : centre d'affaires, Internet haute vitesse sans fil et avec prise, équipement audiovisuel, menus pour groupes et banquet, programme Recess, centre de santé, salle de conditionnement physique, 3 bars
➲ Localisation : M° Square-Victoria, Vieux-Montréal

Sans conteste l'hôtel le plus novateur de Montréal. Le W crée pour ses clients un univers entièrement différent des concepts hôteliers habituels. Les cinq sens sont constamment tenus en éveil par un travail des matières, des odeurs, des sons, et bien sûr par la cuisine italienne-fusion du restaurant Otto, issu du groupe Bice. Les chambres ne dérogent pas à cette règle. Elles résultent d'une réflexion très originale sur l'utilisation de l'espace et de la lumière (seul un rideau sépare la salle de bain design de la chambre). L'équipement des chambres est à la fine pointe de la technologie tout comme celui des salles de réunions qui proposent des écrans plasma 57 pouces. Ces salles, spécialisées dans les événements informels, rajouteront un côté ludique

et décontracté à vos réunions grâce à leurs espaces lounge, et au bar pour la plus grande salle. L'hôtel abrite aussi le Plateau, un lounge jazz, le Bartini, le plus petit bar de Montréal, et le Wunder Bar, une des discothèques les plus branchées de la ville.

4 ÉTOILES

CENTRE SHERATON

1201, René-Lévesque O
514-878-2000 | www.sheraton.com/lecentre
➲ Chambres standards : 752 – à partir de 186$
➲ Suites et chambres de luxe : 73
➲ Restaurant sur place : 1
➲ Bistro Le Boulevard : bistro européen, capacité de 80 couverts
➲ Salles de réunion : 27 modulables en 43 salles (de 10 à 1835 personnes)
➲ Salle la plus grande : 1 300 pi^2, jusqu'à 1 835 personnes en cocktail
➲ Commodités : Internet haute vitesse sans fil et avec prise, équipement audiovisuel (techniciens disponibles), menus pour groupes et banquet, centre de santé (piscine intérieure, sauna, bain à remous, salle d'exercice, studio de massage), café bar
➲ Localisation : M° Peel, au centre-ville

Ni plus ni moins le confort et la qualité d'une chaîne de grands hôtels. Les standards « Sheraton » font de vos séjours d'affaire ou de loisirs des moments inoubliables : salles de bains en marbre, écrans plasma avec ordinateur intégré. L'hôtel, habitué des grands événements corporatifs, dispose en plus de ses salles équipées par PSAV, un impressionnant salon privé avec une vue imprenable au 36e étage pour ses chambres « Club ». Une belle façon de joindre l'utile à l'agréable.

DELTA CENTRE-VILLE

777, University | 514-879-1370 / 1 888-890-3222
www.deltacentreville.com
➲ Chambres standards et de luxe : 687 – à partir de 169$
➲ Suites : 24

➲ Restaurants sur place : 2

➲ Le Tour de Ville : continental et buffet thématique vendredi et samedi, capacité de 225 couverts

➲ Bistro bar Chez Antoine : continental

➲ Salles de réunion : 24 (de 8 à 850 personnes)

➲ Salle la plus grande : 8 340 pi², jusqu'à 850 personnes en théâtre

➲ Commodités : Internet haute vitesse, centre d'affaire, équipement audiovisuel, menus pour groupes et banquet, forfaits réunion, piscine intérieure, centre de santé, restaurant panoramique

➲ Localisation : Mᵒ Square-Victoria, au centre-ville

Avec près de 40 hôtels au Canada, la chaîne Delta est l'une des plus grande du pays. Le Club Signature propose des chambres luxueuses avec Internet et appels locaux gratuits, ainsi qu'une salle Signature à la fois centre d'affaires et salon lounge privé. Le restaurant panoramique peut être privatisé le midi pour les groupes de plus de 100 personnes. Soumettez votre demande à Maestros Réunions Delta en remplissant le formulaire en ligne ou en contactant leur service téléphonique pour affaires ouvert 24h : 1 800-387-1265.

HILTON MONTRÉAL BONAVENTURE

900, de la Gauchetière O

514-878-2332 / 1 800-267-2575

www.hiltonmontreal.com

➲ Chambres standards et de luxe : 380 – à partir de 199$

➲ Suites : 15

➲ Restaurants sur place : 2

➲ Le Castillon : cuisine méditerranéenne, 160 couverts

➲ Le Belvédère : menu de type bistro

➲ Salles de réunion : 31 (de 10 à 1 440 personnes)

➲ Salle la plus grande : 20 000 pi², jusqu'à 1 440 personnes en cocktail

➲ Commodités : Internet, centre d'affaires complet, équipement audiovisuel, menus pour groupes et banquet, piscine extérieure, salle de conditionnement physique 24h, jardins extérieurs, boutiques, bars

➲ Localisation : Mᵒ Bonaventure, au centre-ville

Un grand nom pour un grand hôtel.

Que ce soit pour les loisirs ou le travail, le Hilton n'est rien de moins qu'exceptionnel. Ses deux acres et demi de jardins sur les toits avec bassins nous font oublier la ville environnante. Côté événementiel, l'hôtel possède son propre hall d'exposition. Les chambres aussi bénéficient des normes « Hilton », à savoir des entrées et des dessus de meubles en granite et marbre, une décoration somptueuse et un espace de travail ergonomique.

HOLIDAY INN SELECT MONTRÉAL CENTRE-VILLE

99, Viger O | 514-878-9888

Sans frais : 1 877-660-8550

www.yul-downtown.hiselect.com

➲ Chambres standards et de luxe : 229 – à partir de 109$

➲ Suites : 6

➲ Restaurant sur place : 1

➲ Chez Chine : cuisine chinoise, 275 couverts

➲ Salles de réunion : 16 (de 10 à 300 personnes)

➲ Salle la plus grande : 2 664 pi², jusqu'à 300 personnes en théâtre

➲ Commodités : Internet haute vitesse sans fil et avec prise, équipement audiovisuel, centre d'affaires, forfaits réunion, menus pour groupes et banquet, salle de conditionnement physique, piscine intérieure, sauna, bains à remous, spa complet, bar

➲ Localisation : Mᵒ Place d'Armes, en face du Palais des Congrès

Voisin du Quartier chinois de Montréal, le Holiday Inn select a su adapter son identité à celle de ses voisins, grâce a plusieurs touches décoratives bien pensées. Un bassin zen et ses carpes séparent Le Lotus Bleu du restaurant Chez Chine et donne une note de fraîcheur au lobby. Les salles aux noms de fleurs bénéficient pour la plupart de larges fenêtres, et la salle de bal récemment rénovée dispose aussi d'un espace extérieur pour des pauses plus « aérées ».Les chambres agrémentées d'estampes chinoises offrent Internet sans fil gratuit et une table de travail.

HÔTEL DE L'INSTITUT

3535, Saint-Denis | 514-282-5108

Sans frais : 1 800-361-5111

www.ithq.qc.ca/hotel/index.php

⮑ Chambres standards : 40 – à partir de 99$

⮑ Suites : 2

⮑ Restaurants sur place : 2

⮑ Restaurant de l'Institut : gastronomie

⮑ Salle Paul-Émile-Lévesque : fine cuisine

⮑ Salon de thé de l'Institut : ouvert chaque 1er samedi du mois, infusions et mignardises

⮑ Salles de réunion : 4 (de 10 à 250 personnes)

⮑ Salle la plus grande : 1 789 pi^2, jusqu'à 250 personnes en théâtre ou cocktail

⮑ Commodités : Internet haute vitesse sans fil, mini centre d'affaires, service de secrétariat, forfait réunion

⮑ Localisation : M° Sherbrooke

L'Institut de tourisme et d'hôtellerie du Québec comprend un hôtel et un restaurant de 60 places, sobre, lumineux et aux boiseries chaleureuses, où les chefs excellent et les élèves font leur apprentissage. L'hôtel est très bien aménagé pour accueillir les ·petits groupes et les voyageurs d'affaires. Les salles de réception bénéficient d'une lumière naturelle alors que le Hall St-Denis est de loin l'espace le plus lumineux et le plus stylisé pour un lancement ou un cocktail. Les chambres se caractérisent davantage par leur côté pratique que par leur originalité, offrant un balcon, l'Internet et le téléphone sans fil. Les suites sont munies d'une table de réunion et de présentations d'affaires.

HÔTEL DE LA MONTAGNE

1430, de la Montagne

514-288-5656 / 1-800-361-6262

www.hoteldelamontagne.com

⮑ Chambres standards et de luxe : 142 – à partir de 189$

⮑ Suites : 5

⮑ Restaurants sur place : 2

⮑ Les Beaux Jeudis : brasserie française, capacité de 300 couverts

⮑ Le Lutétia : petits déjeuners et banquet, capacité de 150 couverts

⮑ Salles de réunion : 3 et une suite corporative (de 5 à 300 personnes)

⮑ Salle la plus grande : 1 700 pi^2, jusqu'à 300 personnes en banquet

⮑ Commodités : Internet haute vitesse sans fil et avec prise, centre d'affaires, service de massothérapie, piscine extérieure sur le toit, piano bar, pub et discothèque Thursday's Club

⮑ Localisation : M° Peel, au centre-ville

Les chambres et les suites ont toutes une terrasse, et sont munies de l'Internet sans fil, de la climatisation et de tables de travail. Les suites comptent aussi un bain à remous, un lit à baldaquin et un espace salon avec fauteuils et chaises qui peut facilement accueillir un petit comité. La clientèle profite aussi d'une piscine sur le toit avec bar, et d'un piano-bar au rez-de-chaussée qui donne directement accès au salon du Thursday's, une des discothèques les plus réputées à Montréal. À l'étage supérieur du Thursday's, vous trouverez un bon restaurant français, Les Beaux Jeudis.

HÔTEL GAULT

449, Sainte-Hélène

514-904-1616 / 1 866-904-1616

www.hotelgault.com

⮑ Chambres de style loft : 26 – à partir de 179$

⮑ Suites de style loft : 4

⮑ Restaurant sur place : 1

⮑ Gault Restaurant : cuisine contemporaine

⮑ Salles de réunion : 1 plus deux lofts et le lobby

⮑ Salle la plus grande : jusqu'à 90 personnes en cocktail

⮑ Commodités : Internet haute vitesse sans fil, équipement audiovisuel, centre d'affaires, service de traiteur, salle de conditionnement physique, service de massothérapie

⮑ Localisation : M° Square-Victoria, dans le Vieux-Montréal

Installé dans un superbe immeuble du Vieux-Montréal, le Gault détonne. Passé le lobby très « art moderne », vous entrez dans un univers minimaliste épuré au maximum. Minimaliste ne voulant pas dire minimal, les chambres sont très bien équipées avec espace de travail pour la plupart, lecteur DVD, Internet par câble et appels locaux gratuits. Vous apprécierez jusqu'au sol chauffant de la salle de bain. Les salles de réunion sont parfaites pour les petits événements corporatifs, et le restaurant dans le lobby dispose d'une très belle table pour 10 personnes.

HÔTEL GOUVERNEUR PLACE DUPUIS

1415, Saint-Hubert
514-842-4881 / 1-888-910-1111
www.gouverneur.com

➲ Chambres standards et de luxe : 345 – à partir de 139$
➲ Suites : 7
➲ Restaurant sur place : 1
➲ Le Vignoble : cuisine continentale, capacité de 125 couverts
➲ Salles de réunion : 15 (de 8 à 350 personnes)
➲ Salle la plus grande : 40 pi X 60 pi, jusqu'à 350 personnes en cocktail
➲ Commodités : Internet haute vitesse sans fil et avec prise, équipement audiovisuel, centre d'affaires, piscine intérieure, sauna, salle de conditionnement physique, bistro bar
➲ Localisation : Mᵒ Berri-UQÀM

Le Gouverneur Place Dupuis est bien adapté à la clientèle d'affaires. En témoigne un équipement de chambres remarquable : presse pantalon, cireuse à souliers, et téléphone mains libres dans la salle de bain. Bien sûr Internet est gratuit dans tout l'immeuble. Certaine des salles de réunion ont une belle luminosité naturelle, d'autres compensent par leur décoration et les plantes vertes pour avoir une ambiance de travail agréable. Adhérez gratuitement au programme Club Gouverneur qui vous permettra de profiter de tarifs corporatifs avantageux ainsi que d'une foule de petits plus pour vos séjours d'affaires.

HÔTEL MARITIME PLAZA

1155, Guy | 514-932-1411 / 1 800-363-6255
www.hotelmaritime.com

➲ Chambres standards et de luxe : 210 – tarifs corporatifs sur demande
➲ Suites : 4
➲ Restaurant sur place : 1
➲ Bistro Le Beau Rivage : cuisine continentale
➲ Salles de réunion : 7 (de 12 à 200 personnes)
➲ Salle la plus grande : 2 220 pi², jusqu'à 200 personnes en théâtre
➲ Commodités : Internet haute vitesse sans fil et avec prise, équipement audiovisuel, service de photocopie et télécopie, forfaits réunion, menus pour groupes et banquet, piscine intérieure à l'eau de mer, salle de conditionnement physique, bar billard
➲ Localisation : Mᵒ Guy-Concordia, angle René-Lévesque

Avec sa localisation centrale, ses chambres toutes équipées et décorées avec goût, et ses salles de conférence très spacieuses, le Maritime Plaza est un hôtel de choix pour les gens d'affaires. Trois forfaits réunion à la journée ou demi-journée sont offerts à des prix fort intéressants. Sans compter une équipe professionnelle aux petits soins pour faire de votre événement une réussite !

HÔTEL NELLIGAN

106, Saint-Paul O | 514-788-2040 / 1-877-788-2040
www.hotelnelligan.com

➲ Chambres standards et de luxe : 44 – à partir de 179$
➲ Suites : 61
➲ Restaurants sur place : 2
➲ Le Méchant Bœuf : brasserie française, capacité de 140 couverts
➲ Restaurant Verses : cuisine contemporaine française, capacité de 200 couverts
➲ Salles de réunion : 4 (de 10 à 366 personnes)
➲ Salle la plus grande : 3 300 pi², jusqu'à 366 personnes en théâtre
➲ Commodités : Internet sans fil et avec prise, équipement audiovisuel, services d'affaires complets, menus pour groupes et banquet, service de navette, salle de conditionnement physique, bar et terrasse Verses Sky

⮫ Localisation : M° Place d'Armes, dans le Vieux-Montréal

Créé en 2002, Le Nelligan allie la modernité et les services d'un grand hôtel, aux pierres et aux briques des fondations du Vieux-Montréal. Il en sort un hôtel de grand caractère, très « cosy ». Les chambres restent dans cet esprit, et allient la haute technologie (télévision plasma, foyer électrique, Internet gratuit) aux murs de pierres d'origine. L'atrium central avec son impressionnant puits de lumière et ses fauteuils club est l'endroit rêvé pour accueillir vos invités avant de les mener dans une des salles de réunion, ou pour leur proposer le 5 à 7, vins et fromages concocté par l'hôtel.

HÔTEL SAINT-PAUL

355, McGill

514-380-2222 / 1 866-380-2202

www.hotelstpaul.com

⮫ Chambres standards et de luxe : 96 - à partir de 199 $

⮫ Suites : 24

⮫ Restaurants sur place : 2

⮫ Vauvert : cuisine française, capacité de 90 couverts

⮫ Cube 2 : petit déjeuner et salon privé, capacité de 60 couverts

⮫ Salles de réunion : 6 (de 14 à 100 personnes)

⮫ Salle la plus grande : 1 000 pi², jusqu'à 100 personnes en théâtre

⮫ Commodités : Internet haute vitesse sans fil et avec prise, centre d'affaires, équipement audiovisuel, location de limousine, voiture, téléphone et ordinateur portable, massage en chambre, salle de conditionnement physique

⮫ Localisation : M° Square-Victoria, Vieux-Montréal

Passé l'imposante porte et le vestibule en verre, vous entrez dans un univers où le design règne en maître. Une immense cheminée au gaz orne la réception et le mobilier tant du lobby que des chambres reflète ce penchant pour la modernité. Les salles sont très polyvalentes et proposent jusqu'à deux vidéos projecteurs dans la même salle. Quant au foyer central de l'étage des réceptions, son aménagement très lounge permet d'organiser des cocktails vraiment surprenants. Les suites disposent de la dernière technologie (lecteur DVD, chaîne HIFI, Internet gratuit) et la suite Noire a de quoi dépayser les plus branchés d'entre nous avec son plafond de 12 pieds de haut.

HYATT REGENCY MONTRÉAL

1255, Jeanne-Mance

514-982-1234

www.montrealregency.hyatt.com

⮫ Chambres standards : 571 – à partir de 199 $

⮫ Suites : 34

⮫ Restaurant sur place : 1

⮫ Le Café Fleuri : buffet français, capacité de 120 couverts

⮫ Salles de réunion : 22 (de 15 à 1 000 personnes)

⮫ Salle la plus grande : 147 pi X 52 pi, jusqu'à 1 000 personnes en réception ou théâtre

⮫ Commodités : Internet haute vitesse sans fil et avec prise, équipement audiovisuel, stations de traduction simultanée, menus pour groupes et banquet, bar foyer avec terrasse, piscine intérieure, sauna, salle de conditionnement physique, massothérapie

⮫ Localisation : M° Place-des-Arts, sur la Place des Arts

Vous désirez être au cœur de l'action et des festivals de Montréal, vous reposer dans des chambres aux matériaux nobles ou encore organiser des conférences dans des salles entièrement rénovées ? Le Hyatt vous offre toutes ces possibilités, et plus encore. Situé au sixième étage (et au-delà !) du complexe Desjardins, l'hôtel officiel du Festival international de jazz sait accommoder aussi bien les touristes de loisirs que d'affaires. Les chambres sont toutes décorées dans un style moderne et disposent des commodités nécessaires pour les gens d'affaires. Les étages concierges et business disposent d'ailleurs d'une salle lounge exécutive qui sert aussi bien de salle à manger que de centre d'affaires complet.

LE NOUVEL HÔTEL ET SPA
1740, René-Lévesque O
514-931-8841 / 1 800-363-6063
www.lenouvelhotel.com
- Chambres standards : 126 – à partir de 109$
- Lofts : 5
- Studios avec cuisinette : 40
- Restaurant sur place : 1
- L'Entracte : buffet / international / bar
- Salles de réunion : 7 plus jardins (de 10 à 650 personnes)
- Salle la plus grande : 4 864 pi^2, jusqu'à 650 personnes en réception
- Commodités : centre d'affaires, Internet haute vitesse, sans fil et appels locaux gratuits, équipement audiovisuel, forfaits réunion, centre de santé, salle de conditionnement physique, piscine extérieure, salon de coiffure
- Localisation : M° Guy-Concordia

Situé à quelque pas du centre Bell et de la rue Crescent, au cœur de la vie nocturne de Montréal, vous profiterez dans cet hôtel d'un centre d'affaire agréable et d'un spa. Les voyageurs d'affaires pourront aussi y trouver plusieurs studios et lofts spécialement aménagés pour les longs séjours, avec cuisinette et laveuse sécheuse.

LE SAINT-SULPICE
414, Saint-Sulpice
514-288-1000 / 1 877-785-7423
www.lesaintsulpice.com
- Suites : 108 – à partir de 189$
- Restaurant sur place : 1
- S Le Restaurant : fine cuisine inventive, capacité de 90 couverts
- Salles de réunion : 5 (de 10 à 120 personnes)
- Salle la plus grande : 1 000 pi^2, jusqu'à 120 personnes en cocktail
- Commodités : Internet haute vitesse sans fil et avec prise, équipement audiovisuel, centre d'affaires, centre de santé, salle de conditionnement physique, sauna, bar
- Localisation : M° Place-d'Armes, dans le Vieux-Montréal

Affilié au groupe européen Concorde Hôtels, le Saint-Sulpice est une des merveilles du Vieux-Montréal. Ce magnifique hôtel-boutique offre tous les services d'un grand hôtel. Le lobby annonce déjà l'ambiance qui règne avec l'harmonie entre le beige et les poutres orangées. Une fois dans la chambre, le rappel de cette harmonie beige et des murs en pierres crée une ambiance intime et chaleureuse. Chaque suite est équipée d'un coin bar- cuisine, de fenêtres françaises et de deux lignes téléphoniques. Certaines disposent d'un foyer de bois et d'une terrasse privée qui donne sur le quartier historique ou la cour intérieure. Les cinq salles de réunion reflètent bien cet esprit, et associent des fauteuils ergonomiques aux murs d'origine de la Basilique Notre-Dame. Le restaurant offre une cuisine inventive avec un large choix de viandes mais aussi de fruits de mer, le tout servi dans une ambiance branchée.

MONTRÉAL MARRIOTT CHÂTEAU CHAMPLAIN

1, place du Canada

514-878-9000 / 1-800-200-5909

www.montrealmarriottchateauchamplain.com

⮥ Chambres standards : 592 – à partir de 209$

⮥ Suites et chambres de luxe : 19

⮥ Restaurant sur place : 1

⮥ Samuel de Champlain : cuisine d'inspiration méditerranéenne, capacité de 150 couverts

⮥ Salles de réunion : 22 plus la terrasse (de 15 à 1 000 personnes)

⮥ Salle la plus grande : 60 pi X 134 pi, jusqu'à 1 000 personnes en réception

⮥ Commodités : Internet haute vitesse sans fil et avec prise, centre d'affaires, équipement audiovisuel, forfaits réunion, menus pour groupes et banquet, salle d'exercice, piscine intérieure, centre de santé, sauna, bar

⮥ Localisation : Mᵒ Bonaventure, au centre-ville

Le Château Champlain a fêté ses 40 ans en 2007, et offre sous la bannière du Marriott toujours plus de services. Caractérisé par ses fenêtres en arcades qui rappellent la gare Bonaventure, l'hôtel offre des chambres et des salles de réunion avec des vues d'une rare beauté à Montréal. Les clients des 5 étages « concierge » disposent d'un salon lounge privé. Les salles de réunions du 36ᵉ étage sont réellement spectaculaires, leurs vues imprenables et leur luminosité garantissent un cadre de travail très agréable.

OPUS MONTRÉAL

10, Sherbrooke O | 514-843-6000 / 1 866-744-6346

www.opushotel.com/montreal/french/

⮥ Chambres Privilèges : 123 – à partir de 209$

⮥ Suites : 13

⮥ Restaurant sur place : 1

⮥ KOKO : fine cuisine inspirée d'Asie aux accents contemporains, terrasse

⮥ Salles de réunion : 7 incluant le Suco Resto Lounge (de 8 à 275 personnes)

⮥ Salle la plus grande : 4 000 pi², jusqu'à 275 personnes en cocktail

⮥ Commodités : Internet haute vitesse sans fil, équipement audiovisuel, service de traiteur, service de voiturier

VIP, salle de conditionnement physique avec coach et masseur, coiffeur, deux bars

⮥ Localisation : Mᵒ Saint-Laurent, angle Sherbrooke, au centre-ville

Une ambiance design, très masculine, à base de couleurs sombres et de murs recouverts de liège habite cet hôtel-boutique, que l'on a connu sous le nom de Godin. Les plus petites salles de réunion, à l'atmosphère très urbaine, peuvent recevoir de petits événements informels selects alors qu'une grande salle blanche dispose de deux écrans plasma et d'un vidéo projecteur pour assurer des présentations de grande qualité. Vous retrouverez dans les chambres ce même esprit de design et de confort avec une grande table de travail longeant le mur, un écran LCD avec Internet intégré et deux lignes de téléphone gratuites pour les appels locaux. À noter que douze chambres sont équipées pour les personnes à mobilité réduite.

WESTIN MONTRÉAL

270, Saint-Antoine | 514-380-3333

www.westinmontreal.com

⮥ Chambres standards et de luxe : 407 – à partir de 199$

⮥ Suites : 47

⮥ Restaurant sur place : 1

⮥ Gazette Restaurant et Lounge : fine cuisine d'inspiration québécoise, philosophie du « slow food », sections privées, sélection de 250 bouteilles de vin

⮥ Salles de réunion : 30 (de 15 à 830 personnes)

⮥ Salle la plus grande : 149 pi X 58 pi, jusqu'à 830 personnes en réception

⮥ Commodités : Internet haute vitesse sans fil, centre d'affaires, équipement audiovisuel, menus pour groupes et banquet (cuisine aménagée spécialement pour la restauration de groupes), bar, centre de santé, piscine intérieure à fond de verre, sauna et bain à remous, salle de conditionnement physique, service de voiturier, boutique de designers

⮥ Localisation : Mᵒ Place-d'Armes ou Square-Victoria

Tout nouveau tout beau, le Westin Montréal a ouvert ses portes en 2009. Il s'est doté des plus récentes nouveautés en matière de technologie verte, sans compter l'aménagement des chambres et des salles de réunion : tout est à la fine pointe de la technologie. Les nombreux services clé en main raviront les gens d'affaires. Le restaurant Gazette est également un lieu idéal pour des rencontres corporatives, situé en plein cœur du quartier des affaires. Notez que le centre de santé du Westin compte ouvrir en décembre 2009.

GITE

GÎTE CCHM & CUISINE COLLECTIVE HOCHELAGA-MAISONNEUVE

1515, rue Joliette | 514-529-0789
www.cuisinecollectivehm.com

Fondé afin de répondre à un besoin criant d'entraide auprès des familles du quartier, le CCHM s'est transformé en véritable milieu de vie en développant des programmes d'éducation, de formation et d'insertion professionnelle. Le gîte-école, avec ses 4 chambres climatisées, confortables et très abordables (55-80$ taxes et déjeuner inclus) permet à une équipe d'étudiants de pratiquer des tâches en lien avec l'hôtellerie. Le salon peut en outre être transformé en salle de réunion pour 10 personnes. Le programme d'insertion Aide-Cuisinier permet par ailleurs d'offrir un service-traiteur aux groupes de 10 à 1 000 personnes, que ce soit pour une réunion corporative, un cocktail dînatoire ou un congrès !

1515, rue Joliette
Montréal, (Qué.) H1W 3E8
T. 514-529-0789
Tc. 514-529-1186
cchm-ei@qc.aira.com
www.cuisinecollectivehm.com

RESTAURANTS

BISTROS

L'APPARTEMENT

600, William | 514-866-6606
www.lappartement.ca

M° Square-Victoria. Lun-ven, à partir de 11h30 ; mar-sam, dès 16h. TH midi : 18$ et plus, TH soir : à partir de 35$, Carte : 20$-35$. Ce restaurant porte bien son nom. L'ambiance décontractée, la décoration épurée et moderne, le mobilier simple et design pourraient être ceux que l'on trouve dans un loft. Sauf qu'ici, la cuisine allie de bons produits, un savoir-faire et une créativité certaine. Chacun y trouvera son bonheur sous la forme d'un TV Dinner servi dans une assiette à compartiments. Vous préférez une cuisine plus fine ? Vous apprécierez le carpaccio d'autruche à l'huile de truffe

noire ou bien encore le merlin bleu glacé à la mandarine et vodka accompagné pourquoi pas, d'un bon verre de vin que vous aurez préalablement sélectionné dans le vaste choix qu'offre la carte. Enfin, pour les amoureux de chocolat fort en goût, le mi-cuit au chocolat amer vous ravira.

BEAVER HALL

1073, Côte du Beaver Hall | 514-866-1331
www.beaverhall.ca

M° Square Victoria. Lun-ven, le midi seulement. En soirée sur réservation de groupes (de 25 à 150 personnes). TH de 14,50 $ à 27,50 $. Un bistro dans toute sa splendeur : de belles banquettes en cuir, des serveurs bien accoutrés, des boiseries distinguées. Niveau cuisine, on sent bien la touche de Jérôme Ferrer, le chef de l'Europea, et maître d'œuvre de l'endroit. Le tartare coupé au couteau est joliment présenté sur une planche en bois avec un petit bol de frite. La salade repas au chèvre chaud est généreusement garnie. Le foie de veau est cuit à la perfection, une prouesse à souligner ! Autre originalité appréciable : la suggestion du verre de vin assorti au plat.

BISTRO L'AROMATE

1410, Peel | 514-847-9005 | www.laromate.com

M° Peel. Dim-mer, 11h-22h ; jeu-sam, 11h-23h. TH 16 $-34 $. Belle carte des vins. Garçon choc pour bistro chic, le célèbre animateur-gastronome Jean-François Plante a posé ses valises aromatiques, depuis 10 ans déjà, en plein cœur du centre ville. Élégance et convivialité sont de mise, avec les tons blancs sur vert amande,

l'acier, le bois et les bambous. La mezzanine et le grand comptoir aux lignes épurées procurent une agréable sensation d'espace. Un resto qui a de la personnalité ! Dans l'assiette aussi, car le chef travaille les salades, les poissons frais, les pâtes et les viandes, qu'il fait mariner avec déférence pour leur donner ce goût unique ; ce qui lui donne le plaisir de changer la carte régulièrement. Des produits maison d'épicerie fine permettent de poursuivre chez soi cette belle exploration aromatique. Un service de traiteur est également disponible. Deuxième adresse : 2981, Saint Martin O, Centropolis, Laval 450-686-9005 (avec salle de réunion pouvant accueillir jusqu'à 120 personnes).

BORIS BISTRO

465, McGill | 514-848-9575 | www.borisbistro.com

M° Square Victoria. Ouvert lun-ven, 11h30-14h ; mar-sam, 18h à tard le soir. On va chez Boris Bistro pour la terrasse, l'ambiance et les bons plats. Que diriez-vous de déguster un savoureux repas dans un jardin, en plein cœur de Montréal ? C'est ce qu'on vous propose ici, mais pas seulement, car la salle est très agréable elle aussi. Que choisir, entre un tartare de saumon ou une truite grillée sur épinards, des raviolis nappés d'une sauce à la sauge ou un merveilleux risotto ? Des fraises mascarpones à la réduction balsamique concluront ce repas de façon bien agréable. La carte des vins est étoffée, les bières servies bien fraîches et les cocktails variés. Ajoutez à cela un service aussi courtois qu'attentionné,

et vous comprendrez pourquoi le Boris Bistro est une des adresses les plus futées du Vieux-Montréal. À découvrir et redécouvrir !

CHEZ ALEXANDRE ET FILS
1454, Peel | 514-288-5105
www.chezalexandre.com

M° Peel. Ouvert tous les jours de 12h à 2h. Brunch 24,50$ sam-dim de 11h30 à 15h30 ; lunch de 11h30 à 15h entre 17,50$ et 23,75$; snacks 11,50$; plats 19,50$-29,50$. Très belle carte des vins. Pub au 2e étage. Cette magnifique brasserie parisienne nous transporte littéralement vers les beaux quartiers de la ville lumière : service stylé, banquettes en cuir, boiseries, tables en granit et chaises en rotin importées de France. Alain Creton illumine de sa présence les deux salles luxueuses, où l'on apprécie choucroutes au champagne, cassoulets toulousains et confits de canard à la périgourdine, sans oublier la traditionnelle bavette à l'échalote avec ses frites maison, épluchées à la main pour plus de croquant ! Suprême audace, la maison abrite au deuxième étage un authentique pub anglais le « John Sleeman Pub » avec foyer et cigar lounge. Le meilleur des deux mondes à la même adresse.

LES ENFANTS TERRIBLES
1257, Bernard O | 514-759-9918

M° Outremont. Tous les jours de 7h30 à minuit. Plats du jour : 14-22$, compter 20$ le midi et 40$ le soir. C'est une brasserie au charme fou aux murs recouverts de bois, tout en relief, où les tableaux noirs affichent les menus, et où le moderne se mêle au rustique. Les Enfants terribles, c'est tout à la fois un lieu où il fait bon être et manger. Parce qu'ici, la nourriture occupe une place de choix. C'est d'ailleurs en regardant la vie outremontaise défiler derrière les larges baies vitrées et teintées, qu'on déguste un délicieux tartare de bœuf à l'huile de truffe accompagné d'un mesclun. Fin, frais et copieux, à l'image des autres plats de la carte. Quant au moelleux au chocolat, quelle douceur... Les habitués ne se trompent guère. Ils viennent à la brasserie pour la qualité des produits, pour l'ambiance des lieux et pour ce supplément d'âme que les propriétaires ont su créer. Une réussite !

ROBIN DES BOIS
4653, Saint-Laurent | 514-288-1010
www.robindesbois.ca

Lun-mer, 12h-22h ; jeu-ven, 12h-23h ; sam, 17h-23h, Midi TH à partir de 10,75$. Plat dès 9,50$. Un restaurant pas tout à fait comme les autres. Un cadre grandiose, décoré avec subtilité, dans lequel on ressent une ambiance à la fois sereine et animée. Serait-ce dû aux couleurs chatoyantes et apaisantes ? À ce grand tableau blanc sur lequel des dessins et témoignages d'enfants ont pris vie ? À cet accueil chaleureux et si particulier ? C'est probablement tout cela à la fois, puisqu'en fait, nous sommes dans un restaurant au concept noble : des bénévoles viennent s'unir au personnel pour que les profits de la vente des repas soient reversés à des œuvres caritatives. Mais qu'en est-il de la carte ? Là aussi, c'est une belle surprise. Concoctée à partir de produits de saison et, si possible bio, c'est une cuisine de création, généreuse et parfumée que propose la chef Julie Rabouin.

CUISINES DU MONDE

CUISINE MÉTISSÉE

CONFUSION
TAPAS DU MONDE
1635-1637, Saint-Denis | 514-288-2225
www.restaurantconfusion.com

M° Berri UQÀM. Dim-lun de 17h30 à 22h, mar-sam de 17h30 à minuit. Tapas 5-18, plats 16-29. Menus pour deux de 39-79. TH soir 29$. Convivialité et partage sont ici à l'honneur. Un vaste choix de tapas à partager, d'inspiration française, grecque, libanaise ou asiatique. On pioche dans la Thalassa (succulents pétoncles à la vanille fumée et tendrissime pieuvre grillée au naturel), la Bouffe snob et ses déclinaisons de foie gras, les Grand crus de tartares et carpaccio de cerf à l'huile de truffe. Les Carnivores opteront pour les surprenants pop-corn de ris de veau, ou pour la côte de bœuf, aussi gargantuesque que délicieuse, et les Végétariens pour le tofu en jardinière de légumes. Les menus pour deux sont une aubaine (39-79) et les solitaires pourront profiter des tables… avec balançoires ! Très belle décoration, section lounge, service souriant et efficace. Le meilleur restaurant du Quartier latin.

M SUR MASSON
2876, Masson | 514-678-2999
www.msurmasson.com

Lun-ven, 11h30-17h30 et 17h30-23h ; sam, 17h30-23h ; dim, 10h-15h30. TH midi : 17-19$. Soir : entrées 6$-22$; *plats principaux 19-32. Desserts 6-11. Spéciaux du jour. Service traiteur.* Encensé par la critique, et pour cause ! Les mets, y compris les desserts, sont finement travaillés : pintade confite, cerf, foie gras avec sauce au chocolat, filet tartare, profiteroles au caramel et à la fleur d'oranger, etc. Le service est courtois et personnalisé. Le menu complet est expliqué à chaque client. Malgré un agrandissement, la salle est presque toujours pleine. Les réservations sont donc fortement recommandées. S'il y a du bon à cet achalandage, c'est que les délicieux effluves de la cuisine imprègnent rapidement l'endroit. Le décor est sympathique. Étant donné la variété de vins, les amateurs seront comblés. Un peu excentré, mais sans doute le meilleur choix dans l'Est de la ville.

QUÉBEC

AUBERGE LE SAINT-GABRIEL
426, Saint Gabriel | 514-878-3561
www.auberge1754.com

M° Place d'Armes. Mar-ven, 12h-14h30 et 18h-22h ; sam, 18h-22h. Fermé dim-lun. Carte dès 30$. TH midi 16$-22$; TH soir 32$- 44$, compter 60$ par personne. 3 Salles de réceptions. Situé dans le vieux Montréal, c'est l'un des rares restaurants où l'on peut déguster une cuisine traditionnelle. L'ambiance chaleureuse des feux qui crépitent à l'intérieur, alliée au charme de la terrasse ensoleillée, fait de la plus ancienne auberge d'Amérique du Nord une référence à ne pas manquer. Laissez-vous tenter par des spécialités alléchantes comme la tourtière des Cantons ou les ragoûts succulent ; mais les cuisines regorgent aussi de spécialités françaises, comme le magret de canard rôti et son jus de cuisson au Porto ou le fameux Chateaubriand. Pour le dessert, n'hésitez pas à commander la tarte au sucre, un vrai délice !

CHINE

CHEZ CHINE
99, Viger O
Dans le Holiday Inn Sélect
514-878-9888

M° Place-d'Armes. Lun-ven, 11h30-14h ; sam-dim, 12h-14h ; mar-sam, 18h-22h. Déjeuner de 6h30 à 10h (lun-ven) et de 7h à 11h (sam-dim). Buffet midi 18,95 $. Soir à la carte 15 $-30 $. On se croirait dans un véritable décor de cinéma asiatique, mais le cadre a été conçu dans le respect des préceptes du Feng Shui. Les chefs, puisqu'ils sont plusieurs, proposent une sélection des incontournables classiques de la Chine, y compris de délicieux dim sum, ainsi qu'un buffet varié. Le succès de ce restaurant est indéniable, et il vaut mieux réserver. Idéal pour les banquets ou pour inviter dans des occasions exceptionnelles, car le décor est unique en son genre !

INDE

LE TAJ
2077, Stanley | 514-845-9015
www.restaurantletaj.com

M° Peel, angle Sherbrooke. Lun-ven, 11h30-14h30 et 17h-22h30 ; sam, 17h-23h ; dim, 12h-14h30 et 17h-22h30. À la carte : entrées 3,95 $-9,95 $, plats 12,95 $-24,95 $. Menu Festin Daavat 32,95 $ (soupe ou salade, entrée, plat, plat végétarien, dessert, thé ou café inclus). Buffet du midi 11,95 $. Le Taj vous propose un menu très varié, haut en couleur, en diversité, épicé mais peu pimenté, avec également un choix de plats végétariens. D'ailleurs, vous pourrez observer le chef préparer votre festin depuis son tandoor (four d'argile). Le buffet du midi permet de parfaire ses connaissances sur la gastronomie indienne et de faire de belles découvertes. Les currys sont excellents et le poulet tandoori parfait. Plats à emporter et service traiteur disponibles.

JAPON

KAIZEN SUSHI BAR & RESTAURANT

4075, Sainte-Catherine O
514-707-8744 | www.70sushi.com

M° Atwater. Mar-mer, 17h30-22h30 ; jeu-ven, 11h30-15h et 17h30-minuit ; sam, 12h-14h30 et 17h30-minuit ; dim, 12h-14h30 et 17h30-22h30. Entrées 7-45, sushis 26-100. Vente à emporter et livraison à domicile également. Une adresse haut de gamme suivie par une foule d'amateurs, et qui ne lésine ni sur les moyens, ni sur la qualité. Le décor soigné nous rappelle qu'on est ici dans une véritable institution. La présentation des plats et des assortiments est magnifique. Côté fraîcheur, c'est à peu près l'idéal… Mais la qualité a un prix. La rigueur du chef donne des sushis, sashimis et autres trouvailles impeccables et délicieux. Essayez les Lambas, des tartares de poissons servis en rouleau de feuilles de riz…. Délicieux ! Le cadre joue aussi sa part dans notre émerveillement. Une excellente table nippone avec plusieurs années au sommet.

SHODAN

2020, Metcalfe | 514-987-9987
www.sho-dan.com

M° Peel. Lun-ven midi et soir et sam le soir seulement. Fermé dim. Compter autour de 20$ le midi et 40$ le soir. Dès qu'on rentre dans ce grand restaurant, notre œil se pose sur le bar à sushi derrière lequel s'affairent des cuisiniers expérimentés. Ils y préparent des combinaisons inusitées comme le sexy sushi que l'on vous laissera découvrir par vous-même. Les tempuras sont vraiment exceptionnels : la pâte à beignet est d'une légèreté remarquable. Les sashimis sont d'une grande fraicheur. En dessert, le Romeo et Juliette est un sushi … sucré. Des spécialités que l'on voit rarement ailleurs et qui valent sans aucun doute une dégustation. *Autre adresse : 1425 René-Lévesque O, 514-871-0777.*

VIETNAM

SOUVENIRS D'INDOCHINE

243, Mont Royal O | 514-848-0336

M° Mont-Royal. Mar-ven, 11h30-14h30 et 17h30-22h30 ; sam, 17h30-22h30. Fermé dim-lun. TH midi 7-11, TH soir 22$- 25$. Service traiteur. Monsieur Hà ne semble en rien nostalgique, mais pourtant sa cuisine émane des temps révolus où l'art culinaire servait à rendre hommage aux ancêtres par une méditation active lors de la préparation des repas. Il nous en tisse une cuisine simple et raffinée, dont les dosages des diverses saveurs semblent savamment orchestrés. Les poissons et les viandes sont cuits à un degré précis, et les sauces viennent semer l'émoi, purement et simplement. Essayez les cubes de bœuf au soja ou les nems pour en prendre toute la mesure ! Une adresse qui se démarque.

EUROPE - ESPAGNE ET PORTUGAL

TAPEO

511, Villeray | 514-495-1999
www.restotapeo.com

M° Jean Talon. Mar-ven, 12h-15h ; mar-sam, 17h30-23h. TH midi 12-16. Paella pour deux 25$. Fermé dim-lun. Tapas 4$-14$. Un restaurant chaleureux, au décor soigné, qui vous propose des dégustations diverses de tapas (chaudes ou froides) aussi généreuses que savoureuses. Une cuisine authentique et assez abordable si vous venez à plusieurs pour partager l'ambiance et les plats. Les vins proposés accompagnent agréablement le repas, qui verra se succéder selon vos envies d'excellents calmars frits, du chorizo, du jambon cru, de la paella, choisis sur l'ardoise ou en suivant les conseils du serveur. Pour le dessert, les incontournables churros à tremper dans le chocolat sauront parfaire l'expérience. Est-il nécessaire d'en rajouter ?

EUROPE - FRANCE

L'ARRIVAGE
(MUSÉE POINTE-À-CALLIÈRE)
350, place Royale | 514-872-9128
www.pacmusee.qc.ca

Mo Place-d'Armes. Tous les jours, le midi seulement. TH 14 à 16$. Terrasse. Réservation recommandée.
Un des secrets bien gardés du Vieux-Montréal! Situé au deuxième étage du musée Pointe-à-Callière, la salle à manger est baignée de lumière. En été, la terrasse offre une belle vue sur Montréal. Le chef propose tous les jours un nouveau choix de viande, de poisson ou de pâtes. Tout est cuisiné avec une grande finesse et des ingrédients de qualité. Les accompagnements relèvent le met à merveille. Ainsi l'espadon peut être accompagné de grenade et de mangue, d'épinards et d'une purée de navet. Un vrai bonheur pour des prix plus que raisonnables.

CHEZ GAUTIER
3487, du Parc | 514-845-2992
www.lapatisseriebelge.com

Lun-mer, 11h30-23h; jeu-ven, 11h30-23h30; sam, 9h-23h30. Fermé dim. Brunch de 9h à 13h (sam). Terrasse.
Un restaurant dont on ne parle pas assez souvent, sans doute parce qu'il est là depuis longtemps, pour le plus grand plaisir de ses habitués. L'accueil est impeccable. La décoration contraste avec le design de la plupart des nouvelles tables de la métropole. L'assiette n'est pas en reste. Toujours très correcte, en table d'hôte ou à la carte, vous y retrouverez des spécialités françaises travaillées avec soin. Le foie de veau poêlé est un délice, la bavette d'aloyau aux échalotes bien saisie. Essayez le saumon fumé maison en entrée, fondant à souhait. Et pour les desserts, sachez que La Pâtisserie Belge partage les locaux! Une référence qui a tout pour le demeurer encore longtemps!

CHEZ QUEUX

158, Saint-Paul E | 514-866-5194
www.chezqueux.com

M° Champs-de-Mars. Mar-ven, 11h30-14h30 et 17h-22h ; sam, 17h-22h. Fermé dim-lun. TH 26-39. À la carte : entrées 6$-22,95$, plats 27-42. Allez faire un tour chez Queux pour déconnecter de l'atmosphère surchargée de la Place Jacques-Cartier. À peine le seuil de la porte de bois massif franchi, l'épaisse moquette rouge amortit le pas, les yeux courent sur les murs de pierre caressés par une lumière tamisée. On dirait un décor de théâtre, mais ici, tout est authentique : les lustres, les poutres, le piano, les rideaux, les boiseries. Assis dans un confortable fauteuil, on est prêt pour une cuisine de qualité servie par un personnel très professionnel. Poêlée de foie gras de canard au Calvados et pomme caramélisée ; langoustines grillées à la provençale ; magret de canard rôti, jus naturel au thym frais et baies sauvages ; et crème brûlée à l'orange confite pour terminer, ne sont que quelques exemples puisés dans une carte étoffée.

CUISINE ET DÉPENDANCE

4902B, Saint-Laurent | 514-842-1500
www.cuisineetdependance.ca

Angle St-Joseph. TH midi : à partir de 18$, le soir, compter 40$. Chocolat et vert anis sont les couleurs prédominantes de ce lieu nommé « Cuisine et Dépendance ». Et à vrai dire, ce nom a tout son sens. Entre la pétillante et chaleureuse Danielle Matte, qui accueille et bichonne ses hôtes ; et son comparse, le chef Jean-Paul Giroux, qui a l'art et la manière de marier les saveurs et les produits, pas étonnant que l'antre des gourmets se nomme ainsi. Que dire de ce saumon saisi autour et si tendre dedans. De ces légumes cuits et croquants à la fois. De ce mélange de couleurs, de saveurs et de textures... Ah, on en salive encore ! Tout est fait avec finesse, passion et simplicité. Et, pour les Dépendants de cette Cuisine, des prêts à emporter sont désormais disponibles.

LEMÉAC

1045, Laurier O
514-270-0999
www.restaurantlemeac.com

M° Laurier, autobus 51 O. Lun-ven, 12h-minuit ; sam-dim, 10h30-minuit. Plat 18$-36,50$. Après 22h, menu fin de soirée à 22$. Saveurs, élégance et bavardages joyeux sont au rendez-vous. La réputation de ce resto n'est plus à faire. Excellente cuisine, comme ces quelques bouchées de tartare de saumon et de bœuf. On en redemande, tellement c'est bon ! Délicieux cerf de Boileau en croûte de cèpes et noix, servi avec une délicate sauce réglisse. Une belle carte des vins et des desserts réussis montrent bien qu'ici on a le souci du détail. Message reçu par la clientèle bourgeoise et décontract' de Montréal, et on la comprend !

EUROPE - ITALIE

MISTO

929, Mont-Royal E | 514-526-5043
www.restomisto.com

M° Mont-Royal. Ouvert lun-mer, 17h-minuit; jeu-ven, 11h30-minuit; sam-dim, 10h30-minuit (menu brunch et petite carte de plats réguliers). Table d'hôte midi à partir de 9$ (jusqu'à 16h30). Focaccia 10,25$-14,50$, plats 12,25$-24,25$. LA trattoria du Plateau ! Décor design : acier et bois, briques apparentes, beau comptoir animé. À midi, intellos et jeunes professionnels se retrouvent pour savourer de très bonnes focaccias. La place est branchée, décontractée, le personnel très avenant et d'une bonne humeur contagieuse. De quoi oublier les soucis, mais certainement pas Paul, charmant propriétaire qui compose lui-même la carte. Au menu, une bonne cuisine italienne et méditerranéenne, très abordable. La très belle carte des vins accompagne merveilleusement le tout. À ne pas manquer : le brunch du week-end !

GRILLADES ET STEAK

LE MÉCHANT BŒUF

124, Saint-Paul O | 514-788-4020
www.mechantboeuf.com

M° Place-d'Armes, angle St-Sulpice. Dim-mer, 17h-23h; jeu-sam, 17h-1h. Un bar-brasserie au volume impressionnant situé dans un lieu fait de vieilles pierres et de briques, et au décor dominé par le rouge bœuf, jusqu'à l'éclairage de la cascade murale. La carte révèle elle aussi cette attirance. De nombreux choix sont offerts, tels le tartare de bœuf, accompagné de pommes paille et d'une salade, qui fond sous la langue, révélant une viande fraîche et tendre à souhait. Mais, le Méchant Bœuf est partageur, puisque d'autres mets (comme des poissons et un « bar cru ») sont proposés. Le tout sur fond de musique rock. L'ambiance est chaleureuse, et le service sympathique.

PUB ST-PAUL

124, Saint-Paul Est
514-874-0485
www.pubstpaul.com

Ouvert tous les jours. Compter environ 15-20. Menu pour groupes disponible. Le Pub St-Paul est un incontournable du Vieux-Montréal. Ses spécialités sont les grillades, saucisses, hamburgers, mais vous y trouverez tous les items d'un menu de type pub. Les spéciaux du 4 à 7 sont parfaits pour des rencontres de fin de journée. L'ambiance y est toujours conviviale et des groupes de musique s'emparent des lieux en soirée, du jeudi au samedi. Et que dire de la vue ! Probablement la plus magnifique, avec le Vieux-Port et le fleuve qui embrassent notre regard. Salle de réception au 2e étage pouvant accueillir jusqu'à 400 convives en cocktail.

LES GRANDES TABLES

À L'OS

5207, Saint-Laurent | 514-270-7055 | www.alos.ca

M° Laurier. Lun, 17h30-minuit ; mar-dim, 18h-minuit (les cuisines ferment à 22h). Apportez votre vin. Un petit restaurant de grande qualité. Le chef Benjamin Forti et ses cuisiniers s'affairent en noir derrière le comptoir intégré à la salle. On a vraiment à cœur d'offrir un moment d'exception aux clients. Le plat emblématique de la maison, le filet mignon accompagné de foie gras poêlé et d'une savoureuse réduction de veau au porto est un pur moment de bonheur. À déguster avec l'une des treize sortes d'eaux minérales de la carte. Au dessert enfin, tout est fait pour combler les gourmands. Les prix pratiqués peuvent sembler prohibitifs, mais si l'on considère les mets servis, ils sont plutôt raisonnables, d'autant qu'on apporte son vin. Une belle découverte sur le boulevard, à visiter sans tarder !

CHEZ LA MÈRE MICHEL

1209, Guy | 514-934-0473
www.chezlameremichel.com

M° Guy-Concordia, angle René Lévesque. Lun-sam, 17h30-22h30. Fermé dim. Carte : entrées 8-12, plats 22-28 ; menu des grands espaces (entrée, plat, fromage, dessert) : 48$. Cave champenoise pour les groupes. On aime cette adresse d'exception, grande table et fine cuisine dans l'environnement feutré d'une maison bourgeoise. Gentiment surnommée « La mère Michel », Micheline Delbuguet veille sur son petit monde, toujours en quête de produits rares et frais. Les mets respirent la tradition en perpétuelle évolution : crabe soufflé sur riz safrané, gigot d'agneau en croûte à la sarriette, grenadins de veau au citron vert, feuilleté aux fraises maison… Essayez le menu des grands espaces, à base de produits québécois : coquilles des Îles de la Madeleine, tournedos de bison servi avec une sauce

Café Holt © NRL

poivrade et canneberges confites pignon de pin et flan de céleri, salade de saison avec un croûton de Migneron gratiné. Superbe cave, service haut de gamme, petit solarium clôturent ce tableau alléchant.

LA CHRONIQUE

99, Laurier O | 514-271-3095
www.lachronique.qc.ca

M° Laurier, angle Saint-Urbain. Mar-ven, 11h30-14h ; tous les jours de 18h à 22h. Entrées 16-40, plats 32-42. Menu midi 21-29. Menu Dégustation 100$, avec vins 150$-200$. Ici on vous propose une carte haute en couleurs qui tend à explorer les limites mêmes de la gastronomie française. On la réinvente en une explosion de saveurs aux relents inédits. Bonne bouffe, peut-être, mais plus encore : une très grande bouffe, qui pousse les arômes et les saveurs à un degré tel que le palet en perd ses repères traditionnels. De la haute cuisine qui se libère des carcans typiques et qui s'évade ainsi de toute caractéristique nationale quelque peu contraignantes : morue charbonnière et son écrasée de pommes ratte à la truffe, mini-poireaux et son écume de mer ; duo de bison, courge musquée, oignons caramélisés et jus de viande... Lorsque la cuisine devient un matériau si hautement artistique, on parle sans contredit de l'une des meilleures tables de Montréal.

LE CLUB CHASSE ET PÊCHE

423, Saint-Claude | 514-861-1112
www.leclubchasseetpeche.com

M° Champ-de-Mars. Mar-ven, 11h30-14h ; mar-sam, 18h-22h30. TH midi 19-26. Entrées 13$- 24$, plats 27-32. Cette pourvoirie urbaine offre un nouveau territoire pour pêcher de bonnes chairs. Presque une chasse gardée. Aucune signe extérieur, tout juste un sigle de ralliement pour les initiés gourmands : du bouche à oreille principalement. Un décor ultra léché fait de pierres, de poutres, de cuir, mélange cosy de sophistication et d'authenticité. Un concept avant-gardiste : dandysme et rusticité contemporaine. Dans ce design à couper le souffle, Claude Pelletier, considéré à juste titre comme l'un des meilleurs chefs en ville, élabore une cuisine puissante, animale, esthétique, instinctive. Tout en finesse et en élégance, Hubert Marsolais veille à conserver en salle l'eurythmie unique qui caractérise si bien les créations de cette équipe gagnante. Durant la saison estivale, vous pouvez profiter de cette cuisine de qualité dans un très beau cadre : la terrasse du Château Ramezay, juste en face.

TOQUÉ !

900, place Jean-Paul-Riopelle
514-499-2084 | www.restaurant-toque.com

M° Square-Victoria, angle Saint-Antoine. Mar-sam, 17h30-22h30. Menu dégustation (7 services) 92$, 153$ avec vin ; menu avec foie gras 104$, 165$ avec vin À la carte : entrées 18-26, plats 32-45. Le nec plus ultra en matière de cuisine française. Le chef Normand Laprise, chevalier de l'Ordre National du Québec, est au gouvernail et veille à ce que la réputation de Toqué soit irréprochable. Le menu est d'une rigueur incroyable, mettant en valeur une cuisine de marché fraîche et raffinée. Pas de faux-fuyants, les plats sont confectionnés tels des œuvres d'art, combinées à une carte des vins époustouflante. Tout est démesuré, chez Toqué, le décor est raffiné et le service tout simplement parfait. Il est recommandé de réserver longtemps à l'avance.

MANGER SUR L'EAU

AML

Quai King-Edward, Vieux-Port de Montréal
1 866-856-6668 | www.croisieresaml.com

De mai à octobre. Soupers-croisières (départ à 19h, embarquement 60 minutes avant), durée : 4h. Adulte 49$. Vous combinerez gastronomie et vues grandioses à bord *du Cavalier Maxim.* L'ambiance qui règne à l'intérieur des trois salles à manger et sur les terrasses est à la hauteur. Vous y dégusterez des mets raffinés en table d'hôte, et pour l'animation, musiciens et piste de danse vous attendent. Plusieurs formules sont proposées, comme le « Classique », sur fond de musique classique, ou encore le « Nouvelle-Orléans » qui vous transporte en Louisiane le temps d'un repas aux saveurs cajuns sur des rythmes « jazz ragtime » et « blues ». Vous succomberez au charme de la ville illuminée et de ses îles au soleil couchant. Des brunchs sous forme de buffet y sont aussi servis, pour une découverte différente !

LE BATEAU MOUCHE
Quai Jacques-Cartier, Vieux-Port de Montréal
514-849-9952
Sans frais : 1 800-361-9952
www.bateau-mouche.ca
Tous les jours de la mi-mai à la mi-octobre. Soupers-croisières (départ à 19h, embarquement 30 minutes avant), durée : 3h30. Adulte : 89-207/personne selon la salle, la soirée et le menu choisi (pourboire inclus, taxes en sus). Il est des facettes de Montréal qui ne se découvrent qu'en bateau. Celui-ci est particulier, et grâce à son faible tirant d'eau, il emprunte un parcours inaccessible aux bateaux traditionnels. En soirée, les soupers-croisières sont très prisées, avec une cuisine recherchée (aux commandes, le chef du Fairmont Le Reine Élizabeth) et un cadre original... De quoi se laisser aller pour un agréable moment au rythme du fleuve !

TRAITEURS

Pour une réception ou une fête, pour vous éviter de vous tracasser, faites appel à un traiteur ! Nous vous en suggérons quelques-uns.

AGNUS DEI
514-866-2323 | www.agnusdei.ca
www.avecplaisirs.com | www.scena.ca
Agnus Dei fait partie de la Maison Traiteurs qui chapeaute également deux autres entités : Avec Plaisirs (traiteur livrant des repas d'affaires) et Scena (nouvel espace événementiel au Pavillon Jacques-Cartier du Vieux-Port). Le point commun au trois services : des prestations haut de gamme, un service personnalisé pour organiser dîners, repas à l'assiette, livraison de repas, buffets, cocktails dînatoires ou tout autre événement exceptionnel. Des services complémentaires sont offerts : personnel de service, locations, décors et animation, recherche de salles, développements thématiques... 22 ans d'expérience et c'est loin d'être terminé !

APOLLO-GLOBE TRAITEUR
6389, Saint-Laurent | 514-274-0153
www.apolloglobe.com
Le service traiteur de ce restaurant renommé prépare des repas et des canapés de très haute qualité, livrés à Montréal et dans les régions environnantes. Étant donné le talent du chef, il sera difficile de choisir : préfère-t-on les tapas dont les saveurs s'inspirent des cuisines du monde entier ou les canapés sortant de l'ordinaire, à l'exemple des bouchées de figue et mozzarella di buffala à l'huile de noix ? Des repas complets, faisant preuve d'une grande créativité, seront préparés en fonction des goûts et besoins du groupe. La location des tentes et l'achat du vin sont disponibles sur demande.

DENISE CORNELIER TRAITEUR

5354, Saint-Laurent
514-272-8428
www.cornelliertraiteur.com

Choisir Denise Cornellier, ce n'est pas seulement opter pour la qualité de la cuisine, mais pour un service et une organisation impeccables du début à la fin de votre évènement, que ce soit un repas d'affaires, une fête de bureau ou un cocktail. Sa réputation n'est plus à faire, et l'expérience est là. L'équipe s'inspire de toutes les cuisines (méditerranéenne, québécoise, asiatique, californienne ou moyen-orientale) et l'adapte à toutes les demandes (selon les thèmes que vous désirez). Vous avez même la possibilité d'organiser un évènement au Loft Denise Cornellier avec location de la salle accompagnée d'un buffet ou menu.

DIABOLISSIMO

1256, Mont-Royal Est | 514-528-6133
www.diabolissimo.com

M° Mont-Royal. Mar-mer, 10h30-18h30 ; jeu-ven, 10h30-21h ; sam, 10h-18h ; dim, 12h-17h30. Sitôt entré dans cette boutique-traiteur, les odeurs viennent chatouiller les papilles. Et quel accueil! Celui-ci est aussi chaleureux et généreux que ces mets exposés à notre convoitise, qui nous invitent à un voyage culinaire en Italie. Comment résister à ces plats cuisinés sur place et prêts à emporter tels que les antipasti, prosciutto, pancetta, focaccia... le large choix de pâtes fraîches, sauces et pesto faits eux-aussi, « maison » avec des produits frais... les fromages, charcuteries, desserts et autres pâtisseries ? Tout est si tentant et parfumé! De nombreux produits sont aussi disponibles dans le côté épicerie fine.

© Nicolas Garbay

IAN PERREAULT

1248, Bernard O | 514.948.1248

www.ianperreault.com

Lun-ven : 11h-20h ; sam, 10h-19h. Entrées : à partir de 6$. Plats : à partir de 11$. Jouxtant le théâtre d'Outremont, la boutique-comptoir d'Ian Perreault propose des menus prêts-à-manger élaborés par ce chef connu et reconnu. Ces mets cuisinés à partir de produits bio et de qualités, satisferont les plus exigeants d'entre vous. Tout est fait pour que le plaisir du palet ne rime pas avec contrainte. Ainsi, des menus de la semaine sont proposés. Ou bien, si vous optez pour le « frigo rapide », vous y trouverez un large choix de soupes maison, sandwichs, salades et plats cuisinés. Le « frigo gastronomique » vous tente davantage ? Alors n'hésitez pas à composer votre menu. Pour cela, un large choix d'entrées, de poissons, de viandes, de légumes et de desserts composent la carte.

LE TOUR DU CHEF

5151, du Parc | 514-544-9656

www.letourduchef.com

Mer-sam, 9h-19h (jusqu'à 21h le ven-sam). De 3,50$-8,25$ pour une soupe ou un met cuisiné. Jusqu'à présent, c'était le chef Antoine Lemay et deux de ses comparses qui officiaient à domicile, emmenant avec eux, produits fins, minutieusement sélectionnés, et ustensiles pour confectionner le repas gourmand choisi. Depuis peu, c'est aussi un magasin où l'on voit un des chefs cuisiner les soupes et mets du jour « prêts à emporter », tout en échangeant avec un client, un curieux. Le Tour du Chef boutique, c'est également la possibilité de choisir et d'acheter des produits frais et de qualité tels que des légumes bio, des fromages, des huiles, des pains...

TRADITION GAUTIER

3485, du Parc

514-845-1245

www.lapatisseriebelge.com

Une bonne adresse pour commander les grands classiques des cocktails dînatoires. On a le choix entre des grandes assiettes de charcuteries, de fromages, des salades et des crudités. Niveau bouchées, certaines sont froides comme les profiteroles au saumon et d'autres sont chaudes comme les mini-quiches, les vol-au-vent, les pizzas aux anchois, etc. Bon choix de pâtisseries également.

SORTIR

SALLES DE SPECTACLES

PLACE DES ARTS

260, de Maisonneuve O

514-842-2112 / 1-866-842-2112 | www.pda.qc.ca

Mᵒ Place-des-Arts. Billetterie ouverte lun-sam de 12h à 20h30 ou une demi-heure après la levée du rideau, dim et jours fériés selon l'horaire des spectacles en salle. Cinq salles sont réunies à la Place des Arts : le Théâtre Maisonneuve, le Studio-théâtre, la Salle Wilfrid-Pelletier, le Théâtre Jean-Duceppe et la Cinquième Salle. Musiciens, chanteurs, comédiens ou humoristes se retrouvent dans un formidable complexe culturel. Construction en cours pour y aménager la salle de concert Adresse Symphonique et le Grand Foyer Culturel.

THÉÂTRE DU NOUVEAU MONDE

84, Sainte-Catherine O | 514-866-8668

www.tnm.qc.ca

Mᵒ Place-des-Arts. Billetterie ouverte : lun, 10h-18h ; mar-sam, 12h-20h. Les classiques deviennent de superbes productions dans cette salle de 845 places. Le plancher de la scène peut se démonter, permettant ainsi les mises en scène les plus ambitieuses. Par leur envergure, les classiques comme « Tristan & Yseult », « Un tramway nommé Désir », « Homère » prennent des allures de blockbuster.

THÉÂTRE ST-DENIS

1594, Saint-Denis | 514-849-4211

www.theatrestdenis.com

Mᵒ Berri-UQÀM. Billetterie ouverte : lun-sam, 12h-18h. Pour les jours de spectacle, la billetterie est ouverte à partir de 12h jusqu'à 30 minutes après le début du spectacle. Avec ses deux salles, le Saint-Denis est un des théâtres les plus beaux et les plus populaires de la ville, qui accueillent bon nombre d'humoristes, d'artistes de la musique d'ici et d'ailleurs et de comédies musicales.

BARS

HOUSE OF JAZZ

2060, Aylmer

514-842-8656

www.houseofjazz.ca

Mᵒ McGill. Ouvert lun-mer, 11h30-00h30 (jusqu'à 1h30 le jeudi et 2h30 le vendredi) ; sam, 18h-2h30 ; dim, 18h-00h30. Des frais de 5 $ sont applicables les soirs de spectacles. House of Jazz est depuis près de 30 ans La Mecque du jazz dans la métropole. Des spectacles tous les soirs avec les grands du jazz mais aussi les artistes de la relève. Pour ceux qui veillent tard, le menu « faim de soirée » viendra combler les petits creux.

PULLMAN

3424, du Parc

514-288-7779

www.pullman-mtl.com

Mᵒ Place-des-Arts, angle Sherbrooke. Ouvert mar-sam, 16h3-1h. Fermé dim-lun. C'est dans un décor accueillant et chaleureux à souhait que vous y dégusterez de grands crus. Profitez-en pour admirer le lustre fait entièrement de verres ! Bien que la sélection de vins au verre soit l'idéal pour goûter quelques petites merveilles, la bouteille sera un meilleur choix (et moins dispendieux) si vous êtes plusieurs. Un bel endroit pour passer une agréable soirée.

UPSTAIRS

1254, Mackay | 514-931-6808

www.upstairsjazz.com

Lun-jeu, 12h-1h ; ven, 12h-3h ; sam, 17h30-3h ; dim, 17h30-1h. Réservation fortement conseillée les week-ends. Une ambiance feutrée mais décontractée où le jazz vibre, explore de nouveaux territoires. Très fréquenté pendant le Festival de Jazz. Le Grill sert tapas, salades, mets italiens, continentaux (New Orleans filet mignon, New York New York, Tennessee Salmon...) et de type bistro. Carte des vins pour agrémenter votre plat de « cajun Mahi Mahi » et sélection de portos, cognacs, scotchs et bières.

Émerveillement garanti

INTERNATIONAL DES FEUX LOTO-QUÉBEC

514-397-2000, poste 2776 | www.internationaldesfeuxloto-quebec.com

Question de mettre un peu de magie dans vos réunions d'affaires ou d'épater un futur partenaire, optez pour l'expérience VIP des feux Loto-Québec. Le Balcon Telus peut accueillir jusqu'à 12 personnes dans un espace semi-cloisonné et offre le meilleur point de vue sur les feux. Ce forfait comprend six espaces de stationnement privilégiés, l'accueil personnalisé, l'accès aux manèges, le vin et la bière à volonté entre 21h et 23h, et le spectacle pyro-musical. La section Affaires, offerte par groupe de 10, comprend en plus la visibilité pour votre entreprise, le cocktail de bienvenue, le repas 4 services, et un vins et fromages avec danse et orchestre après les feux. Distinguez-vous !

WHISKY CAFÉ

5800, Saint-Laurent | 514-278-2646
www.whiskycafe.ca

Angle Bernard. Ouvert lun-ven, 17h-3h ; sam, 18h-3h ; dim, 19h-3h. Dans une atmosphère très tamisée, l'amateur fait son choix parmi une sélection de whiskys d'Écosse (plus d'une centaine), whiskys d'Irlande (huit) et whiskys d'Amérique (quatorze). Il peut aussi savourer un bon cigare dans la salle des fumeurs, où l'on en vend, ou déguster un café au mélange d'alcool. Pour prolonger le plaisir, la maison propose aussi des dégustations qui agencent les différents alcools entre eux ou avec des aliments fins comme le foie gras, le fromage, le chocolat ou le saumon fumé.

ACTIVITÉS DE GROUPES

AFRIQUE EN MOUVEMENT

7001, Hutchison | 514-270-6914
www.afrique-en-mouvement.ca

Cette école de danse très réputée pour sa variété de cours de danses africaines organise des activités pour les groupes. Par exemple, lors d'un atelier, une moitié des participants apprendra à faire des percussions alors que l'autre suivra un cours de danse africaine. Ensuite, les deux sous-groupes se réuniront : les nouveaux

danseurs se déhancheront au rythme des nouveaux percussionnistes !

GUIDATOUR

360, Saint-François-Xavier, bureau 400
514-844-4021 / 1 800-363-4021
www.guidatour.qc.ca

Si vous choisissez le rallye du Vieux-Montréal, votre mission sera de parcourir en équipe les rues et ruelles du Vieux-Montréal en répondant à une série de questions sur l'histoire et l'architecture, dans un temps limité. Les activités de Guidatour ne s'arrêtent pas là : l'agence organise aussi des rallyes dans les dédales de la ville souterraine ou sur le Plateau-Mont-Royal et un combiné Quartier chinois – Vieux-Montréal. Elle fait aussi des visites des différents quartiers à pied, en vélo ou en autobus.

INSTITUT DE TOURISME ET D'HÔTELLERIE DU QUÉBEC

3535, Saint-Denis
514-282-5171 | www.ithq.qc.ca

Une façon créative et délicieuse de passer du bon temps entre collègues de travail ! Pendant près de deux heures, vous préparez votre repas. Ensuite, vous aurez le temps de le savourer en groupe. Plusieurs thématiques : le canard, la cuisine québécoise,

VENEZ VOUS DIVERTIR

à deux pas du centre-ville de Montréal !

- Salles de réunion disponibles à l'année
- Service de traiteur
- Manèges renversants (de mai à octobre)
- Compétition internationale d'art pyrotechnique de Montréal (de juin à août)

Le parc d'attractions n° 1 au Québec

Détente assurée

ESPACE NOMAD

4650, Saint-Laurent | 514-842-7279 | www.espacenomad.ca

M° Mont-Royal. Plusieurs forfaits disponibles de 150 $ à 245 $. Soins corporels, yoga, massothérapie. Soins sur place, en entreprise ou à la maison. Une excellente adresse pour se ressourcer ! Nomad est très attentif aux besoins des gens d'affaires. Leurs massothérapeutes se déplacent dans les bureaux pour combattre le stress des employés avec d'extraordinaires massages sur chaise. Nous vous recommandons également de vous rendre dans leur salon : la décoration est super agréable et les soins divins.

la cuisine italienne ou provençale. Possibilité d'y ajouter une combinaison de vins.

JET BOATING MONTRÉAL SAUTE-MOUTONS

47, de la Commune O
Billetteries au Quai de l'Horloge
514-284-9607
www.sautemoutons.com

Ouvert de mai à mi-octobre. Prix variables selon l'embarcation choisie. Deux activités pour les groupes recherchant des sensations fortes et rafraichissantes. Le Saute-moutons vous emmène dans les Rapides de Lachine. À bord d'un bateau très rapide, vous affronterez les courants. Attention, ça mouille ! Pour un voyage un peu plus tranquille (sic !), choisissez le Jet Saint-Laurent. Vous resterez dans le Vieux Port de Montréal où vous ferez des virages à 360 degrés ! Un forfait permet de jumeler l'expérience avec par la suite un repas au Pub St-Paul.

LABYRINTHE DU HANGAR 16

Quai de l'Horloge
514-362-1414
www.labyrintheduhangar16.com

M° Champ-de-Mars. Deux salles de réunion : capacité maximale de 100 personnes en banquet et 200 en cocktail. Situé dans un véritable hangar, un dédale de couloirs parsemés d'obstacles vous mène à la recherche d'indices. Votre mission est de résoudre l'énigme… et de sortir de ce labyrinthe ! Question de faire travailler les méninges de vos collègues de travail et de souder les liens d'équipe, optez pour un des forfaits du Hangar 16 (si vous êtes au moins 60 personnes, il est possible d'avoir l'exclusivité du labyrinthe). Vous pouvez choisir entre l'option « gastronomie » (cocktail et bouchées sur la terrasse), « teambuilding », ou encore « aventure » qui permet d'ajouter une autre activité du Vieux-Port. Ces forfaits sont aussi combinables à la location d'une salle de réunion. Service de traiteur disponible.

TEAM BUILDING MONTREAL

514-907-2823
www.teambuildingmontreal.ca

Une équipe de professionnels, qui se distingue par sa créativité et son extrême flexibilité, organise diverses activités pour souder les équipes de travail : jeux d'hiver sur le mont Royal, courses sur le canal de Lachine, chasses au trésor dans le Vieux-Montréal, entraînement d'agents spéciaux ou encore défis avec GPS. Il est également possible de faire votre activité en dehors de Montréal, dans les Laurentides ou sur une île privée par exemple.

Québec

© Jean-Francois Bergeron

L'arrondissement historique du Vieux-Québec est classé patrimoine mondial par l'Unesco, en raison notamment de son architecture et de l'importance des événements qui y ont eu lieu. La beauté du site ne manque pas d'attirer des touristes du monde entier.

Le monde des affaires n'est pas en reste : la ville attire nombreux congrès et séminaires organisés par des compagnies basées partout en Amérique du Nord. Bien entendu, les infrastructures sont là pour les accueillir comme il se doit : centres de congrès, grandes chaînes hôtelières, hôtels-boutiques très design, etc. Les restaurants de fine cuisine rendent le séjour d'affaires encore plus agréable. Pour couronner le tout, les environs de Québec sont d'excellentes bases de plein air et donc, des endroits intéressants pour des activités de motivation.

ADRESSES UTILES

OFFICE DU TOURISME DE QUÉBEC

835, av. Wilfrid-Laurier
418-641-6290 / 1 877-783-1608
www.quebecregion.com

CONTACT POUR L'ORGANISATION D'UN ÉVÉNEMENT

QVC-INSCRIPT

210, Lee | 418-523-1370 / 1 888-522-1370
www.qvc.qc.ca
Organisme basé à Québec, spécialisé dans l'organisation d'événements nationaux et internationaux.

RÉGIS FLEURY

Délégué commercial. Chargé du tourisme d'affaire pour le marché québécois et canadien.
Office du tourisme de Québec
399, Saint-Joseph E
418-641-6654 poste 5424 / 1 888-522-3512
regis.fleury@quebecregion.com
www.quebecregion.com
L'office du tourisme de Québec dispose d'un excellent service pour vous aider à planifier un voyage d'affaires. Pour commencer, consultez les idées proposées sur le site Internet. Par la suite, vous pourrez commander leur excellent guide du planificateur qui recense beaucoup d'hôtels. Une fiche descriptive donne des détails très utiles sur chacun d'entre eux. Pour planifier les détails de l'événement, la division de l'office spécialisée dans le tourisme d'affaire, se fera un plaisir de vous donner des conseils.

TRAIN

GARE DU PALAIS – VIA RAIL

450, de la Gare du Palais | 1 888-842-7245
www.viarail.ca
Heures d'ouverture de la gare et de la billetterie : lun-ven, 5h15-21h ; sam-dim, 7h-21h.
Diverses possibilités de réduction pour les voyageurs d'affaire (voir l'introduction à ce sujet) et tarifs spéciaux pour les entreprises. Pour Québec, contactez Lyne Perreault au 418-263-1033. Via Rail offre un service de voitures nolisées où l'on peut personnaliser son itinéraire. Changement de la disposition des sièges, animation, repas, arrêt pour visiter un lieu, sont des options possibles. Une façon très originale de tenir une réunion. Pour plus d'informations : 1 888-842-0588.

AUTOBUS

TERMINUS D'AUTOBUS DE LA GARE DU PALAIS
320, Abraham-Martin | 418-525-3000
Heures d'ouverture de la gare routière et de la billetterie : 5h30-00h45, 7j/7.
Les arrivées et départs se font également en dehors des heures d'ouverture de la gare routière.

AVION

AÉROPORT INTERNATIONAL JEAN -LESAGE
505, Principale, Sainte-Foy
418-640-2600 (service d'information automatisé seulement)
www.aeroportdequebec.com
Liaisons nationales et internationales.

COMPAGNIES AÉRIENNES QUI DESSERVENT QUÉBEC :

Air Canada
www.aircanada.ca

Continental Airlines
(de Newark et Cleveland)
www.continental.com

Northwest Airlines *(de Détroit)*
www.nwa.com

United Airlines
(de Chicago) www.united.com

Air transat *(de Paris)*
www.airtransat.com

Corsairfly *(de Orly et Nantes)*
www.corsairfly.com

WestJet *(de Toronto)*
www.westjet.com

Porter *(de Toronto et Halifax)*
www.flyporter.com

LOCATION DE VOITURES

ALAMO
542, Charest E
418-523-6136 / 1 800-462-5266
www.alamo.com

AVIS
1100, René Lévesque E
418-523-1075 / 1 800-879-2847
www.avis.com

BUDGET
29, côte du Palais
418-692-3660 / 1 800-268-8991
www.budget.com

DISCOUNT
1220, Place Georges V Ouest
(Hôtel Château Laurier)
418-692-1244 | www.discountcar.com

HERTZ
44, côte du Palais
418-694-1224 / 1 800-263-0678
www.hertz.ca

LOCATION D'AUTOCARS

AUTOBUS LAVAL
445, des Alléghanys, bureau 201
418-667-3265 / 1 877-667-3265
www.autobus-laval.qc.ca
Service de transport en autocars partout au Canada. Allant du minibus scolaire à l'autocar de luxe, les véhicules peuvent accueillir entre 20 et 58 passagers. Certains sont munis de tables autoportantes qui permettent de tenir des sessions de travail, d'un système audio et vidéo, de toilettes et d'air climatisé. Les véhicules sont sécuritaires et bien entretenus.

ORLÉANS EXPRESS
418-525-3043
www.orleansexpress.com

LIMOUSINES

GROUPE LIMO QUÉBEC

4745, des Cimes
418-847-9190 / 1 877-847-9190
www.limoquebec.com

LIMOUSINE A1

160, des Cèdres
418-523-5059 / 1 866-523-5059
www.limousinequebec.com

TAXI

Attente moyenne de 6 min lors des heures d'affluence, près de 10 (sinon 15) tard le soir...

TAXI COOP

496, 2e Avenue | 418-525-5191
www.taxicoop-quebec.com

Le taxi classique, mais en plus : tours de ville personnalisés et guides touristiques bilingues. Tarifs : entre 55$ et 65$ l'heure, tout dépendant du nombre de passagers.

Pour l'organisation d'un événement, il est possible de réserver plusieurs taxis à la fois. Sur place, quelqu'un se chargera d'organiser l'arrivée des véhicules, d'assurer la fluidité du trafic et de minimiser l'attente de vos invités.

ORGANISER UN CONGRÈS

CENTRE DE CONGRÈS DE QUEBEC

900, René-Lévesque E
418-644-4000 / 1 888-679-4000
www.convention.qc.ca
⮑ Salles de réunion : 30
⮑ Salle d'exposition : 6 950 m² (75 000 pi²)
⮑ Salle de congrès : 3 210 m² (34 500 pi²)
⮑ Capacité maximale : 7 500 personnes
⮑ Restaurant sur place : 1
⮑ Matériel audio/vidéo : location en sus de la salle
⮑ Localisation : en plein centre-ville, à deux pas du Vieux-Québec

Un très beau centre de congrès et d'exposition, moderne et fonctionnel.

Son emplacement est exceptionnel : en face du Parlement, au centre de la ville et à deux pas du Vieux Québec. De grands hôtels, comme le Delta ou le Hilton en sont voisins.

EXPOCITÉ – CENTRE DE FOIRES

250, Wilfrid Hamel | 418-691-7110
www.expocite.com
⮑ Salles de réunion : 4
⮑ Salle d'exposition : 11 613 m² (125 000 pi²)
⮑ Capacité maximale : 10 000 personnes
⮑ Restaurants sur place : 2

Le centre des foires d'Expocité est très connu en raison de l'événement Expo Québec qui s'y déroule chaque année. Mais, il est également possible de le louer pour y organiser un grand évènement.

HÔTELS

HÔTELS POUR UN SÉMINAIRE

5 ÉTOILES

CHÂTEAU BONNE ENTENTE

3400, chemin Sainte-Foy
418-653-5221 / 1 800-463-4390
www.chateaubonneentente.com
⮑ Chambres standard : 75 – à partir de 179$
⮑ Suites et chambres de luxe : 90
⮑ Restaurants sur place : 3
⮑ Le Monte Cristo l'Original : 125 places
⮑ Napa grill : 100 places
⮑ Mc Lounge : 50 places
⮑ Salles de réunion : 22
⮑ Salle la plus grande : 500 personnes
⮑ Commodités : centre de santé, centre de conditionnement physique, piscine extérieure, tennis, badminton, sauna.
⮑ Localisation : à l'extérieur de la ville de Québec, à proximité des grands axes routiers

Un hôtel magnifique, dont le relatif éloignement du centre-ville est largement compensé par le rapport qualité-prix. Les chambres sont superbes, surtout celle d'Urbania, la partie la plus récente de l'hôtel. Le jardin avec la piscine en été est très agréable, ainsi que le salon avec la cheminée pour l'hiver. Les salles de réunion sont bien sûr à la hauteur de cette très bonne adresse.

FAIRMONT
LE CHATEAU FRONTENAC

1, des Carrières

418-692-3861 / 1 866-540-4460

www.fairmont.com/frontenac

- Chambres standard : 533 – à partir de 159 $
- Suites et chambres de luxe : 85
- Restaurants sur place : 4
- Le Champlain : 200 places
- Le Café de la Terrasse : 200 places
- Bar-salon Le Saint-Laurent : 116 places, bar (ouvert de 11h à 1h30)
- Le Bistro : 30 places, bar
- Salles de réunion : 14
- Salle la plus grande : 800 personnes
- Commodités : Centre de santé, centre de conditionnement physique, piscine intérieure, sauna.
- Localisation : Vieux Québec, face au fleuve

Un grand classique qu'on ne peut se permettre de ne pas mentionner ! Cet immense hôtel, symbole de la ville de Québec, présent sur tant de cartes postales réuni de nombreuses salles de réunion. Luxueux mais… bonne offre !

4 ÉTOILES

AUBERGE LE VINCENT

285, Saint-Vallier E

418-523-5000 / 1 800-523-5005

www.aubergelevincent.com

- Chambres standard : 8 – à partir de 149 $
- Suites et chambres de luxe : 2
- Salle de réunion : 1 (accueillant jusqu'à 20 personnes)
- Localisation : quartier Saint-Roch

Petit hôtel très sympathique dont la thématique, Vincent Van Gogh, attire beaucoup d'artistes. Dans la salle de réunion, le sol peint en bleu est ponctué de grandes étoiles jaune, rappel de la toile « Nuits Étoilées ». L'unique salle de réunion n'est pas très grande mais un petit groupe s'y sentira bien. Accueil et service personnalisés.

AUBERGE SAINT-ANTOINE

8, Saint-Antoine

418-692-2211 / 1 888-692-2211

www.saint-antoine.com

Établissement membre de la chaîne Relais et Châteaux.

- Chambres standard : 72 – à partir de 169 $
- Suites et chambres de luxe : 23
- Restaurants sur place : 2
- Panache : 80 places
- Café Artefact : 40 places, bar
- Salles de réunion : 6
- Salle la plus grande : 95 personnes
- Localisation : Vieux-Québec, Basse-Ville

Cet hôtel/musée est un des plus beaux hôtels non seulement de la ville de Québec mais du Canada au complet. À l'intérieur des murs d'un ancien entrepôt maritime du début du XVIIe siècle et de la Maison Hunt datant de la même époque, ses chambres sont de grand confort et exposent des artéfacts découverts sur le site. Le style contemporain du mobilier et de l'architecture s'accordent originalement avec les vestiges du passé. Les salles de réunion esthétiques et très confortables en font un lieu de réunion exceptionnel.

AUBERGE SAINT-PIERRE

79, Saint-Pierre | 418-694-7981 / 1 888-268-1017

www.auberge.qc.ca

- Chambres standard : 31 – à partir de 169 $
- Suites : 10
- Salles de réunion : 2
- Salle la plus grande : 93 m^2 (1 000 p^2)
- Localisation : Vieux Québec, Basse-Ville

Occupant les anciens locaux d'une compagnie d'assurances et d'une banque, une multitude de détails créent un ensemble raffiné avec

© NRL

sont très pratiques pour travailler et les salles de réunions très fonctionnelles. Sans parler de l'emplacement : entre la vieille ville et le centre ville !

GRAND HÔTEL TIMES
5100, des Galeries
418-353-3333 / 1 888-902-5555
www.timeshotel.ca
➲ Chambres standard : 62
➲ Suites et chambres de luxe : 60
➲ Salles de réunion : 6
➲ Salle la plus grande : 80 personnes
➲ Commodités : Internet haute vitesse, stationnement, piscine intérieure, téléviseur écran plat, accès, salle d'entraînement, aire de repos avec foyer.
➲ Localisation : à l'extérieur du centre-ville, proche des grands axes autoroutiers

Situé aux Galeries de la Capitale, cet hôtel urbain vient tout juste d'ouvrir. Le Grand Hôtel Times est à proximité des principaux axes routiers et de l'aéroport. Inspiré de l'architecture moderniste new-yorkaise, il offre un confort luxueux proposant six catégories de chambre allant de la chambre de base grand confort à la suite présidentielle. Elles sont toutes parfaitement équipées. Certaines disposent même de réfrigérateurs et micro-ondes.

parquet et moulures. Les chambres sont décorées avec goût, faisant honneur à l'ancien avec des meubles en érable, des murs en pierre ou en brique, des couettes en plumes d'oie, des couleurs vives. À partir du 4e étage, une vue merveilleuse sur le fleuve prolonge le plaisir des yeux. Les salles de réunion, baignées de lumière ont un agréable style champêtre.

COURTYARD MARRIOTT
850, place d'Youville
418-694-4004 / 1 866-694-4004
www.marriott-quebec.com
➲ Chambres standard : 102 – à partir de 129$
➲ Suites et chambres de luxe : 9
➲ Restaurant sur place : 1
➲ Que Sera Sera : 100 places
➲ Salles de réunion : 3
➲ Salle la plus grande : 70 personnes
➲ Commodités : petite salle de gym, centre de santé et grand bain tourbillon, service de massothérapie à la chambre sur réservation.
➲ Localisation : au centre-ville

Cet hôtel se caractérise par sa très belle alliance entre le moderne et l'ancien : belles cheminés en pierre, formes modernes et épurées. Les chambres

HÔTEL ALT
1200, Germain-des-Prés
418-658-1224 / 1 800-463-5253
http://quebec.althotels.ca/
➲ Chambres standard : 120 - tarif unique 129$
➲ Chambres de luxe : 9 – tarif unique 169$
➲ Restaurant sur place : 1
➲ Le Bistango : 100 places
➲ Salles de réunion : 6
➲ Salle la plus grande : 125 personnes
➲ Localisation : Sainte Foy, juste avant l'entrée dans la ville de Québec, à proximité des sorties de l'autoroute.

Un bel hôtel, au style très contemporain. Les salles de réunion sont très lumineuses et les chambres bien pratiques pour travailler : chaises ergonomiques, belle table de travail, etc.

Hôtel Clarendon • Vieux-Québec

Les affaires au cœur du Vieux-Québec

- 143 chambres
- 6 salles de réunion
- Centre d'affaires
- Messagerie vocale
- Café des lève-tôt gratuit
- Accès Internet sans fil haute vitesse
- Restaurant le Charles-Baillairgé
- Salle d'exercices
- Planche et fer à repasser
- Stationnement intérieur ($)

Restauration

Salle de réunion

★ ★ ★ ★

HÔTEL
Clarendon
Vieux-Québec

Réservez dès aujourd'hui! • 1 888 554-6001 • dufour.ca

HÔTEL CHÂTEAU LAURIER QUÉBEC

1220, Place George-V Ouest
418-522-8108 / 1 866-822-9222
www.hotelchateaulaurier.com
➲ Chambres régulières : 180 – à partir de 109$
➲ Chambres supérieures 91 – à partir de 169$
➲ Chambres de luxe : 15
➲ Suites : 5
➲ Étages exécutifs : 2
➲ Restaurant sur place : 1
➲ Salles de réunion : 17
➲ Salle la plus grande : 415 personnes
➲ Commodités : centre de conditionnement physique, centre de santé beauté, piscine intérieure à l'eau salée, sauna, spa, service de traiteur et banquet, cour intérieur de 400 places.
➲ Localisation : au coin de Grande Allée, à proximité du centre des Congrès et du Vieux Québec

Ce bel hôtel, dont toute une aile vient d'être rénovée propose dix salles de réunion toutes neuves. Les chambres sont toutes décorées avec du bois et des couleurs chaudes. Les chambres de luxe possèdent un foyer et un bain thérapeutique. Un lieu idéal pour allier les réunions réussies avec de belles possibilités de relaxation. Suite présidentielle et vice-présidentielle.

HÔTEL CLARENDON

57, Sainte-Anne
418-692-2480 / 1 888-554-6001
www.dufour.ca
➲ Chambres : 143 – à partir de 109$
➲ Restaurant sur place : 1
➲ Le Charles Baillargé (cuisine internationale)
➲ Salles de réunion : 6
➲ Salle la plus grande : 150 personnes
➲ Localisation : Vieux Québec, Haute-Ville

L'Hôtel Clarendon, fondé en 1870, offre hospitalité et atmosphère, appréciés depuis des générations par voyageurs et gens d'affaires. L'hôtel propose aussi une décoration classique aux accents contemporains, un hôtel résolument accueillant et confortable pour des réunions fructueuses et conviviales.

HÔTEL CLARION

3125, Hochelaga, Sainte-Foy
418-653-4901 / 1 800-463-5241
www.clarionquebec.com
➲ Chambres standard et suites : 231
➲ Restaurants sur place : 3
➲ Les Voûtes : formule buffet ou à la carte
➲ Le Paris Grill : brasserie française
➲ Bar Jules Vernes : ouvert à partir de 16h
➲ Salles de réunion : 12
➲ Salle la plus grande : 600 personnes
➲ Commodités : Internet haute vitesse sans fil gratuit dans les chambres, centre d'affaires, service de photocopie et de secrétariat (ouvert 24 heures), centre de santé et piscine intérieure.
➲ Localisation : Sainte-Foy

Ce grand hôtel, à quelques minutes du centre-ville de Québec, se caractérise par son grand nombre de chambres et son bon rapport qualité-prix. Les chambres, peu importe leur catégorie, sont bien pratiques pour travailler. Les salles de conférence sont suffisamment nombreuses et modulables pour accueillir des groupes de toutes tailles.

©NPL

HÔTEL DU CAPITOLE

972, Saint-Jean
418-694-4040 / 1 800-363-4040
www.lecapitole.com
➲ Chambres standard : 28 – à partir de 155$
➲ Suites et chambres de luxe : 12
➲ Restaurant sur place : 1
➲ Il Teatro : 86 places
➲ Salles de réunion : 7 (incluant la terrasse extérieure disponible l'été)
➲ Salle la plus grande : 1 262 personnes
➲ Localisation : entre le Vieux-Québec et le centre-ville

Un lieu très original pour organiser un séminaire : on peut privatiser le cabaret et le théâtre du Capitole! Des plus petites salles, une bleue et une rouge, accueillent les groupes moins nombreux. Les très belles chambres, aux lignes et aux couleurs sobres sont chargées de clins d'œil à l'univers théâtral : étoffes, banquettes rouges, etc. Bref, on aime beaucoup!

HÔTEL LE CONCORDE

1225, Cours du Général Montcalm
418-647-2222 / 1 800-23-LOEWS
www.loewshotels.com
➲ Chambres standard : 386 – à partir de 119$
➲ Suites et chambres de luxe : 18
➲ Restaurants sur place : 2
➲ L'Astral : 220 places, restaurant panoramique
➲ La Galerie : 168 places, resto-bar
➲ Salles de réunion : 18
➲ Salle la plus grande : 1 000 personnes max
➲ Commodités : centre de conditionnement physique, piscine extérieure, sauna.
➲ Localisation : Grande Allée (pour repérer le Concorde, c'est très simple, cherchez l'Astral, le restaurant panoramique)

Cet édifice à l'architecture hors norme propose 406 chambres donnant sur le fleuve et une des plus grandes salles de conférence de la ville. Comme il se doit dans des hôtels 4 étoiles et 4 diamants, les chambres sont spacieuses et parfaitement équipées. Quant aux suites, elles possèdent sauna, bain tourbillon et foyer. L'hôtel abrite également un spa, une piscine extérieure et une salle de remise en forme. Le restaurant de l'hôtel, l'Astral, vous fait vivre une expérience gastronomique mémorable tout en admirant la vue panoramique de Québec.

HÔTEL LE PRIORI

15, du Sault-au-Matelot
418-692-3992 / 1 800-351-3992
www.quebecweb.com/lepriori

➲ Chambres standard : 21 – à partir de 129$
➲ Suites et chambres de luxe : 60
➲ Restaurant sur place : 1
➲ Le Toast, fine cuisine
➲ Salle de réunion : 1
➲ Salle la plus grande : 15 personnes
➲ Localisation : Vieux-Québec, Basse-Ville

Un refuge fier de l'héritage de son bâtiment de 1734. On apprécie l'audace d'y avoir apporté un style art déco très contemporain. Chaque chambre se pare de matériaux précieux : mur de brique, céramique, boiserie, pierres... Certaines suites sont munies d'une cheminée, d'un bain tourbillon, d'une cuisine équipée, d'un salon. L'ambiance du salon Baillargé, l'unique salle de réunion, aux murs de pierres apparentes est très intime.

HÔTEL PORT ROYAL

144, Saint-Pierre
418-692-2777 / 1 866-417-2777
www.hotelportroyalsuites.com

➲ Suites : 35 – à partir de 149$
➲ Restaurant sur place : 1
➲ Le 48 (cuisine du monde) : 65 places
➲ Salles de réunion : 3
➲ Salle la plus grande : 40 personnes
➲ Localisation : Vieux-Québec, Basse-Ville

Hôtel très design, dans lequel on imaginerait presque séjourner Jean-Paul Gaultier! Le Port Royal n'a pas de chambre en tant que tel mais des suites, comprenant toutes un salon et une cuisine très bien équipée (grand

réfrigérateur, four, micro-onde, etc.). Les salles de réunion, lumineuses offrent une belle vue sur le fleuve.

HÔTEL PUR

395, de la Couronne
418-647-2611 / 1 800-267-2002
www.hotelpur.com

➲ Chambres : 241 – à partir de 110$
➲ Salles de réunion : 10
➲ Salle la plus grande : 800 places
➲ Commodités : Accès internet gratuit, salle de conditionnement physique, téléviseur écran plat, piscine intérieure, stationnement intérieur.
➲ Localisation : Quartier Saint-Roch.

Le Pur est un de ces hôtels urbains qui plait pour sa décoration épurée et moderniste. Situé au cœur de l'activité du quartier Saint-Roch, il dégage de cet établissement une atmosphère zen et tranquille. Les chambres sont petites mais leurs murs blancs et la décoration stylisée les rendent luxueuses. L'équipement l'est aussi avec des matelas et duvets épais, des salles de bains avec douches de style européen ou bain japonais. Il y a aussi des gadgets nouvelles technologies comme le radioréveil avec prise Ipod. Cet hôtel conviendra parfaitement aux réunions d'affaire. Ouverture d'un resto-bar lounge prévue à l'été 2009. Un espace privé est prévue pour les groupes ou les réunions d'affaires.

HÔTEL SÉPIA

3135, chemin Saint-Louis, Sainte-Foy
418-653-4941 / 1 800-463-6603
www.hotelsepia.ca

⮑ Chambres standard : 80 – à partir de 109$
⮑ Suites et chambres de luxe : 2
⮑ Restaurant sur place : 1
⮑ Le Galopin (fine cuisine) : 110 places
⮑ Salles de réunion : 5
⮑ Salle la plus grande : 250 personnes
⮑ Commodités : piscine extérieure, salle d'exercice, stationnement gratuit
⮑ Localisation : Sainte-Foy, juste avant l'entrée de la ville de Québec

Bel hôtel, très contemporain, pratique pour les séminaires grâce à ses nombreuses salles de réunion, bien équipées. Les chambres sont elles aussi dotées de tout ce qu'il faut pour faire avancer ses dossiers : grande table de travail, chaises ergonomiques, possibilité de faire des conférences téléphoniques.

3 ÉTOILES

AUBERGE L'AUTRE JARDIN

365, Charest E
418-523-1790 / 1 877-747-0447
www.autrejardin.com

⮑ Chambres standard : 18 – à partir de 94$
⮑ Suites et chambres de luxe : 10
⮑ Salle de réunion : 2
⮑ Salle la plus grande : 45 personnes
⮑ Localisation : quartier Saint-Roch

L'auberge est née d'une initiative novatrice d'économie sociale

développée par Carrefour Tiers-Monde, un organisme de solidarité internationale. Résultat : un hôtel trois étoiles, très confortable et œuvrant pour la solidarité internationale et le développement local. Les chambres sont belles, décorées chaleureusement et avec personnalité. Les salles de réunion sont spacieuses et agréables.

HÔTEL DES COUTELLIER

253, Saint-Paul | 418-692-9696 / 1 888-523-9696
www.hoteldescoutellier.com

⮑ Chambres et suites : 24 – à partir de 175$
⮑ Salle de réunion : 1 (jusqu'à 12 personnes)
⮑ Commodités : service de massothérapie
⮑ Localisation : Vieux Québec, Basse-Ville

Pour plonger dans l'ambiance du Vieux-Port de Québec, rien de tel que de se réunir dans un ancien entrepôt, avec vue sur le fleuve. N'ayez crainte : le confort est au rendez-vous ! Les chambres sont toutes décorées différemment, dans un style contemporain mais avec des murs d'origine. La salle de conférence, très confortable et moderne bénéficie d'un cachet unique grâce aux colonnes de pierre et aux poutres en bois.

HÔTEL SAINTE-ANNE

32, Sainte-Anne
418-694-1455 / 1 877-222-9422
www.hotelste-anne.com

⮑ Chambres standard : 22
⮑ Suites et chambres de luxe : 6
⮑ Restaurant sur place : 1
⮑ Le Grill Ste-Anne : 50 places en salle à manger et 70 sur la terrasse
⮑ Salles de réunion : 2
⮑ Salle la plus grande : 25 personnes
⮑ Commodités : Internet haute vitesse sans fil, table de travail, réfrigérateur, cafetière, télévision avec câble, ascenseur, air climatisé.
⮑ Localisation : Vieux-Québec, à deux pas du Château Frontenac

Un hôtel boutique 3 étoiles au cachet unique vous offrant le confort et le

service d'un 5 étoiles! Ses chambres sont très chaleureuses et stylisées. La plupart d'entre elles ont un mur de briques ou de pierres d'origine. Les salles de réunion sont à la fois belles et bien équipées. Cet hôtel plaira aux amateurs de style épuré et contemporain. Un endroit idéal pour se réunir dans un lieu confortable et bien situé.

HÔTELS POUR VOYAGEURS D'AFFAIRE

AUBERGE LE LOUIS HÉBERT
668, Grande Allée E
418-525-7812
www.louishebert.com
➲ Chambres standard : 4 – à partir de 115$, petit déjeuner inclus
➲ Chambres de luxe : 3
➲ Localisation : Grande Allée

Cette superbe auberge à l'ambiance familiale propose sept chambres douillettes et délicieuses avec toutes les commodités requises par les gens d'affaires : salle de bain privée, télé, téléphone et Internet sans fil. Le Louis-Hébert possède également une table de choix servant une fine cuisine française où gibier et fruits de mer sont à l'honneur. Le tout est accompagné d'un cadre superbe, celui d'une maison de près de trois siècles au charme indéniable avec ses boiseries, sa verrière et ses murs anciens.

MARQUISE DE BASSANO
15, des Grisons
418-692-0316 / 1 877-692-0316
www.marquisedebassano.com
➲ Chambres standard : 5 – à partir de 99$
➲ Commodités : Internet sans fil gratuit, stationnement à proximité (14$ pour 24h)

Pourquoi ne pas passer une nuit dans un gîte sympathique, même lorsqu'on voyage pour les affaires ? Pour ceux qui ne veulent pas penser au travail en rentrant à l'hôtel, nous vous proposons ce délicieux gîte, construit par un des architectes du château Frontenac. Les chambres sont adorables, ainsi que les propriétaires.

LES STUDIOS NOUVELLE -FRANCE
52, Sainte-Ursule
418-694-0280 / 1 800-463-0280
www.studiosnouvellefrance.com

De 70$ à 190$ par nuit. Les prix varient en fonction du nombre de personnes et de la durée du séjour. Tous les studios ont leur salle de bain privée, une cuisine équipée, la climatisation, le téléphone et Internet sans fil. La literie est fournie. Il y a une laveuse et une sécheuse dans l'édifice. Un stationnement intérieur et sécuritaire à proximité est disponible pour les longs séjours. Édifice non fumeur. Ce ne sont pas des studios standards qui sont proposés au 52 de la rue Sainte-Ursule. Non seulement pratique, cette formule d'hébergement est également confortable et les plus exigeants d'entre vous seront ravis. Que ce soit les trois studios ou les trois suites, tout le confort est là. Les studios conviendront parfaitement à des groupes ou des familles de 4 personnes. Cuisinette, salle de bain privée, téléviseur avec câble, une superbe terrasse : tous les éléments possibles et imaginables pour passer un excellent séjour sont réunis. Les centres d'intérêt de la ville (musées, cour historique, boutiques) ne sont qu'à quelques minutes de marche…

DANS LES ENVIRONS DE QUÉBEC

HÔTEL DE GLACE

75, Montée de l'Auberge, Pavillon Ukiuk, Station touristique Duchesnay
Sainte-Catherine-de-la-Jacques-Cartier
418-875-4522 / 1 877-505-0423
www.hoteldeglace.qc.ca
➱ Chambres et suites : 36
➱ Capacité maximale : 1 000 personnes
➱ Accès par l'autoroute 40 Ouest, sortie 295 Sainte-Catherine-de-la-Jacques-Cartier ; 367 Nord. Ouvert du 4 janvier au 4 avril 2010. Cette année, l'Hôtel de Glace fêtera son 10e anniversaire. Pour souligner cette grande occasion, l'hôtel sera entièrement redessiné.

Que ce soit pour un 5 à 7 ou un événement spécial, cet hôtel vous permet d'accéder à un monde magique où la glace et la neige se métamorphosent en des décors fabuleux. Depuis ses débuts, l'Hôtel de Glace a séduit plus d'un demi-million de visiteurs ! Avec ses voûtes de neige de plus de cinq mètres de haut et ses sculptures de glace cristalline qui côtoient le feu des foyers, l'unique hôtel de glace en Amérique se démarque tant par son esthétisme que

par l'accueil chaleureux des employés. Sur place, un espace détente nordique incluant spas et sauna, une chapelle de glace où plusieurs mariages sont célébrés chaque année, le Bar de Glace pouvant accueillir jusqu'à 400 personnes, le Café Glacé où cafés aromatisés et boissons chaudes sont servis ainsi qu'une glissade de glace amusant petits et grands. Une expérience féérique ! Atelier de motivation et de cohésion d'équipe disponible.

HÔTEL DES PREMIÈRES NATIONS

5, Place de la Rencontre, Wendake
418-847-2222 / 1 866-551-9222
www.hotelpremieresnations.ca
➱ Chambres et suites : 55 (dont 5 pouvant être converties en salle de réunion)
➱ Restaurant : 1
➱ La Traite (fine cuisine)
➱ Salles de réunion : 5
➱ Salle la plus grande : 140 personnes (banquet), 250 (théâtre)
➱ Commodités : musée, spa (ouverture hiver 2009), Internet sans fil partout.

Un hôtel quatre étoiles, au concept vraiment original : les Premières Nations du Québec mais aussi d'autres régions de l'Amérique du Nord comme du Sud sont mises en valeur dans un cadre très contemporain. Les numéros de porte de chambres sont des pièces d'artisanat, faites dans la nation huronne wendat, dans laquelle se trouve l'hôtel. Des peaux de renard, castor, loup, chassés par des Amérindiens décorent l'accueil et les chambres. Une grande partie du personnel est d'origine amérindienne. Le restaurant La Traite est un must : une cuisine inspirée des diverses traditions amérindiennes d'Amérique,

arrangées avec beaucoup de talent et pour des prix très raisonnables. Les salles de réunion ont elles aussi une certaine influence amérindienne.

HÔTEL VAL-DES-NEIGES MONT SAINTE-ANNE

201, Val-des-Neiges, Beaupré
418-827-5711 / 1-888-554-6005
www.dufour.ca

➲ Chambres : 111 – à partir de 89$
➲ Restaurants sur place : 2
➲ L'Altitude (gastronomie, produits du terroir)
➲ Harfang des Neiges : club réservé aux groupes et aux congressistes
➲ Salles de réunion : 14
➲ Salle la plus grande : 400 personnes
➲ Commodités : piscine intérieure, bains à remous extérieur 4 saisons, billard, navette vers les pistes de ski, golf.

Vous craignez de vous ennuyer entre deux réunions ? Le Val-des-Neiges est là pour répondre à toutes vos attentes !

Au pied des pistes du Mont Sainte-Anne, les activités d'été et d'hiver sont très nombreuses : ski et randonnées bien sûr mais aussi vélo de montagne, canyoning ou encore équitation. Les salles de réunion et les chambres sont très confortables et bien équipées.

MANOIR DU LAC DELAGE

40, avenue du Lac, Lac Delage
418-848-2551 / 1 888-202-3242
www.lacdelage.com

➲ Établissement membre du réseau Hôtellerie champêtre.
➲ Chambres : 103 - à partir de 125$
➲ Salles de réunion.
➲ Accès par le boulevard Laurentien (73 Nord), sortie 167. Ensuite prenez la 371 en direction du lac Delage.

Situé face au lac Delage, cet hôtel de villégiature offre une table gastronomique, un centre de santé, sauna, piscine et une gamme complète d'activités de plein air en été comme en hiver.

PAVILLON LES PORTES DE L'ENFER RÉSERVE FAUNIQUE DES LAURENTIDES

418-528-6868 | www.sepaq.com/rf/lau/fr/pde

➲ Chambre : hébergement en chalet ou à l'Auberge Le Relais en hiver

➲ Auberge : 22 chambres

➲ Chalets : 9 (environ 42 personnes peuvent y être hébergées).

➲ Salle de réunion : 1 (jusqu'à 24 personnes)

Localisation : réserve faunique des Laurentides, 115 km de Québec

Plusieurs chalets confortables, aux murs de bois, avec de grandes cheminées, des vues imprenables sur des lacs poissonneux et une salle de réunion avec tout ça ! Que demander de plus pour faire des réunions dans un cadre très zen ? Quelques activités peut-être : alors, partez à la pêche et faites griller votre prise sur un feu de bois. Le personnel s'occupe pendant ce temps de préparer tous vos repas !

STATION TOURISTIQUE DUCHESNAY

140, montée de l'Auberge,
Sainte-Catherine-de-la-Jacques-Cartier
418-875-2122 / 1 877-511-5885
www.sepaq.com/duchesnay

➲ 3 Pavillons : 40 chambres avec salle de bain privée

➲ Suites et chambres de luxe : 48 en auberge

➲ 14 villas

➲ Restaurant : 1

➲ Le Quatre Temps (fine cuisine du terroir) : 125 personnes

➲ Salles de réunion : 11

➲ Salle la plus grande : 180 personnes

➲ Commodités : nombreuses activités de plein air, spa, hôtel de glace en hiver.

Ancienne école de gardes forestiers depuis 1932, la Station touristique

Duchesnay, située en bordure du lac Saint-Joseph, est gérée par la Sépaq depuis 1999. En développement constant depuis ce temps, la station est devenue un très bel endroit pour la villégiature et des réunions d'affaires. Les chambres et les suites sont réparties dans trois pavillons, tous plus beaux les uns que les autres. Confortablement installés, on contemplera la forêt entre deux réunions! On profitera aussi du centre de détente Tyst Tradgård, nouvellement installé et déjà très réputé.

LOCATION DE SALLES OU D'ESPACES – POUR VIVRE UNE EXPÉRIENCE UNIQUE

CENTRE DE DÉCOUVERTE
100, quai Saint-André | 418-648-3300
www.pc.gc.ca/fra/canada/cdq-qdc/index.aspx
➲ Nombre de salles : 3
➲ Capacité maximale : 250 personnes (avec palier, jusqu'à 400 personnes)
Le Centre de découverte, un éco-bâtiment d'architecture moderne dans le Vieux-Port, évoque les principaux moments fondateurs du Canada. Outre les diverses activités qu'on y offre, il est possible de faire la location de ses magnifiques salles de réunion. Parmi celles-ci, le Salon Héritage qui offre une vue panoramique sur la ville et qui donne accès à une superbe terrasse idéale pour les cocktails. Les salles sont modernes et la plupart offrent un éclairage naturel remarquable.

GRAND THÉÂTRE DE QUÉBEC
269, René-Lévesque E
418-643-8131/1 877-643-8131
www.grandtheatre.qc.ca
➲ Nombre de salles : 2
➲ Capacité maximale : 1 873 personnes
Deux salles, Louis-Fréchette et Octave Crémazie accueillent des spectacles de haute qualité et variés ainsi que des soirées de tous genres. Une immense fresque murale de l'artiste Jordi Bonet accueille le public dans le plus vieux théâtre de la ville.

LA CASERNE DALHOUSIE
103, Dalhousie
418-692-5323 | www.exmachina.qc.ca
➲ Nombre de salles : 2 studios
➲ Capacité maximale : 300 personnes
Ce centre de création et de production, sous l'égide du magnat de la scène connu internationalement Robert Lepage, accueille des prestations de partout à travers le monde. Sa compagnie Ex Machina y tient ses activités : répétitions de spectacles pour la scène, ateliers de construction de décors et studios de tournage. Des pièces de théâtre, des concerts de musique et des productions cinématographiques sont diffusées dans la grande salle de la Caserne. Toutes sortes de réalisations d'organismes privés s'y tiennent en dehors des spectacles. Celle qu'on appelle la « Boîte noire » est, par son architecture avant-gardiste, un joyau qui place la Ville de Québec sur l'échiquier international.

LA CHAPELLE DU MUSÉE
Musée de l'Amérique française,
Pavillon d'accueil
2, côte de la Fabrique | 418-643-2158
www.mcq.org/complexe/location/chapelle.html
➲ Nombre de salles : 1
➲ Capacité maximale : 200 personnes assises, 300 personnes debout
La Chapelle du Musée de l'Amérique française constitue un endroit unique pour tenir des concerts, des conférences, des réunions ou des banquets. L'événement se tenant directement dans la nef et le chœur de la chapelle épatera sans aucun doute vos convives. Ce n'est pas à tous les jours qu'on se réunit dans un lieu historique datant de 1750 avec un décor aussi majestueux.

CAFÉ DU CLOCHER PENCHÉ
203, Saint-Joseph E | 418-640-0597
⮑ Catégorie : cuisine créative
⮑ Heures d'ouverture : mar-ven, 11h30-14h et 17h-22h ; sam, 9h-14h et 17h-22h ; dim, 9h-14h
⮑ Fourchette de prix : midi$, soir $$

Une adresse à retenir pour régaler ses collègues sans se ruiner ! Pour beaucoup, le Café du Clocher Penché est un des restaurants avec le meilleur rapport qualité prix de la ville. Autre particularité : il bénéficie du superbe espace d'une ancienne banque. Les toilettes sont d'ailleurs à l'emplacement du coffre-fort. Le chef est un amoureux des produits du terroir et il transforme rapidement tout client en disciple.... Jarret d'agneau, pavé de saumon mariné, rouleau de brick a la feta. Une cuisine de bistro moderne et une carte des vins riche dont plusieurs sont de culture biologique.

CAFÉ SIROCCO
64, René-Lévesque O | 418-529-6868
www.cafesirocco.com
⮑ Catégorie : branché, méditerranéen
⮑ Heures d'ouverture : lun-ven, 11h30-14h et 16h-23h ; sam, 16h30-23h ; dim, 9h-14h et 16h-22h.
⮑ Fourchette de prix :$- $$
⮑ Salle privée : 1 (capacité max de 50 personnes)

Belle carte des vins et une grande variété de bières dont la bière maison Sirocco. Dans un décor de villa du sud, le Sirocco nous suggère des mets d'inspiration méditerranéenne : grillades, tapas, tartares. La carte est riche et les plats plus appétissants les uns que les autres. Les saveurs sont à l'honneur dans ce lieu à l'ambiance estivale, et le décor nous donne l'agréable impression de déjeuner à ciel ouvert. On aime le design du bar et l'amabilité du personnel. Un restaurant qui mérite votre visite au plus vite ! Ne pas manquer les 4 à 7 martinis et tapas.

CHARBON STEAKHOUSE
450, de la Gare du Palais
418-522-0133
www.charbonsteakhouse.com
⮑ Catégorie : grillades
⮑ Heures d'ouverture : lun-mer, 11h30-22h30 ; jeu-ven, 11h30-23h ; sam, 17h-23h ; dim, 17h-22h30.
⮑ Fourchette de prix : $$

Salles privées : de 20 à 200 personnes
Un restaurant à l'atmosphère qui frise le lounge, version steakhouse raffinée. Les viandes sont attendries selon un procédé naturel et grillées sur charbon d'érable s'il vous plaît ! Steak coupe New-York, steak de côtes, steak Boston, T-Bone, côte de bœuf et steak de côte vieilli à sec, en résumé des grillades vraiment bonnes.

GRAFFITI
1191, Cartier
418-529-4949
⮑ Catégorie : franco-italien
⮑ Heures d'ouverture : lun-ven, 11h30-14h30 ; lun-jeu, 17h-23h ; ven-sam, 17h30-23h30 ; dim, 9h30-15h et 17h-23h.
⮑ Menu pour groupe : midi $$, soir $$$
⮑ Salles privées : 2 (jusqu'à 25 personnes)

Plus franco-italien et inventif que le Graffiti, on meurt ! La critique est unanime et nos petites papilles le confirment, choisissez les yeux fermés, c'est excellent à tous les coups : en entrée, les raviolis de homard au beurre d'estragon et en plat l'escalope de veau

graffiti (sauce crème aux champignons et cheveux d'ange au pesto). Établi depuis 1984, le Graffiti offre depuis plus de 25 ans une cuisine de marché originale et en constante évolution, accompagnée de l'une des meilleures caves de la région. La décoration assez branchée et chaleureuse nous invite régulièrement à pousser les portes d'une des très bonnes tables de la ville.

L'ASTRAL
1225, Cours du Général-de-Montcalm
418-647-2222
www.loewshotels.com
⮥ Catégorie : fine cuisine
⮥ Heures d'ouverture : lun-dim, 12h-15h et 18h-22h45. Petit déjeuner lun-sam 6h30-10h30, brunch dim 10h-15h
⮥ Fourchette de prix : midi $, soir $$
Seul restaurant panoramique tournant de Québec, l'Astral, la nuit ou le jour, c'est toujours impressionnant. Le tour culinaire est tout aussi imposant. La carte des vins répond à n'importe quel plat méticuleusement préparé par le chef, Jean-Claude Crouzet : gibier ou bouillabaisse maison. Un buffet est offert le midi et le soir, mais c'est à la carte que vous trouverez de quoi vous régaler les yeux et les papilles. Un excellent rapport qualité prix pour ce lieu unique, qui se maintient d'année en année et se montre à la hauteur des récompenses qu'il a reçues. Idéal pour les gens d'affaire, que ce soit en petit comité ou un groupe plus vaste.

L'ENTRECÔTE SAINT -JEAN
1080, Saint-Jean
418-694-0234
www.entrecotesaintjean.com
⮥ Catégorie : grillades
⮥ Heures d'ouverture : Septembre à avril : lun, 11h30-22h ; mar-mer, 11h30-22h30 ; jeu-ven, 11h30-23h ; sam, 17h-23h ; dim, 17h-22h. Mai à août : lun-sam, 11h30-23h ; dim, 17h-23h.
⮥ Fourchette de prix : $$

⮥ Salle privée : 1 (jusqu'à 50 personnes)
Pour déguster une belle entrecôte dans un décor bistro, grandes glaces à l'appui, rendez-vous à l'Entrecôte. Le menu est on ne peut plus simple : entrecôte et pommes allumettes à la française avec salade aux noix et toujours cette sauce secrète qui fait le succès de la maison. Pour partir en pleine gloire, les profiteroles au chocolat sont un dessert de choix.

L'UTOPIE
226 1/2, Saint-Joseph E
418-523-7878
www.restaurant-utopie.com
⮥ Catégorie : fine cuisine
⮥ Heures d'ouverture : mar-dim, à partir de 18h et jeu-ven, à partir de 11h30.
⮥ Fourchette de prix : midi $, soir $$$
La créativité du chef enchantera vos papilles. Attention, elle pourrait mettre de la folie dans votre prochain plan

Les mets sont d'inspiration italienne et française mais avec une préférence nette pour la première. Au menu donc, pâtes aux porcini, côte de veau aux fines herbes et vin blanc, mais aussi cerf rouge du Québec, ris de veau, dodine de volaille de grain farcie et poisson frais selon arrivage. La cave à vins procurera, sans l'ombre d'un doute, la bouteille pour le mariage idéal.

LE MONTEGO RESTO CLUB
1460, Maguire, Sillery
418-688-7991
➥ Heures d'ouverture : lun-ven, 11h30-14h30 et 17h-23h ; sam, 17h-23h ; dim, 9h30-14h et 17h-23h.
➥ Fourchette de prix : midi$- $$, soir $$

Un joyeux mélange de cuisines du monde où la Californie, l'Asie et l'Italie se côtoient sans fausse note. Chips de lotus, langoustines et pétoncles au jus et nüoc nam, tartares et carpaccio de thon sont préparés avec originalité et servis avec un enthousiasme contagieux. La décoration est dans le même style, ensoleillée !

d'affaire ! Le décor, poétique, joue avec les matières naturelles. Le bois et le verre se côtoient ; des troncs d'arbre se dressent près d'un imposant cellier de 2 000 bouteilles. La recherche se poursuit autour des menus Dégustation, Bouteille ou à la carte. La carte propose des plats avant-gardistes toujours en accord parfait avec l'alcool grâce au savoir des serveurs sommeliers.

LA CRÉMAILLÈRE
73, Sainte-Anne | 418-692-2216
www.cremaillere.qc.ca
➥ Heures d'ouverture : lun-dim, 11h30-14h et 17h-22h. Fermé les midis d'été lun-mar. Fermé le midi sam et dim. Fermé dim de novembre à fin avril.
➥ Fourchette de prix : $- $$$
➥ Salons privés : 4 (capacité de 80 personnes, menu personnalisé, matériel audiovisuel disponible)

Dans un cadre soigné, orné d'assiettes superbes, une cuisine toujours irréprochable se développe sous vos yeux.

LE PARLEMENTAIRE
Hôtel du Parlement, entrée porte #3
418-644-5113 ou 418-564-7149
www.assnat.qc.ca
➥ Heures d'ouverture : lun-ven, 8h-14h30
➥ Fourchette de prix : $$
➥ Salle privée : 1 (176 personnes en banquet, 250 en cocktail)

Pour le plaisir de manger aux mêmes tables que les hommes politiques, dans un décor raffiné de style Beaux-Arts. Les serveurs ne colportent pas de ragots, mais on a parfois droit à des anecdotes. Mets régionaux du Québec. Spécialités de bœuf, de porc et de caribou. On peut également y déguster saumon, truite boucanée, crustacés et coquillages. Desserts à la sève d'érable. Le tout pour un prix tout à fait abordable. Un petit déjeuner est servi de 8h à 11h.

LE SAINT-AMOUR

48, Sainte-Ursule | 418-694-0667
www.saint-amour.com

➲ Heures d'ouverture : lun-ven, 12h-14h15 ; lun-dim, 18h-22h30.

➲ Fourchette de prix : midi$- $$, soir $$$

➲ Commodités : salon pour groupes, service de traiteur, 3 salles (125 places), service de voiturier, jardin intérieur ouvert à l'année, superbe cave à vins.

Ce qui frappe d'emblée, c'est la fraîcheur qui émane de la décoration. Pour ce qui est de la cuisine, on peut se fier à la réputation du Saint-Amour. Gagnante de nombreux prix, on y retrouve une gastronomie comparable aux grandes tables d'Europe, mais pour bien moins cher. Jean-Luc Boulay, originaire de la Sarthe (France), exécute une cuisine différente, raffinée qui suit le rythme des saisons : homard cuisiné en deux temps sur un écrasé d'artichaut à la truffe et son jus de la presse émulsionné au foie gras, crevette géante rôtie au piment d'Espelette et réduction canneberge et orange sanguine sur un râpé de fenouil croquant à l'oignon doux, … Les noms sont aussi beaux que les mets sont savoureux. Il faut noter que les vins sélectionnés s'apprêtent parfaitement à la qualité de cette grande table. L'extase se poursuit avec les desserts, maison, il va sans dire. Petit fait intéressant : C'est au Saint-Amour que Monsieur Paul McCartney est venu manger lors des festivités du 400ᵉ de la ville en 2008.

LES BOSSUS

620, Saint-Joseph E | 418-522-5501

➲ Catégorie : cuisine française

➲ Heures d'ouverture : lun-ven, 11h-22h ; sam-dim, 9h-22h.

➲ Fourchette de prix :$- $$

➲ Salle privée : aucune mais possibilité de privatiser le restaurant au complet (70 places)

Une adresse qui plaira à tous ceux qui veulent faire rimer repas d'affaire avec cuisine savoureuse. Le restaurant les Bossus, dans le quartier Saint-Roch, a tout d'un bistro français. À la carte : escargots au Pernod, salade de foies de volaille aux framboises, filet mignon, boudin noir aux poires…L'accueil des garçons de café est très professionnel. Le bar moderne qui fait toute la longueur du restaurant et le sol en céramique noir et blanc nous donnent vraiment l'impression de manger dans une brasserie parisienne.

OH PINO !

1019, Cartier | 418-525-3535 | www.ohpino.com

➲ Catégorie : cuisine du terroir réinventé

➲ Heures d'ouverture : lun-ven, 11h30-23h ; sam-dim, 9h30-23h.

➲ Fourchette de prix : midi $$, soir $$$

➲ Salles privées : 2 (jusqu'à 20 personnes)

Comment ne pas s'émerveiller devant cette table qui renouvelle le terroir français ? Un rapide coup d'œil à la carte permet de survoler les différentes tables de France : tartare, moules, foie de veau, coq au vin... Afin d'accompagner ce plaisir festif, la carte des vins porte un toast tout particulier au pinot, agrémentant la saveur de plusieurs plats. Les crus proposés sont indiqués sur tous les murs, on ne sait plus où donner de la tête. Pour les réunions de famille et autres événements particuliers, une salle privée et vitrée est mise à votre disposition. La jolie terrasse, fraîchement rénovée, est très agréable.

TRAITEURS

BUFFET DU PASSANT
1698, côte de l'Église, Sillery
418-681-6583
www.buffetdupassant.com

Ouvert tous les jours de 8h à 16h (par téléphone seulement). Service de livraison possible avec une facture de plus de 70 $. Pour de jolies assiettes décorées de fleurs comestibles, de fruits et de légumes sculptés, on passe au buffet. Ce traiteur vous prépare des buffets délicats pour épater les amis à la maison lors d'un cocktail dînatoire ou tout simplement pour de grandes occasions en salle de réception ou au travail. Cela dit, de mignonnes boîtes à lunch peuvent aussi être livrées au bureau.

DEUX GOURMANDES UN FOURNEAU
1960, de Bergerville, Sillery | 418-687-3389
www.2gourmandes.ca

Ouvert lun, 10h-17h ; mar, 10h-17h30 ; mer, 10h-18h30 ; jeu-ven, 10h-19h ; sam, 10h-17h. Service traiteur, boîte à lunch corporative, cocktail dînatoire, repas à l'assiette. Des petits plats concoctés avec amour par deux mordues de cuisine : Monia Cortina, fille du propriétaire du restaurant Michelangelo et Marie-Josée Rousseau. Éloignées des sandwichs sans croûte, leurs créations s'inspirent de l'Italie, de la France et de l'Asie. Leurs créations sont savoureuses : agnoletti crème et champignons sauvages et paellas valenciennes. Et toute cette passion est contagieuse car les deux gourmandes viennent d'annexer une boutique traiteur à leur cuisine. On y retrouve, entre autres choses, les épices du chef Philippe de Vienne avec qui Monia a fait ses classes. Une adresse à conserver précieusement.

PAILLARD
1097, Saint-Jean | 418-692-1221
www.paillard.ca

Ouvert tous les jours : en hiver de 7h30 à 19h, en été de 7h30 à 23h. Boîtes-repas et service traiteur. Si le palais était pourvu d'une mémoire, il serait hanté par le goût du croissant au beurre de Paillard. Une couverture croustillante et un cœur si tendre, un bon goût de beurre, c'est une merveille ! Il ne doit cependant pas faire ombrage au rayon pâtisserie, à ses tartes au chocolat et autres religieuses confectionnées par un chef français formé dans les meilleures écoles. Les salades, les sandwichs et les boîtes repas sont, eux aussi, exquis. Yves Simard, le très sympathique proprio, semble avoir trouvé la formule parfaite pour satisfaire sa clientèle. Des aliments frais, de qualité et santé font des boîtes à lunch Paillard, le choix idéal pour les dîners d'affaires. Après le repas, tous auront l'énergie qu'il faut pour une réunion productive ! Côté service traiteur, l'entreprise propose un menu composé de canapés de toutes sortes.

YUZU SUSHI BAR
438, du Parvis | 418-521-7253 | www.yuzu.ca

Service traiteur, plats à emporter. Situé au coin de Charest, ce restaurant de fine cuisine japonaise offre un éventail de sushi d'une grande originalité. Le mélange des saveurs rehaussent le goût du poisson qui fond dans la bouche. Les sashimis sont d'une fraîcheur inouïe. Des petites bouchées de toutes sortes qui sauront impressionner vos invités.

© NRL

SORTIR

SPECTACLES

LE CAPITOLE

972, Saint-Jean | 418-694-4444 / 1 800-261-9903
www.lecapitole.com

Une salle de spectacle qui a du cachet. Créée en 1903, puis abandonnée en 1982 et restaurée en 1992, l'architecture du Capitole est remarquable. En plein cœur de la ville, des concerts, des spectacles, des pièces de théâtre, mais aussi des événements (le festival du Grand Rire) et des conférences y sont organisés. Le Capitole reçoit des spectacles tel Les Misérables, Elvis Story, ou des artistes comme Natacha Saint-Pier, Daniel Bélanger et beaucoup d'autres.

ORCHESTRE SYMPHONIQUE DE QUÉBEC

401, Grande Allée E
418-643-8486 / 1 877-643-8486 | www.osq.qc.ca

Tout en étant fidèle à la tradition, l'OSQ n'oublie pas de promouvoir le classique et de le réinventer. Yoav Talmi étant aux commandes, la programmation est toujours interprétée avec virtuosité. Cette institution, tout en proposant les pièces connues, n'en oublie pas pour autant son devoir d'éveil et de diffusion. Elle le prouve en dépoussiérant les classiques et en programmant un répertoire plus abordable pour les non initiés. L'OSQ lance régulièrement des initiatives pour intéresser et éveiller petits et grands : les concerts famille Industrielle Alliance, les Matinées symphoniques et Coup de foudre Hydro-Québec.

THÉÂTRE DU PETIT CHAMPLAIN

78, Petit Champlain | 418-692-2631
www.theatrepetitchamplain.com

Le théâtre du Petit Champlain ou Maison de la Chanson est peut-être une petite salle, mais elle est vraiment mignonne. À l'entrée, un bar crée un espace agréable et clair, en harmonie avec l'ambiance du quartier. La programmation met l'accent sur la chanson francophone avec des artistes connus ou en voie de le devenir. De la danse, de l'humour prennent aussi place au théâtre.

BARS

LARGO RESTO-CLUB
643, Saint-Joseph E
418-529-3111 / 1 888-529-3111
www.largorestoclub.com

Ouvert tous les jours de 12h à 1h. TH le soir 38-43. Le Largo Resto-Club séduira à coup sûr les amateurs d'art et de musique! Ambiance intimiste, cuisine exquise, club de jazz et galerie d'art; le tout dans une ambiance chic et raffinée. Le menu propose des mets aux allures méditerranéennes qui donnent l'eau à la bouche : escalope de veau aux morilles, filet mignon, calmar grillé...

© NRL

Une fois rassasié, vous pourrez profiter du concert de la soirée en buvant un verre et en admirant les œuvres d'art exposées du moment.

LE MOINE ECHANSON
585, Saint-Jean | 418-524-7832

Ouvert mar-dim de 17h à minuit pour dégustations de fromages, charcuteries et de vins, de 18h à 22h pour l'ensemble du menu (23h du jeu-dim). Plats 8-18. Envie d'un bon verre de vin accompagné d'une assiette de fromage ? C'est au Moine Échanson qu'il faut aller. Ce petit restaurant de quartier ne cesse de faire parler de lui et ça se comprend : accueil chaleureux et sympathique, cuisine du marché et 5 à 7 conviviaux...À la carte une belle sélection d'assiettes pour grignoter fromages et charcuterie. Bien sûr, on trouve aussi des plats typiques français comme des salades de gésiers, du canard confit ou encore un mijoté d'agneau. La carte des vins est bien garnie, proposant des dégustations au verre, à la bouteille et au poids. Cette « boîte à vin » est une adresse à retenir pour les apéros entre amis.

SONAR
1147, Cartier | 418-640-7333

Hiver : dim-mer, 17h-23h ; jeu-sam, 17h-3h. Été : dim-mer, 11h30-23h ; jeu-sam, 11h30-3h. Le bar à tapas Sonar, situé sur la dynamique avenue Cartier, attire une clientèle branchée. Ambiance lounge en journée, musique house en soirée; le Sonar est un bar ou l'on aime se retrouver pour un 5 à 7 qui finira souvent tard dans la soirée ! Une trentaine de tapas sont à la carte allant des crevettes marinées à l'ail au citron, aux moules farcies en passant par le traditionnel pain à l'ail. Pour boire avec cela, plusieurs vins espagnols sont conseillés. Après avoir goûté à ces mets hispaniques, laisser vous entraîner par cette ambiance de fête et n'hésitez pas à prolonger la soirée sur les rythmes électroniques des DJ.

VERAVIN

233, Saint-Paul
418-692-4648
www.leveravin.com

Ouvert tous les jours de 7h à 22h (jusqu'à minuit en été). Fermé lun-mar en été, dim-lun en hiver. TH midi 14,95 $, TH soir 3 services de 25 $ à 38 $. Dégustations de vins avec amuses-bouche à partir de 35 $. Avec plus de 120 appellations que vous ne trouverez pas à la SAQ, cet établissement est, comme son nom l'indique, spécialisé dans la dégustation de vin. Principalement servis au verre, les vins proposés viennent des quatre coins du monde. Pour le menu, laissez-vous tenter par la carte inspirée des bistros français : nous avons particulièrement aimé les raviolis au foie gras et le burger parmentier. La décoration est intimiste et les fauteuils en cuir d'oublier le temps qui passe. La terrasse, en été, est très sympathique.

ACTIVITÉS DE GROUPE

CROISIÈRES AML

Quai Chouinard
418-692-1159
Sans frais : 1 866-856-6668
www.croisieresaml.com

Croisière de jour, de mai à octobre. Croisière L'Excursion maritime, durée 1h30, heures de départ 11h30, 14h et 16h. Sam et dim, croisières buffet-déjeuner : départ 11h30, durée 1h30. Souper croisière Buffet : départ 19h, durée 4h. Souper Croisière 5 services. Départ 19h, durée 4h. Renseignez vous sur les tarifs en vigueur. Banquets. Séminaires. Congrès. Capacité de 1000 passagers. Pour découvrir Québec et sa région à bord du Louis-Jolliet en plus d'admirer les Chutes de Montmorency, l'Île d'Orléans. Un guide présente les sites par un rappel historique qui permet de parfaire ses connaissances de la ville et de la région avec une approche singulière, celle des eaux. Services également offerts : repas à bord et location de salles pour réunions (jusqu'à 1 000 personnes à bord).

LES SERVICES HISTORIQUES SIX ASSOCIÉS INC.

820, Charest E, bureau 232
418-692-3033
Sans frais : 1 877-692-3033
www.sixassocies.com

Pour les groupes : visites disponibles sur réservation, à l'année. Des circuits touristiques intelligents et très intéressants qui varient sur plusieurs thèmes insolites de l'histoire de Québec. « Le lys et le lion » propose un voyage de 400 ans d'histoire et montre comment ont cohabité les cultures anglaise et française dans la ville de Québec depuis sa fondation. « Luxure et ivrognerie » raconte l'histoire de la vie nocturne à Québec au XIXe siècle. Avec « Crimes et châtiments », découvrez les punitions infligées aux petits et grands criminels d'autrefois, du régime français à 1900.

LES TOURS DU VIEUX-QUÉBEC – AUTOCARS DUPONT

418-649-9226 / 1 800-267-8687
www.tourdupont.com

Spécialisé dans le service de transport de personnes, cette compagnie offre des tours de ville privés aux groupes. Les différents circuits sont commentés par des chauffeurs-guides. Il est également possible de noliser les autocars à des fins de transport corporatif, transfert aéroportuaire et/ou service de cueillette aux hôtels. Organisateurs d'événements ou de réunion seront ravi du professionnalisme du personnel et les invités se sentiront vite à l'aise à bord des véhicules neufs, luxueux et confortables. On y loue aussi des autobus et minibus.

MUSÉE DE LA CIVILISATION

85, Dalhousie
418-643-2158 / 1 866-710-8031
www.mcq.org

Pour les groupes : possibilité de réserver les services d'un guide-animateur. Ce très beau musée propose plus de dix expositions thématiques à la fois. Les expositions permanentes regorgent d'objets qui en enseignent beaucoup sur les Premières Nations et sur l'histoire de la Nouvelle France.

TOURS LUDOVICA

Place de Paris | 418-655-5836
www.toursludovica.com

Pour les groupes : maximum de 10 personnes par promenade. 2 personnes par cyclo-pousse. De juin à octobre. Plusieurs tours et forfaits disponibles. À bord d'un cyclopousse (un grand tricycle), Ludovica vous amène à la découverte du Vieux Port mais aussi en dehors des sentiers battus comme dans le Quartier Saint Roch, à Limoilou et sur les bords de la rivière Saint-Charles. Niveau fatigue, pas de souci. Ce n'est pas vous qui aurait à pédaler mais bien un employé de la compagnie !

VISITE DES FANTÔMES DE QUÉBEC

85, Saint-Louis | 418-692-9770
www.fantomesdequebec.com

Pour les groupes : sur réservation. De mai à octobre seulement. Quand la pénombre s'empare de la Vieille Capitale, les histoires oubliées ressurgissent. Cette promenade guidée dans le Vieux-Québec fait revivre 350 ans de meurtres, d'exécutions, de tragédies et de mystères. Suivez les guides costumés dans les rues pavées de pierres, à la lumière d'une lanterne.

ATELIERS DE MOTIVATION ET DE COHÉSION D'ÉQUIPE

CANYON SAINTE-ANNE

206, route 138 E, Beaupré | 418-827-4057
www.canyonste-anne.qc.ca

En s'échappant brusquement du bouclier canadien, la rivière Sainte-Anne, après une chute de 74 m de hauteur, se précipite en bouillonnant dans une étroite faille rocheuse dominée par des arbres centenaires. Vous y apprécierez le décor du haut de l'un des deux ponts suspendus qui jalonnent le parcours. Des activités de motivation pour tous groupes d'âge y sont organisées.

HÔTEL DE GLACE

75, Montée de l'Auberge, Pavillon Ukiuk, Station touristique Duchesnay
Sainte-Catherine-de-la-Jacques-Cartier
418-875-4522 / 1 877-505-0423
www.hoteldeglace.qc.ca

L'Hôtel de glace vous propose une façon plus qu'originale et agréable de développer des liens au sein de votre équipe : des ateliers de construction de Queenzy (igloo amérindien). Une activité hivernale qui change du décor habituel du bureau !

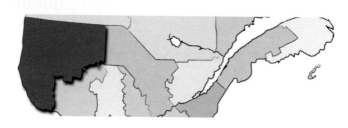

Abitibi-Témiscamingue

© ATR Abitibi-Témiscamingue

ATOUTS DE LA RÉGION

- un environnement intimiste dans un espace incommensurable
- un carnet d'activités étonnant, été comme hiver
- des tarifs très compétitifs par rapport aux grands centres
- l'accueil légendaire de ses citoyens
- le magnifique lac Témiscamingue

ACTIVITÉS PHARES

- la Cité de l'Or et le Village minier de Bourlamaque à Val-d'Or
- le Refuge Pageau à Amos, un centre de soins pour les animaux
- le Parc national d'Aiguebelle
- le spectacle à grand déploiement « Le Paradis du Nord »
- le lieu historique national du Canada Fort-Témiscamingue

CONTACTS

TOURISME ABITIBI-TÉMISCAMINGUE
a/s Éric Parazelli
155, Dallaire, bureau 100, Rouyn-Noranda
819-762-8181, poste 112 / 1 800-808-0706
eric@tourisme-abitibi-temiscamingue.org
www.tourisme-abitibi-temiscamingue.org
Le volet Réunions, congrès et événements du site de Tourisme Abitibi-Témiscamingue vous offre des fiches techniques complètes sur les particularités de chacun des territoires de la région, soit Rouyn-Noranda, Vallée-de-l'Or, Amos-Région, La Sarre et Abitibi-Ouest, et Témiscamingue. Chacune des fiches téléchargeables présente la région, les adresses utiles (location de voitures et d'autocars, accès, bureaux touristiques, etc.), l'offre en hébergement, infrastructures et

équipements, les manifestations et les activités para-congrès. En contactant l'office, vous obtiendrez un support pour la planification et l'organisation de votre événement d'affaires.

CENTRE LOCAL DE DÉVELOPPEMENT DE ROUYN-NORANDA

161, Murdoch | 819-762-0142 | info@cldrn.ca
www.cldrn.ca/vitrine/reunionscongres.html
Le site Internet vous présente des sections très utiles à l'organisation d'une réunion ou d'un congrès à Rouyn-Noranda : transport, location de voitures et d'autocars, les attraits et activités, les lieux d'hébergement et les salles de réunion, les infrastructures et les équipements de la ville. N'hésitez pas à les contacter afin de vous aider dans la planification et l'organisation de votre événement.

OFFICE DE TOURISME ET DES CONGRÈS DE VAL-D'OR

1070, 3e Avenue Est
819-824-9646 / 1 877-582-5367
tourisme@ville.valdor.qc.ca
www.ville.valdor.qc.ca/tourisme/congres.htm
L'Office du tourisme et des congrès de Val-d'Or vous propose une foule de services professionnels pour vous aider avec votre événement d'affaires. Assistance technique et logistique, création d'un programme d'activités pour les conjoints et accompagnateurs, service de guide, etc. Contactez-les afin d'obtenir votre copie du Guide pratique pour l'organisation d'un congrès, ou pour toute autre information sur Val-d'Or en tant que destination affaires.

MAISON DU TOURISME D'AMOS

892, route 111 Est | 819-727-1242 / 1 800-670-0499
tourismeamos@ville.amos.qc.ca
www.ville.amos.qc.ca

CENTRE LOCAL DE DÉVELOPPEMENT D'ABITIBI-OUEST

260, 1ère rue Est, La Sarre
Bureau touristique (mi-juin à septembre) :
600, Principale Sud
819-333-3318 / 1 866-660-3318
tourisme@cldao.qc.ca
www.abitibi-ouest.net

SOCIÉTÉ DE DÉVELOPPEMENT DU TÉMISCAMINGUE

7B, des Oblats Nord, Ville-Marie
819-629-3355 | www.temiscamingue.net/sdt
sdt@temiscamingue.net

AMOS

HÉBERGEMENT

AMOSPHÈRE COMPLEXE HÔTELIER

1031, route 111 Est
819-732-7777 / 1 800-567-7777
www.amosphere.com
★★★★

➲ Chambres standards, confort et suites : 42 - à partir de 69$ en occupation double
➲ Restaurant sur place : 1 (spécialités de steaks et fruits de mer, mets régionaux, capacité de 135 couverts)
➲ Salles de réunion : 5 (accueillant de 5 à 235 personnes) plus 2 suites exécutives
➲ Salle la plus grande : 64 pi X 58 pi, jusqu'à 300 personnes en cocktail
➲ Commodités : Internet sans fil et avec prise gratuit, équipement audiovisuel, service de transport à l'aéroport d'Amos, 2 spas extérieurs ouverts à l'année, salle de conditionnement physique, table de billard, prêt de vélos
➲ Localisation : un peu en retrait du centre d'Amos, sur la route qui mène à l'aéroport
Une bonne adresse pour vos réunions ou congrès. Vous y trouverez tous les services d'un grand hôtel, et niveau confort, tout a été pensé. Les suites sont très grandes et possèdent un bain tourbillon… Très reposant après une dure journée de travail. Les salles de réunion sont toutes modulables et

pour une rencontre plus intime, deux des suites peuvent vous accueillir (4 à 15 personnes). Le restaurant peut également convenir à une réunion et en été, profitez de la terrasse.

HÔTEL DES ESKERS
201, Authier | 819-732-5386 / 1 888-666-5386
www.hoteleskers.com
★★★★

⮑ Chambres standards, supérieures, affaires, suites et loft : 46 – à partir de 70$ en occupation double
⮑ Restaurant sur place : 1
⮑ Chat'O Resto-Bar-Café : cuisine internationale
⮑ Salles de réunion : 7 (accueillant de 12 à 500 personnes) plus un salon et une salle privée
⮑ Salle la plus grande : 42 pi X 44 pi combiné à 45 pi X 74 pi, jusqu'à 500 personnes
⮑ Commodités : Internet haute vitesse par câble, équipement audiovisuel, service de photocopie et télécopie, service de banquet et de traiteur, service de bar
⮑ Localisation : en plein cœur du centre-ville

À quelques pas de la rivière Harricana, et à proximité de tous les commerces, l'Hôtel des Eskers est une destination affaires de choix. Ses chambres, entièrement rénovées, offrent confort, commodité et espace. Notez cependant que les chambres standards et supérieures n'ont pas d'accès Internet. Pour vos repas d'affaires, le Salon des Lecteurs peut accueillir de 6 à 20 personnes en toute intimité, et si vous êtes plus nombreux, réservez la salle privée Le Foyer (capacité de 70 personnes).

DUHAMEL-OUEST

HÉBERGEMENT

COMPLEXE RÉCRÉOTOURISTIQUE LA BANNIK
862, du Vieux-Fort | 819-622-0922 / 1 877-322-0922
www.bannik.ca
★★★★

⮑ Chalets luxueux : 10 (2 à 9 personnes) – à partir de 120$ en occupation double
⮑ Restaurant sur place : 1
⮑ La Bannik : fine cuisine à base de produits régionaux
⮑ Salles de réunion : 2 (accueillant de 15 à 80 personnes)
⮑ Salle la plus grande : 34 pi X 15 pi, 80 personnes en banquet
⮑ Commodités : Internet, équipement audiovisuel, soirées thématiques, bar, centre de santé, quai, plage avec glissade, location d'embarcations nautiques, sentiers pédestres et de vélo de montagne, terrains de jeux, location de cabanes à pêche, sentiers de ski de fond, de raquette et de motoneige.
⮑ Localisation : aux abords du lac Témiscamingue

Lieu de villégiature par excellence, La Bannik sise sur un site exceptionnel, trempant ses pieds dans le lac Témiscamingue. Pour le repos, des chalets de luxe sont en location. Ces derniers sont tous équipés (foyer au salon) et construits en bois sur deux étages. Certains ont même un spa privé. Trois chalets plus rustiques (2 à 4 personnes) disposent des services de base. Pour vos rencontres d'affaires, deux salles bien équipées sont à votre disposition et si vous n'êtes que de passage, un repas à La Bannik vous fera découvrir les bons produits de la région. Plusieurs activités et forfaits sont disponibles pour vous permettre d'allier l'utile à l'agréable. Terrain de golf à proximité.

DOMAINE TEMI KAMI
106, Karine, Duhamel-Ouest
819-629-3618 / 1 866-898-3618
www.temikami.com
★★★

⮑ Chalets : 12 chalets (2 à 12 personnes) et une maison (jusqu'à 16 personnes) – tarifs variables selon la saison
⮑ Restaurant sur place - Coucoushee : gastronomie, carte des vins exceptionnelle
⮑ Salles et salons de réunion : 7 (accueillant de 12 à 160 personnes)
⮑ Salle la plus grande : 60 pi X 24 pi, jusqu'à 160 personnes en théâtre
⮑ Commodités : Internet sans fil, équipement audiovisuel, forfaits affaires, service de buffets, ordinateurs portables, sauna, spa extérieur, service de massothérapie

Témis © SEPAQ

➲ Localisation : aux abords du lac Témiscamingue

Ce grand domaine de villégiature vous permet de louer des cottages et chalets en bois tous équipés pour un séjour d'affaires mémorable. Le charme des lieux est très rustique mais ne néglige en rien le grand confort. Le restaurant du centre de congrès vous propose des tables d'hôte 3, 5 ou 7 services, ainsi qu'un menu à la carte où la gastronomie et le mélange des saveurs sont au rendez-vous. Un excellent endroit pour un repas d'affaires. Ses salles de réunion sont entièrement équipées et ont un accès aux deux grandes terrasses couvertes. Après le boulot, un sauna et un spa extérieur invitent à la détente.

LA SARRE

ACTIVITÉ

LE PARADIS DU NORD
Représentations au Théâtre Desjardins du Colisée La Salle, 550, rue Principale
819-333-2291, poste 246 / 1 866-891-6342
www.leparadisdunord.com
De juillet à début août, du jeudi au samedi à 20h. Adulte : 25-40. Plus de 75 comédiens, chanteurs, danseurs et gymnastes vous en feront voir de toutes les couleurs dans ce spectacle à grand déploiement. On y raconte les faits marquants du développement et de la colonisation de la région.

ROUYN-NORANDA

HÉBERGEMENT

HÔTEL GOUVERNEUR LE NORANDA
41, 6ᵉ Rue | 819-762-2341 / 1 888-910-1111
www.lenoranda.com
★★★★

➲ Chambres standards : 71 – à partir de 101$
➲ Chambres classe affaires : 20
➲ Restaurant sur place - Le Cellier Resto-Bar à vin : cuisine de type bistro, asiatique et française, capacité de 126 couverts
➲ Salles de réunion : 7 (accueillant de 15 à 700 personnes)
➲ Salle la plus grande : 71 pi X 91 pi (jusqu'à 700 personnes en théâtre)
➲ Commodités : Internet sans fil, équipement audio-visuel, centre de massothérapie et d'esthétique, salle de conditionnement physique
➲ Localisation : à proximité du lac Osisko

Sans aucun doute un des meilleurs hôtels de la région. Les chambres allient confort et commodité et celles de la classe affaires sont rénovées. Le restaurant « Le Cellier » vous propose une excellente cuisine, dont les grillades sur feu de bois d'érable. La vaste sélection de vins en fera sourire plus d'un avec, en prime, des choix d'importation privée. Adhérez gratuitement au programme Club Gouverneur qui vous permettra de profiter de tarifs corporatifs avantageux ainsi que d'une foule de petits plus pour vos séjours d'affaires.

VAL-D'OR

HÉBERGEMENT

HÔTEL FORESTEL ET CENTRE DE CONGRÈS

1001, 3ᵉ Avenue Est | 819-825-5660 / 1 800-567-6599
www.forestel.ca
★★★

➲ Chambres standards et corporatives : 89 – à partir de 130$ en occupation double

➲ Chambres exécutives : 2

➲ Restaurants sur place : 3

➲ Resto-Monti : cuisine régionale, capacité de 100 couverts, salons privés

➲ Le Bistro : spécialité de grillades et fruits de mer, capacité de 50 couverts

➲ Bar-resto : repas léger, capacité de 70 couverts

➲ Salles de réunion : 15 (accueillant de 4 à 600 personnes), salle la plus grande : jusqu'à 1 000 personnes en théâtre

➲ Commodités : Internet sans fil accessible partout, équipement audiovisuel, équipement et système d'éclairage de spectacle, service de secrétariat sur demande, service de photocopie et télécopie, menus pour groupes et banquets, service de vestiaire

➲ Localisation : à l'entrée est de la ville

Un établissement bien pratique pour les grands groupes souhaitant organiser une réunion. Les salles sont modulables et des salons sont aménagés pour les rencontres plus intimes ou même un repas/cocktail d'affaires. Les services sont nombreux. Cet hôtel est une bonne adresse également pour les gens de passage lors d'un voyage d'affaires.

AUBERGE HARRICANA

1, chemin des Scouts | 819-825-4414
www.aubergeharricana.ca
★★★

➲ Chambres standards : 17 (2 à 5 personnes) – à partir de 95$, petit-déjeuner inclus

➲ Restaurant sur place : 1 (ouvert mer-dim, 17h-22h ; dim, 10h-14h30 (en saison hivernale seulement, brunch type cabane à sucre ; ouvert midi et soir 7j/7 durant la saison de motoneige ; ouvert le matin pour les clients de l'auberge ; capacité de 150 couverts)

➲ Salles de réunion : 3 (accueillant de 10 à 80 personnes)

➲ Commodités : Internet sans fil gratuit, poste Internet gratuit, équipement audiovisuel, menus pour groupes, marina, terrasse panoramique, bar, nombreuses activités de plein air

➲ Localisation : aux abords du lac Lemoine

Cette auberge vous propose toute une gamme de services allant de l'hébergement aux activités de plein air, en passant par une table réputée. L'édifice, en bois rond à l'architecture typique, rend hommage au savoir-faire des travailleurs du bois du Québec. Notez qu'il est possible de louer l'auberge au grand complet. En toute saison, profitez des nombreuses activités comme la motoneige, l'excursion en traîneau à chiens, la randonnée en quad, etc.

ACTIVITÉ / LOCATION DE SALLES

CITÉ DE L'OR ET VILLAGE MINIER DE BOURLAMAQUE

90, Perreault | 819-825-1274 / 1 877-582-5367
www.lacitedelor.com

Du 21 juin à la Fête du Travail : lun-dim (plusieurs départs par jour). Le reste de l'année : sur réservation seulement. Tarifs groupe disponibles sur demande. Durée de la visite : 4h. Services offerts : équipement audiovisuel, équipe d'animation, hôtesse d'accueil et de service, bar et service de traiteur sur demande. Découvrez la vie du mineur de l'exploitation d'une mine à la transformation de la matière pour obtenir un lingot. Après vous être équipés comme il se doit, vous descendrez dans une mine à 91 m sous terre et vous assisterez à l'explication du travail des mineurs, du dynamitage, des techniques de forage, verrez de vraies foreuses et apprendrez bien d'autres informations sur l'univers des mines d'or. La visite continue, à travers une exposition et la découverte des installations hors terre. Pour organiser une réunion ou un repas très original, trois salles, dont un auditorium à 300 pieds sous terre, sont disponibles en location.

Bas-Saint-Laurent

Bord du Lac Témiscouata © ATRBSL

ATOUTS DE LA RÉGION

- Rimouski : 1 000 chambres d'hôtel, son air marin et les nombreux parcs aux alentours
- la beauté des couchers de soleil sur le Saint Laurent

ACTIVITÉS PHARES

- la visite de l'Institut maritime du Québec à Rimouski
- les circuits patrimoniaux et culturels de Rivière-du-Loup
- les nombreuses croisières vers les îles et archipels

CONTACTS

OFFICE DU TOURISME ET DES CONGRÈS DE RIVIÈRE-DU-LOUP
a/s Marie-Claude Durand | 189, Hôtel-de-Ville
418-862-1981 / 1 888-825-1981
congres@tourismeriviereduloup.ca
www.tourismeriviereduloup.ca

Le volet Congrès du site de l'office du tourisme contient une liste des hébergements, des restaurants et des centres de congrès. De plus, des services congrès sont offerts afin de vous aider dans la planification de votre événement, tant dans la logistique que pour les réservations.

TOURISME RIMOUSKI

a/s Marina Pellerin | 50, Saint-Germain Ouest
418-725-1840, poste 230 / 1 800-746-6875
marinap@tourisme-rimouski.org
www.tourisme-rimouski.org

L'organisateur de congrès sur le site Internet vous présente la ville et ses avantages pour y tenir votre événement. Trouvez les lieux pour organiser un congrès, le calendrier annuel des congrès, la liste des événements se déroulant à Rimouski et bien plus. L'office du tourisme met également à votre disposition des guides tels que le répertoire des fournisseurs, le guide d'activités paracongrès, le cahier de candidature ou le guide d'organisation.

NOTRE DAME DU PORTAGE

HÉBERGEMENT

AUBERGE SUR MER

363, Route du Fleuve
418-862-0642 / 1 888-622-0642
www.aubergesurmer.ca
Ouvert de mi-mai à mi-octobre.
★★★

⮑ Chambres en auberge : 18 – à partir de 58$ en basse saison et 74$ en haute saison
⮑ Chambres en motel : 40
⮑ Restaurant sur place : 1 (cuisine régionale, capacité de 65 couverts)
⮑ Salle de réunion : 1 (modulable en petites salles, capacité de 125 personnes max)
⮑ Commodités : Internet sans fil à la réception et dans les salons, menus pour groupes, location de vélos et kayaks, salle de massage, salon-bibliothèque
⮑ Localisation : bord du fleuve

Une très jolie auberge aux jardins fleuris. L'intérieur est décoré avec des antiquités qui donnent aux lieux un charme très appréciable. Pratique pour les réunions un peu plus intimes. Pensez toutefois à apporter votre équipement audiovisuel.

RIMOUSKI

HÉBERGEMENT

HÔTEL GOUVERNEUR

155, René-Lepage Est
418-723-4422 / 1 888-910-1111
www.gouverneur.com
★★★★

⮑ Chambres standards : 115 – à partir de 87$
⮑ Chambres classe affaires : 45
⮑ Restaurant sur place : 1
⮑ Le Trésor de l'Île : fine cuisine avec spécialités de fruits de mer et grillades
⮑ Salles de réunion : 6 (accueillant de 8 à 150 personnes)
⮑ Salle la plus grande : 21 pi X 87 pi, 150 personnes en théâtre
⮑ Commodités : Internet haute vitesse sans fil, équipement audiovisuel, centre d'affaires, piscine extérieure, soins de santé
⮑ Localisation : au centre-ville, en bordure du fleuve

Les hôtels de la chaîne Gouverneur sont reconnus pour leur confort et services aux gens d'affaires. Les salles de réunion sont modulables et très bien équipées, que ce soit pour une petite rencontre ou une conférence. Adhérez gratuitement au programme Club Gouverneur qui vous permettra de profiter de tarifs corporatifs avantageux ainsi que d'une foule de petits plus pour vos séjours d'affaires.

HÔTEL LE NAVIGATEUR

130, Belzile
418-724-6944 / 1 888-724-6944
www.groupelenavigateur.com
★★★

⮑ Chambres standards : 63 – à partir de 89$
⮑ Suites régulières : 11
⮑ Suites grand luxe : 10
⮑ Appartements : 8
⮑ Restaurant sur place : 1
⮑ La Cage aux Sports : spécialité de grillades, poulet et côtes levées, capacité de 275 couverts
⮑ Salles de réunion : 5 (accueillant de 7 à 340 personnes) ; salle la plus grande : 68,5 pi X 55,5 pi, 340

personnes en théâtre

➲ Commodités : Internet haute vitesse, équipement audiovisuel, service de photocopie, appels locaux gratuits, location de bureau d'affaires, salle de conditionnement physique, centre de santé, possibilité d'organiser des activités, service de traiteur, etc.

➲ Localisation : au centre-ville

Une excellente destination pour un court séjour lors d'un voyage d'affaires ou pour organiser un événement ou congrès. L'hôtel Le Navigateur a récemment rénové toutes ses chambres ainsi que son centre de congrès. Informez-vous sur le Club Sélect Hôtelier, un regroupement de 11 établissements au Québec qui propose de nombreux avantages à la clientèle affaires.

HÔTEL RIMOUSKI ET CENTRE DE CONGRÈS

225, René-Lepage Est
418-725-5000 / 1 800-463-0755
www.hotelrimouski.com
★★★★

➲ 185 chambres dont 52 suites

➲ Chambres standards : 133 – à partir de 109 $

➲ Suites corporatives : 2

➲ Suites familiales : 4

➲ Suite Murphy : 1

➲ Suites régulières et fleuve : 42

➲ Suites exécutives : 3

➲ Restaurant sur place : 1

➲ Restaurant La Seigneurie : grillades, fruits de mer, terroir inventif, capacité de 175 couverts

➲ Salles de réunion : 16 (accueillant de 10 à 1 200 personnes) ; salle la plus grande : 137 pi X 95 pi, 1 200 personnes

➲ Commodités : centre d'affaires, équipement audiovisuel, Internet haute vitesse sans fil, centre de santé, piscine intérieure et glissade, salle de conditionnement physique, bar

➲ Localisation : au centre-ville

Un hôtel très élégant où le confort des chambres est de mise. Les suites exécutives, avec leur grande table de travail, le téléphone avec ligne privée, et Internet haute vitesse sont très prisées par les cadres. Les suites

corporatives, avec salon privé, sont quant à elles très pratiques pour les petites réunions. Le nombre de salles de réunion, leur capacité d'accueil et les nombreux services offerts font de cet établissement un incontournable pour les gens d'affaires de passage dans la région.

RESTAURANT

BISTRO L'ARDOISE

152, Saint-Germain Est
418-732-3131

➲ Catégorie : cuisine française

➲ Heures d'ouverture : mar-sam, 17h30-22h (heure de fermeture de la cuisine) ; jeu-ven, 11h-14h30.

➲ Fourchette de prix : $$

Ce charmant bistro français vous propose une cuisine du vieux continent à partir de produits du terroir québécois. Ses spécialités sont les poissons frais, le gibier, l'agneau et les grillades. Belle cave à vins.

Marina de Rimouski © ATRBSL

RIVIÈRE-DU-LOUP

HÉBERGEMENT

AUBERGE DE LA POINTE
10, Cartier | 418-862-3514 / 800-463-1222
www.aubergedelapointe.com
★★★★

➲ Chambres standards : 117 réparties dans sept pavillons – à partir de 79$
➲ Suite-chalet : 1 dans un pavillon séparé
➲ Restaurant sur place : 1 et un café-bar-terrasse avec vue sur le fleuve, une magnifique terrasse le surplombant et une belle carte des vins et boissons (menu tapas aussi disponible)
➲ L'Espadon : cuisine régionale, française et gastronomique, capacité de 150 couverts
➲ Salles de réunion : 10 (accueillant de 10 à 250 personnes)
➲ Salle la plus grande : 72 pi X 32 pi, 250 personnes
➲ Commodités : Internet, équipement audiovisuel, service de photocopie et télécopie, café-bar Le Mirador, centre de santé, pavillon récréatif (piscine chauffée, bain tourbillon, sauna finlandais, salle de conditionnement physique), théâtre d'été, activités

sur place, etc.
➲ Localisation : à proximité des axes routiers et maritimes majeurs, à deux pas du fleuve

Un établissement qui plaira à tous ceux qui veulent profiter au mieux du fleuve. Le complexe, comprenant plusieurs bâtiments, est entièrement tourné vers le Saint-Laurent. Sur place, bénéficiez de soins au centre de santé ou plongez-vous dans le bain tourbillon. Et si vous êtes de passage en été, terminez la soirée avec vos collègues au théâtre d'été de l'auberge.

HÔTEL LÉVESQUE
171, Fraser | 418-862-6927 / 1 800-463-1236
www.hotellevesque.com
★★★★

➲ Chambres : 83– à partir de 89$ en basse saison et de 125$ en haute saison
➲ Restaurant sur place : 1
➲ La Terrasse : cuisine régionale et gastronomique, capacité de 100 couverts
➲ Salles de réunion : 15 plus le hall d'entrée (accueillant jusqu'à 350 personnes)
➲ Commodités : Internet haute vitesse sans fil, salon exécutif haute technologie, salle de vidéoconférence, service de photocopie et télécopie, bar, spa l'Estuaire, piscine extérieure chauffée, centre de conditionnement physique gratuit et ouvert 24h, jardins et plans d'eau, etc.
➲ Localisation : sur l'artère principale de la ville, le long du fleuve

Bien situé, cet hôtel est pratique pour ceux voulant concilier affaire et détente. Vous serez comblés par la qualité de l'hébergement, de la table et des services offerts. L'équipe de l'hôtel est au petit soin et vous concoctera des forfaits sur mesure pour faire de votre événement une réussite.

HÔTEL UNIVERSEL ET CENTRE DES CONGRÈS
311, Hôtel-de-Ville | 418-862-9520 / 1 800-265-0072
www.hoteluniverselrdl.com
★★★★

➲ Chambres standards : 99 – à partir de 99$

◔ Chambres standards section prestige : 42
◔ Chambres salon affaires section prestige : 5
◔ Chambres luxueuses : 9
◔ Suites junior : 4
◔ Suites senior : 3
◔ Suite présidentielle : 1
◔ Chambres adaptées section prestige : 5
◔ Restaurants sur place : 2
◔ La Verrière : cuisine international, capacité de 102 couverts
◔ Le Rialto : fine cuisine italienne, capacité de 50 couverts
◔ Salles de réunion : 17 (accueillant de 10 à 1 500 personnes)
◔ Salle la plus grande : 171 pi X 132 pi, 1 500 personnes
◔ Commodités : Internet haute vitesse sans fil, service de secrétariat et de photocopie, forfaits thématiques pour congrès, salons pour repas d'affaires, équipement audiovisuel, organisation d'activités paracongrès, centre de santé, piscine intérieure, spa, saunas, salle de conditionnement physique, etc.
◔ Localisation : à l'entrée ouest de la ville, près des grands axes routiers

Un très grand établissement à la fine pointe de la technologie pour vos réunions, congrès et conférences. On vous propose un service clé en main afin de vous aider dans l'organisation et la coordination de votre événement d'affaires. Ses nombreux services et ses deux restaurants en font également une destination de choix pour une halte, le temps d'un petit rendez-vous ou d'une nuit lors de vos déplacements d'affaires.

RESTAURANT

RESTO PUB L'ESTAMINET
299, Lafontaine
418-867-4517
www.restopubestaminet.com
◔ Catégorie : cuisine internationale de type pub
◔ Heures d'ouverture : lun-mer, 7h-minuit ; jeu-ven, 7h-1h ; sam, 8h-1h ; dim, 8h-minuit.
◔ Fourchette de prix : $- $$

Petit bistro du monde avec un menu qui nous met définitivement l'eau à la bouche. Côté houblon, le choix s'étend à plus de 150 bières ! À déguster lors des spéciaux du « super 4 à 7 », avec leurs délicieuses moules à volonté. Ils servent également des petits-déjeuners gargantuesques tous les jours jusqu'à 11h, 15h le week-end.

ACTIVITÉ

CROISIÈRES AML
Embarquement à la marina de Rivière-du-Loup
418-867-3361 / 1 866-856-6668
www.croisieresaml.com
De juin à octobre, embarquement à 9h et 13h. Durée : 3h30. Tarif groupe disponible.

La croisière guidée « Des baleines et des îles » vous fera parcourir le fleuve Saint-Laurent sur 25 km à la rencontre de mammifères et oiseaux marins, entre les phares et les îles, pour une excursion nature des plus mémorables.

spécialise dans la formation et la consultation dans le domaine des ressources humaines en entreprise. Par le biais d'activités de formation, de coaching, d'ateliers et de conférences, le CFA vise le développement des compétences de communication, de travail d'équipe, de leadership et autres.

CORPORATE AVENTURE
C.P. 724, Magog-Orford
1 866-461-8326
www.corporate-adventure.com

À partir de l'objectif défini par votre groupe, Corporate Aventure crée une activité sur mesure : consolidation d'équipe, coaching d'équipe de travail, communication interne, etc. Par exemple, cette firme spécialisée a organisé une simulation de sauvetage dans la gorge de Coaticook afin de tester la capacité de gestionnaires à régler des problèmes. Une manière amusante et surtout efficace d'expérimenter, d'apprendre et de renforcer les relations interpersonnelles de votre équipe.

ACTIVITÉ GÉNÉRALE

LA ROUTE DES VINS
La Route des Vins sillonne la région de Brome-Missisquoi, de Farnham à Lac-Brome (Knowlton), et relie une dizaine de municipalités sur un circuit de 132 km (autoroute 10, sortie 48). La région possède d'autres vignobles qui ne sont pas sur ce circuit mais qui n'en valent pas moins la peine. Vous trouverez la liste sur le site Internet de l'office du tourisme ou dans le guide touristique de la région. Une belle activité à faire

avec votre équipe mais nous vous suggérons de réserver à l'avance.

BROMONT

HÉBERGEMENT / ACTIVITÉ

CHÂTEAU BROMONT
90, de Stanstead
450-534-3433 / 1 800-304-3433
www.chateaubromont.com
★★★★

➲ Chambres standards et de luxe : 152 – à partir de 149$
➲ Suites exécutives : 8
➲ Hébergement supplémentaire à l'Auberge du Château (45 chambres) et au Pavillon des Sens (8 chambres et 4 suites).
➲ Restaurants sur place : 4
➲ Les Quatre Canards : fine cuisine régionale d'inspiration française, capacité de 150 couverts
➲ Resto-Bar La Trattoria (à l'Auberge) : cuisine italienne, capacité de 80 couverts plus une terrasse de 125 places
➲ Bistro-lounge Château Bromont : 125 places
➲ La Terrasse du Château : menu fraîcheur en été seulement
➲ Salles de réunion : 15 (accueillant de 12 à 600 personnes) plus 6 salles à l'Auberge du Château (de 14 à 250 personnes en style cocktail)
➲ Salle la plus grande : 120 pi X 48 pi, jusqu'à 600 personnes en cocktail
➲ Commodités : Internet haute vitesse sans fil, équipement audiovisuel, salle multimédia, forfait affaires, menus pour groupes et banquets, piscines intérieure et extérieure, salle de conditionnement physique, centre de santé Spa Bromont, salle de spectacles, tennis, golf, etc.
➲ Localisation : en plein nature, à quelques pas du mont Bromont

De grand standing, cet hôtel offre à la fois toutes les facilitées d'un centre de conférence et tous les attraits d'un établissement de luxe. L'ambiance champêtre du cadre naturel s'associe à une décoration de grande classe pour donner une sensation de confort et de calme très agréable. Pour votre événement, des services professionnels de photographie, d'aménagement et décoration, ainsi que d'animation sont disponibles. Vous pouvez également faire appel à une coordinatrice de séjour qui vous accompagnera de la planification au jour « J ». Pour dynamiser votre équipe, Imagine Bromont propose des ateliers corporatifs selon vos besoins.

Spa Bromont

Le centre de santé de l'hôtel, ouvert à tous, propose une vaste gamme de soins prodigués par une équipe professionnelle de kinés et d'esthéticiennes. Vous y trouverez une ambiance raffinée et des aménagements propices à la détente. En plus des soins conventionnels, les massages à l'huile d'olive, le bain thermomasseur au lait de chèvre, ou l'enveloppement au cacao, figurent parmi les soins signatures du Spa Bromont. Pour parachever le dépaysement, un hammam d'inspiration orientale est mis à la disposition des clients.

SKI BROMONT.COM

150, Champlain
450-534-2200 / 1 866-276-6668
www.skibromont.com

Ski Bromont.com est un parc multiactivités qui s'adapte aux quatre saisons. En hiver, vous profiterez des plaisirs de la glisse dans des conditions exceptionnelles d'enneigement avec 129 pistes dont 60 éclairées, un dénivelé de 385 m, 9 remontées mécaniques, et les fameux snowparks avec sauts, box et rails. En été, vélo de montagne ou randonnée pédestre avec plus de 100 km de sentiers balisés (14 pistes de descente pour le vélo).

GRANBY

HÉBERGEMENT

ST CHRISTOPHE – HÔTEL BOUTIQUE ET SPA

255, Denison Est
450-405-4782 / 1 877-405-4782
www.hotelstchristophe.com
★★★★

➲ Chambres standards, de luxe et suites : 51 – à partir de 209$ pour deux personnes, petit-déjeuner et souper 4 services inclus
➲ Restaurant sur place : 1
➲ Bistro Le Picollo : fine cuisine aux saveurs méditerranéennes, capacité de 70 couverts
➲ Salles de réunion : 3 (accueillant de 12 à 100 personnes) plus une suite exécutive (jusqu'à 45 personnes en cocktail)
➲ Commodités : Internet, équipement audiovisuel, menus pour groupes, centre de santé, piscine intérieure, boutique
➲ Localisation : aux abords du lac Boivin

Bien situé, ce petit château est un lieu vivement recommandé pour les petites réunions d'affaires. La décoration des chambres, de type Renaissance, en fait un lieu très agréable et le centre de santé permettra d'allier travail et détente.

RESTAURANT

FAUCHEUX

53-2, Dufferin
450-777-2320
www.restaurantfaucheux.com
➲ Catégorie : fine cuisine française
➲ Heures d'ouverture : mar-ven, dès 11h30 ; jeu-sam, dès 18h (réservation recommandée)
➲ Fourchette de prix : $$- $$$
➲ Salle privée : 1

Orchestré par Jean-Marc Faucheux aux fourneaux et Muriel en salle, cet établissement décline la gastronomie française sous toutes ses couleurs et ses arômes. Une cuisine fine et fraîche dans une ambiance chaleureuse.

LAC-BROME (KNOWLTON)

HÉBERGEMENT

AUBERGE QUILLIAMS

572, Lakeside | 450-243-0404 / 1 888-922-0404
www.aubergequilliams.com
Établissement membre du réseau Chaîne Hôte.
★★★★

⮑ Chambres standards, studios et suites : 38 – à partir de 78,50$ par personne en occupation double, petit-déjeuner inclus

⮑ Restaurant sur place : 1 (cuisine française et du terroir raffinée, salle privée d'une capacité de 14 personnes avec vue sur la cave à vin)

⮑ Salles de réunion : 4 (accueillant de 14 à 100 personnes)

⮑ Salle la plus grande : 50 pi X 34 pi, jusqu'à 250 personnes en cocktail

⮑ Commodités : Internet sans fil, équipement audiovisuel, menus pour groupes, piscines intérieure et extérieure, bain tourbillon à eau salée, centre de santé Aviva, plage privée et accès au lac, location de canots et kayaks, exploration guidée des marais, etc.

⮑ Localisation : entre le lac Brome et la réserve faunique Quilliams

Cette hôtellerie de charme propose des chambres et suites qui, entièrement rénovées à l'hiver 2008, vous charmeront par leur grand confort et leur décoration très soignée. Le restaurant de l'auberge vous propose une table très raffinée où cuisine française et du terroir se marient à perfection. Grande cave à vin. Les petits groupes pourront se réunir dans la salle Saint-Vincent et savourer un repas en dégustation privée.

AUBERGE & SPA WEST BROME

128, route 139 | 450-266-7552 / 1 888-902-7663
www.aubergewestbrome.ca
★★★★

⮑ Chambres standards, de luxe et suites : 26 – à partir de 165$ en occupation double, petit-déjeuner inclus

⮑ Restaurant sur place : 1 (fine cuisine régionale et produits du terroir, coté 3 diamants, capacité de 85 couverts plus salon exécutif de 30 places)

⮑ Salles de réunion : 3 (accueillant de 15 à 160 personnes) plus la salle à manger, deux terrasses et deux jardins en saison

⮑ Salle la plus grande : 42 pi X 44 pi, jusqu'à 160 personnes en cocktail

⮑ Commodités : Internet sans fil et à prise, équipement audiovisuel, menus pour groupes, forfait réunion, activités paracongrès, centre de santé, piscine intérieure chauffée, salle de conditionnement physique, saunas finlandais, pub, table de billard

⮑ Localisation : en pleine nature, sur un terrain de 200 acres

Très champêtre, cette auberge vous offre les services d'un chef français pour vos repas d'équipe ainsi que trois salles de réunions, dont deux assez intimes pour comités restreints. Les chambres douillettes sont idéales pour relaxer après le travail, de même que le spa et la piscine intérieure, intégrés aux bâtiments de l'auberge. Forfait réunion : 169$ par personne incluant les 3 repas, la nuitée, 2 pauses café et la salle de réunion toute équipée.

MAGOG-ORFORD

HÉBERGEMENT

AUBERGE AUX 4 SAISONS D'ORFORD

4940, du Parc, Orford | 819-868-1110 / 1 877-768-1110
www.aux4saisonsorford.com
★★★★

⮑ Chambres de luxe : 24 – à partir de 120$ en occupation double

⮑ Suites de style loft : 4

⮑ Restaurant sur place : 1 (cuisine de type bistro)

⮑ Salles de réunion : 4 (accueillant de 6 à 70 personnes)

⮑ Salle la plus grande : 30 pi X 28 pi, jusqu'à 70 personnes en cocktail

⮑ Commodités : Internet sans fil, équipement audiovisuel, menus pour groupes, salle de cinéma maison, salle de conditionnement physique, service de massothérapie sur réservation, centre de santé Le Dôme de Morphée sur place

⮑ Localisation : au pied du mont Orford

➲ Chambres standards section prestige : 42
➲ Chambres salon affaires section prestige : 5
➲ Chambres luxueuses : 9
➲ Suites junior : 4
➲ Suites senior : 3
➲ Suite présidentielle : 1
➲ Chambres adaptées section prestige : 5
➲ Restaurants sur place : 2
➲ La Verrière : cuisine international, capacité de 102 couverts
➲ Le Rialto : fine cuisine italienne, capacité de 50 couverts
➲ Salles de réunion : 17 (accueillant de 10 à 1 500 personnes)
➲ Salle la plus grande : 171 pi X 132 pi, 1 500 personnes
➲ Commodités : Internet haute vitesse sans fil, service de secrétariat et de photocopie, forfaits thématiques pour congrès, salons pour repas d'affaires, équipement audiovisuel, organisation d'activités paracongrès, centre de santé, piscine intérieure, spa, saunas, salle de conditionnement physique, etc.
➲ Localisation : à l'entrée ouest de la ville, près des grands axes routiers

Un très grand établissement à la fine pointe de la technologie pour vos réunions, congrès et conférences. On vous propose un service clé en main afin de vous aider dans l'organisation et la coordination de votre événement d'affaires. Ses nombreux services et ses deux restaurants en font également une destination de choix pour une halte, le temps d'un petit rendez-vous ou d'une nuit lors de vos déplacements d'affaires.

RESTAURANT

RESTO PUB L'ESTAMINET
299, Lafontaine
418-867-4517
www.restopubestaminet.com
➲ Catégorie : cuisine internationale de type pub
➲ Heures d'ouverture : lun-mer, 7h-minuit ; jeu-ven, 7h-1h ; sam, 8h-1h ; dim, 8h-minuit.
➲ Fourchette de prix : $- $$

Petit bistro du monde avec un menu qui nous met définitivement l'eau à la bouche. Côté houblon, le choix s'étend à plus de 150 bières ! À déguster lors des spéciaux du « super 4 à 7 », avec leurs délicieuses moules à volonté. Ils servent également des petits-déjeuners gargantuesques tous les jours jusqu'à 11h, 15h le week-end.

ACTIVITÉ

CROISIÈRES AML
Embarquement à la marina de Rivière-du-Loup
418-867-3361 / 1 866-856-6668
www.croisieresaml.com

De juin à octobre, embarquement à 9h et 13h. Durée : 3h30. Tarif groupe disponible.

La croisière guidée « Des baleines et des îles » vous fera parcourir le fleuve Saint-Laurent sur 25 km à la rencontre de mammifères et oiseaux marins, entre les phares et les îles, pour une excursion nature des plus mémorables.

Cantons-de-l'Est

ATOUTS DE LA RÉGION

- la proximité de Montréal
- des villages et paysages de charme
- un choix d'hébergement et de restaurants de grande qualité

ACTIVITÉS PHARES

- les stations de ski, notamment celles de Sutton, de Bromont et d'Orford
- le train Orford Express
- l'observatoire du mont Mégantic
- le zoo de Granby
- l'abbaye de Saint-Benoît-du-Lac et ses excellents produits comme le cidre et le fromage

CONTACTS

TOURISME CANTONS-DE-L'EST

a/s Marie-Claude Vidal
20, Don-Bosco S, Sherbrooke
819-820-2020, poste 230
1 866-963-2020, poste.230
www.cantonsdelest.com

Le site Internet comporte une section pour le tourisme d'affaires où une liste d'établissements et d'attractions vous aideront à planifier votre événement. Il est possible de remplir un formulaire en ligne très complet pour une demande de soumission.

TOURISME SHERBROOKE

a/s Marie-Claude Dubois
1308, de Portland, C.P. 246
819-822-6195 / 1 877-211-5326
mcdubois@tourismesherbrooke.com
www.tourismesherbrooke.com

En contactant Tourisme Sherbrooke, une foule de services vous sont offerts, allant de l'organisation de votre événement au soutien et à l'accueil des délégués. Une équipe très professionnelle prend en charge les moindres détails pour vous assurer un service des plus personnalisés. Le site Internet regorge également de bonnes adresses comme les lieux d'hébergement et de congrès, les restaurants, les activités paracongrès et plus encore. Un site très complet avec un formulaire de demande de soumission en ligne.

CLD DE LA MRC DE MEMPHRÉMAGOG

a/s Jocelyn Dussaume
281, des Pins, Magog
819-843-8273, poste 232 / 1 877-974-2744
jjussaume@cldmemphremagog.com
www.tourisme-memphremagog.com

CENTRE DE FORMATION PAR L'ACTION

366, Alexandre, Sherbrooke
819-791-0666
www.cfa-inc.qc.ca

Depuis plus de 15 ans, cette firme se

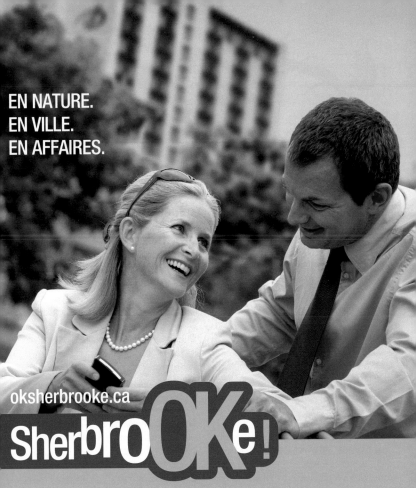

EN NATURE.
EN VILLE.
EN AFFAIRES.

oksherbrooke.ca

SherbroOKe!

De la visite des sites potentiels jusqu'à l'arrivée des délégués en passant par la **logistique de transport** et les **outils promotionnels**, l'équipe de Tourisme Sherbrooke a pensé à tout! C'est donc **un accueil professionnel et chaleureux** que Sherbrooke nous a réservé lors de notre dernier congrès. Imaginez, un nombre record de participants d'ici et d'ailleurs ayant pris part à la rencontre. Ils ont eu toute une surprise en apprenant que nous leur avions offert une **réunion écoresponsable**. Sans oublier que nous avons été conquis au passage par le charme de la ville. À voir tous nos membres repartir avec le sourire, nous pouvons affirmer que notre rencontre a été un **véritable succès**!

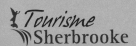

Tourisme Sherbrooke

819 822-6195 ou 1 877 211-5326. Demandez le service aux congrès.
oksherbrooke.ca

spécialise dans la formation et la consultation dans le domaine des ressources humaines en entreprise. Par le biais d'activités de formation, de coaching, d'ateliers et de conférences, le CFA vise le développement des compétences de communication, de travail d'équipe, de leadership et autres.

CORPORATE AVENTURE

C.P. 724, Magog-Orford
1 866-461-8326
www.corporate-adventure.com

À partir de l'objectif défini par votre groupe, Corporate Aventure crée une activité sur mesure : consolidation d'équipe, coaching d'équipe de travail, communication interne, etc. Par exemple, cette firme spécialisée a organisé une simulation de sauvetage dans la gorge de Coaticook afin de tester la capacité de gestionnaires à régler des problèmes. Une manière amusante et surtout efficace d'expérimenter, d'apprendre et de renforcer les relations interpersonnelles de votre équipe.

ACTIVITÉ GÉNÉRALE

LA ROUTE DES VINS

La Route des Vins sillonne la région de Brome-Missisquoi, de Farnham à Lac-Brome (Knowlton), et relie une dizaine de municipalités sur un circuit de 132 km (autoroute 10, sortie 48). La région possède d'autres vignobles qui ne sont pas sur ce circuit mais qui n'en valent pas moins la peine. Vous trouverez la liste sur le site Internet de l'office du tourisme ou dans le guide touristique de la région. Une belle activité à faire

avec votre équipe mais nous vous suggérons de réserver à l'avance.

BROMONT

HÉBERGEMENT / ACTIVITÉ

CHÂTEAU BROMONT

90, de Stanstead
450-534-3433 / 1 800-304-3433
www.chateaubromont.com
★★★★

➲ Chambres standards et de luxe : 152 — à partir de 149$
➲ Suites exécutives : 8
➲ Hébergement supplémentaire à l'Auberge du Château (45 chambres) et au Pavillon des Sens (8 chambres et 4 suites).
➲ Restaurants sur place : 4
➲ Les Quatre Canards : fine cuisine régionale d'inspiration française, capacité de 150 couverts
➲ Resto-Bar La Trattoria (à l'Auberge) : cuisine italienne, capacité de 80 couverts plus une terrasse de 125 places
➲ Bistro-lounge Château Bromont : 125 places
➲ La Terrasse du Château : menu fraîcheur en été seulement
➲ Salles de réunion : 15 (accueillant de 12 à 600 personnes) plus 6 salles à l'Auberge du Château (de 14 à 250 personnes en style cocktail)
➲ Salle la plus grande : 120 pi X 48 pi, jusqu'à 600 personnes en cocktail
➲ Commodités : Internet haute vitesse sans fil, équipement audiovisuel, salle multimédia, forfait affaires, menus pour groupes et banquets, piscines intérieure et extérieure, salle de conditionnement physique, centre de santé Spa Bromont, salle de spectacles, tennis, golf, etc.
➲ Localisation : en plein nature, à quelques pas du mont Bromont

De grand standing, cet hôtel offre à la fois toutes les facilités d'un centre de conférence et tous les attraits d'un

Pour votre séjour d'affaires, une excellente adresse où vous vivrez une expérience de détente et de plein air dans une ambiance décontractée pour vos réunions. Sur place, vous trouverez un bistro (les petits déjeuners sont excellents) et une épicerie fine (possibilité d'apporter les plats cuisinés dans les chambres). Ski-in/Ski-out directement depuis les pistes. Contactez leur équipe des ventes pour obtenir des tarifs corporatifs très concurrentiels, tant pour les chambres que pour les salles de réunion.

ESTRIMONT SUITES & SPA

44, de l'Auberge, Orford
819-843-1616 / 1 800-567-7320
www.estrimont.ca
Établissement membre du réseau Hôtellerie Champêtre.
★★★★

⮑ Suites luxueuses : 91 – à partir de 119 $ en occupation double, petit-déjeuner inclus
⮑ Restaurant sur place : 1 (gastronomie aux saveurs régionales, capacité de 160 couverts) plus un bistro de 25 places
⮑ Salles de réunion : 12 (accueillant de 5 à 325 personnes)
⮑ Salle la plus grande : 44 pi X 73 pi, jusqu'à 325 personnes en cocktail
⮑ Commodités : Internet haute vitesse sans fil et avec prise, équipement audiovisuel, menus pour groupes, forfaits affaires, centre de santé, piscine extérieure, bains à remous extérieurs creusés dans la pierre, douche nordique, sauna finlandais, piscine intérieure à l'eau salée, et terrains de tennis et de volleyball
⮑ Localisation : dans le parc du Mont-Orford

L'établissement a été presque entièrement réaménagé pour le confort de la clientèle, et le résultat est à la hauteur des attentes. Les suites sont spacieuses et très bien agencées : la plupart possèdent un foyer et une cuisinette toute équipée, et deux d'entre elles ont un spa privé. Pour les repas, un bistro avec terrasse est ouvert midi et soir et la salle à manger, avec vue sur le mont Orford, propose une table d'hôte très réputée où la fine cuisine est à l'honneur (à partir de 18,95 $ le midi et 39,95 $ le soir). Les salles de réunion sont adaptées pour des groupes de toute taille et cinq nouvelles salles offrent une vue splendide sur le mont Orford. Renseignez-vous sur les forfaits affaires qui vous feront sauver temps et argent.

HÔTEL CHÉRIBOURG

2603, chemin du Parc, Orford
819-843-3308 / 1 877-845-5344
1 888-550-1488 (bureau des ventes groupes)
www.hotelsvillegia.com
★★★★

⮑ Chambres et suites : 117 – à partir de 77 $ par personne en occupation double, petit déjeuner inclus
⮑ Chalets et condos : 20
⮑ Restaurant sur place : 1 (fine cuisine régionale, capacité de 200 couverts) plus un bar et un bistro terrasse (en été seulement)
⮑ Salles de réunion : 15 (accueillant de 4 à 1 200 personnes)
⮑ Salle la plus grande : 8 376 pi^2, jusqu'à 1 200 personnes en cocktail
⮑ Commodités : Internet sans fil, équipement audiovisuel, service de photocopie et télécopie, services spécialisés sur demande (fleuriste, interprète, photographe), forfaits affaires, activités de teambuilding, centre de santé, piscines extérieure et intérieure, terrains de tennis, badminton et volleyball
⮑ Localisation : à deux minutes de la sortie 118 de l'autoroute 10

Le Chéribourg, situé au pied du mont Orford, est une référence depuis des dizaines d'années. Entièrement rénové, l'hôtel est doté de toutes les commodités nécessaires pour un petit séjour d'affaires ou un congrès. Des forfaits affaires sont concoctés sur mesure selon vos besoins et si vous désirez ajouter un peu de dynamisme à vos réunions, des activités de teambuilding peuvent être organisées en partenariat avec Corporate Adventure. Notez aussi que le terrain de golf du Manoir des Sables est à quelques minutes seulement en voiture.

MANOIR DES SABLES

90, des Jardins, Orford
819-847-4747 / 1 877-845-5344
1 888-550-1488 (bureau des ventes groupes)
www.hotelsvillegia.com
★★★★

⮑ Chambres luxueuses : 114 – à partir de 89$ par personne en occupation double, petit déjeuner inclus

⮑ Suites Privilège : 3

⮑ Suites junior : 16

⮑ Suites exécutives : 8

⮑ Restaurants sur place : 2

⮑ Les Jardins : fine cuisine gastronomique, capacité de 150 couverts, terrasse

⮑ Bar & Grill Albatros : ouvert uniquement pendant la saison de golf, capacité de 70 couverts

⮑ Salles de réunion : 9 modulables en petites salles et 1 hall (accueillant de 10 à 400 personnes)

⮑ Salle la plus grande : 33 pi X 80 pi, jusqu'à 400 personnes en cocktail

⮑ Commodités : Internet sans fil et avec prise, équipement audiovisuel, service de photocopie et télécopie, menus pour groupes et banquets, forfaits affaires, activités de consolidation d'équipe avec Corporate Adventure, terrain de golf 27 trous, terrains de tennis, activités nautiques sur le lac, sentiers pédestres, nouveau Spa Villégia (14 salles de soins dont un hammam, deux bains de sel, un sauna finlandais et des bains nordiques), piscines intérieures et extérieures, etc.

⮑ Localisation : sortie 118 de l'autoroute 10

Ce complexe hôtelier vous charmera par ses chambres raffinées et dotées de tous les services, par sa table de haute gastronomie, par ses salles de réunion lumineuses et bien équipées, et par sa localisation aux abords d'un lac privé. Deux bars avec foyer feront de vos apéros ou rencontres d'affaires un moment privilégié de la journée.

HÉBERGEMENT / ACTIVITÉ

CENTRE DE VILLÉGATURE JOUVENCE

131, de Jouvence, Orford
450-532-3134 / 1 800-567-3134
www.jouvence.com

Voici un lieu original pour un séjour d'affaires des plus inspirants et dynamiques. Situé au cœur du parc du Mont-Orford, aux abords du lac Stukely, l'hébergement se fait sur trois sites différents : la petite auberge équipée de 25 chambres ; le centre de villégiature avec 70 unités réparties en pavillons et maisonnettes ; et le hors-piste qui est un refuge tout équipé. Les salles à manger du centre de villégiature (250 places) et de la petite auberge (jusqu'à 74 places) vous feront découvrir la bonne cuisine de l'établissement. Services sur place : centre de santé, équipement audiovisuel, salles de réunion, activités de consolidation d'équipe, forfaits affaires, service d'animation, et bien plus encore.

ACTIVITÉ

PARC NATIONAL DU MONT ORFORD

3321, chemin du Parc | 819-843-9855
Réservations Sépaq 1 800-665-6527
www.sepaq.com/pq/mor/fr/

Ouvert à l'année. Tarif groupe disponible. Postes d'accueil : centre de services du secteur du Lac-Stukely (ouvert à l'année), secteur du Lac-Fraser (ouvert de mi-juin à septembre, chemin Alfred DesRochers jusqu'à la route 220, direction Bonsecours jusqu'à l'entrée du parc). Le parc national du Mont-Orford (58,4 km²) offre un large éventail d'activités, été comme en hiver, en totale harmonie avec la nature : baignade, activités nautiques, randonnée pédestre et longue randonnée avec nuit en camping rustique, vélo, golf (à proximité), ski de fond, randonnée pédestre sur neige et en raquettes. Ski alpin et surf des neiges à la station de ski Mont-Orford (4380, chemin du Parc, 819-843-6548 / 1 866-673-6731, www.orford.com). La station offre 55 pistes et un snowpark sur un dénivelé de 589 m. Plusieurs événements tout au long de la saison. Location d'équipement, boutique d'accessoires, service de

©Nicolas Garbay

restauration. Sentiers de raquette et ski de fond, yourtes de repos au sommet.

NORTH HATLEY

HÉBERGEMENT

MANOIR HOVEY
575, chemin Hovey
819-842-2421
Sans frais : 1 800-661-2421
www.manoirhovey.com
Établissement membre du réseau Relais & Châteaux.
★★★★★

➲ Chambres et suites : 41 — à partir de 135$ (basse saison) et 160$ (haute saison) par personne, souper gastronomique et petit-déjeuner inclus
➲ Restaurant sur place : 1
➲ Salle à manger du Manoir : haute gastronomie coté 4 diamants, capacité de 100 couverts
➲ Salles de réunion : 2 (de 15 à 140 personnes)

➲ Salle la plus grande : 30 pi X 44 pi, jusqu'à 140 personnes en style auditorium
➲ Commodités : Internet sans fil, équipement audio-visuel, menus pour groupes, service de secrétariat, service de photocopie et télécopie, forfaits affaires, jardin, terrasse, piscine extérieure avec service de bar, deux plages, salle de conditionnement physique, massothérapie, nombreuses activités
➲ Localisation : sur les bords du lac Massawippi

Sûrement la meilleure table des Cantons-de-l'Est, avec une carte des vins très étoffée, le Manoir Hovey est aussi une auberge champêtre de grande classe. Les chambres allient avec délicatesse le charme de la vieille Europe avec les commodités les plus modernes, alors que les salles de réunions sont résolument modernes pour une plus grande efficacité. L'isolement et le cadre naturel procurent une sensation de calme très appréciable.

SHERBROOKE

HÉBERGEMENT

DELTA SHERBROOKE HÔTEL ET CENTRE DES CONGRÈS

2685, King O | 819-822-9899 / 1 800-387-1265
1 888-890-3222 (ligne Delta)
www.deltasherbrooke.com
★★★★

➲ Chambres standards, de luxe et suites : 178 – à partir de 109$
➲ Restaurants sur place : 2
➲ Le Murville : cuisine française, capacité de 100 couverts
➲ Bar V.S.O.P : repas légers, capacité de 80 places
➲ Salles de réunion : 18 (accueillant de 14 à 1 300 personnes)
➲ Salle la plus grande : 75 pi X 115 pi, jusqu'à 1 300 en théâtre
➲ Commodités : Internet haute vitesse sans fil, équipement audiovisuel, menus pour groupes et banquets, salle de conditionnement physique (ouvert 24h), centre de santé, piscine intérieure, bain tourbillon, bain vapeur
➲ Localisation : en plein cœur du centre-ville

Un bon rapport qualité-prix pour cet établissement pratique tant pour les congressistes que les voyageurs d'affaires sur la route. Pour vous aider dans l'organisation de votre événement, soumettez votre demande à Maestros Réunions Delta en remplissant le formulaire en ligne ou en contactant leur service téléphonique pour affaires ouvert 24h : 1 800-387-1265.

HÔTEL LE PRÉSIDENT

3535, King O | 819-563-2941 / 1 800-363-2941
www.hotel-le-president.com
★★★

➲ Chambres standards : 117 – à partir de 94,95$
➲ Restaurant sur place : aucun mais service de petit-déjeuner
➲ Salles de réunion : 4 (accueillant de 12 à 200 personnes en style théâtre)
➲ Commodités : Internet haute vitesse sans fil,

équipement audiovisuel, service de traiteur, tarifs corporatifs, piscine intérieure, baignoire à remous

⮕ Localisation : sortie 4-E de l'autoroute 410, à l'entrée de la ville

Très bien situé, près des autoroutes et à quelques minutes du centre-ville, cet hôtel propose un hébergement et des salles de réunion sans prétention mais toutes bien équipées. Service personnalisé selon vos besoins et budgets.

HÔTELLERIE
JARDINS DE VILLE
4235, Bourque | 819-566-6464 / 1 800-265-7119
www.jardinsdeville.com
★★★

⮕ Chambres standards : 21 – à partir de 85$

⮕ Chambres champêtres : 19

⮕ Chambres pavillons : 12

⮕ Hébergement en condos aussi disponible.

⮕ Restaurant sur place : petit-déjeuner et repas du midi de type bistro

⮕ Salles de réunion : 5 (accueillant de 16 à 250 personnes)

⮕ Salle la plus grande : 33 pi X 84 pi, jusqu'à 250 personnes en cocktail

⮕ Commodités : Internet haute vitesse sans fil, équipement audiovisuel, menus pour groupes et banquets, bar, verrière dans la salle à manger (capacité de 20 personnes), piscine extérieure chauffée

⮕ Localisation : à proximité des grands axes routiers

Un bon rapport qualité/prix pour cet hôtel de Sherbrooke dont plusieurs chambres ont été redécorées par la propriétaire. Les chambres champêtres ont chacune leur thème et leur déco… Très agréables et reposantes. Les chambres pavillons ont soit une cuisinette soit un coin café et les condos, quant à eux, sont tous entièrement équipés et certains sont munis d'un bain à remous. Très pratique pour les voyageurs d'affaires, l'hôtel dispose aussi de ses propres salles de réunion et peut donc accueillir toute sorte d'événements corporatifs.

RESTAURANTS

AUGUSTE RESTAURANT
82, Wellington N | 819 565 9559
www.auguste-restaurant.com

⮕ Catégorie : fine cuisine

⮕ Heures d'ouverture : mar-ven, 11h30-14h30 ; mar-sam, 17h-23h.

⮕ Fourchette de prix : midi$, soir $$

⮕ Salle privée : capacité de 40 personnes (jusqu'à 60 en cocktail), écran fourni sur place

⮕ Service de traiteur.

Danny St-Pierre, qui œuvra aux cuisines chez Toqué et fut le chef exécutif du restaurant Derrière les fagots, est maintenant copropriétaire, avec Anik Beaudoin, de ce merveilleux restaurant ouvert récemment. Tartare de bœuf, saumon fumé maison, poisson du marché et foie de veau de lait poêlé ne sont que quelques

exemples du délicieux menu. Des produits frais du terroir apprêtés avec goût en toute simplicité !

LA TABLE DU CHEF

11, Victoria | 819-562-2258 | www.latableduchef.ca
⮞ Catégorie : fine cuisine
⮞ Heures d'ouverture : lun-ven, 11h30-14h ; mar-sam, 17h30-21h
⮞ Fourchette de prix : table d'hôte du midi$, du soir $$- $$$
⮞ Pour les groupes : trois salons privés pouvant accueillir de 4 à 16 personnes.
⮞ Service traiteur sur demande.

C'est dans un cadre merveilleux que le réputé chef Alain Labrie a décidé d'ouvrir un restaurant, avec son épouse. Ils ont élu domicile dans un ancien pres-bytère, du centre-ville de Sherbrooke. Ils y préparent des plats originaux, inspirés de la cuisine française. Voici un exemple de plat, pour vous donner envie de faire une réservation : saucisse de faisan rôtie, pommes de terre aux lardons et jus de canard aux échalotes. En été, profitez de la terrasse et de sa superbe vue sur le Lac des Nations.

LE BOUCHON

107, Frontenac | 819-566-0876
www.lebouchon.ca
⮞ Catégorie : fine cuisine
⮞ Heures d'ouverture : lun-ven, 11h30-14h30 ; lun-sam, 17h30-21h
⮞ Fourchette de prix : table d'hôte du midi$, du soir $$- $$$

En plein cœur du quartier historique, ce bistro donne dans la fine cuisine du marché aux accents français dotés d'une touche d'originalité et de terroir. La carte des vins est très bien garnie et le serveur se fera un plaisir de vous suggérer une bonne bouteille pour parfaire l'harmonie mets-vin. Des événements liés au monde des vins et de la gastronomie sont organisés mais, inscrivez-vous à l'avance car ils sont très courus. Terrasse.

Hotel de ville de Sherbrooke
© Jonathan Chodjaï

ACTIVITÉ / LOCATION DE SALLES

MUSÉE DE LA NATURE ET DES SCIENCES

225, Frontenac | 819-564-3200 / 1 877-434-3200
www.naturesciences.qc.ca

Du 24 juin à la Fête du Travail : lun-dim, 10h-17h. Le reste de l'année : mer-dim, 10h-17h. Tarif groupe sur demande. Une belle activité pour votre groupe où le monde des sciences et de la nature seront démystifiés par le biais d'expositions, d'ateliers et de jeux interactifs. Une grande salle polyvalente, d'une superficie de 2 120 pi^2, peut être louée pour un événement et offre une superbe vue sur les chutes de la rivière Magog. Elle est divisible en deux salles distinctes et offre tout l'équipement technique nécessaire dont une scène, une cuisinette pour les traiteurs, du matériel audiovisuel et un vestiaire. Permis d'alcool disponible.

SUTTON

HÉBERGEMENT

CONDOS ET HÔTEL LE MONTAGNARD

264, Maple | 450-538-9966 / 1 888-538-9966
www.montagnard.qc.ca
★★★

⮫ Chambres standards : capacité de 2 à 4 personnes
⮫ Studios : capacité de 2 à 4 personnes
⮫ Condos : capacité de 4 à 8 personnes
⮫ Chalet : capacité de 12 à 22 personnes
⮫ Tarifs selon la saison et le mode d'hébergement (voir site Internet).
⮫ Salles de réunion : 4 (accueillant de 12 à 170 personnes)
⮫ Salle la plus grande : 27 pi X 75 pi, jusqu'à 170 personnes en cocktail
⮫ Commodités : Internet sans fil et avec prise, équipement audiovisuel, service de photocopie et télécopie, service de traiteur et de bar, activités de consolidation d'équipe, forfaits clé en main pour les groupes corporatifs, jacuzzi extérieur ouvert à l'année, piscine extérieure, terrain de volleyball et badminton.

Un complexe hôtelier à l'ambiance détendue, qui mettra de la bonne humeur dans vos réunions d'affaires. Un lieu idéal pour ceux qui veulent combiner le travail et les activités de plein air, comme le ski alpin par exemple. Sachez que tout est possible au Montagnard et n'hésitez pas à les contacter pour un forfait sur mesure qui plaira à toute votre équipe.

ACTIVITÉS

D'ARBRE EN ARBRE TREEGO

429, Maple | 450-538-6464 / 1 866-538-6464
www.arbresutton.com

Ouvert de mi-mai à fin octobre. Tarif groupe disponible. Réservation obligatoire. Autres activités : sentiers pédestres et labyrinthe pour enfants. Ouvert en hiver et tarifs selon l'activité et la durée. La sécurité d'un important réseau nord-américain de parcs forestier et les émotions toujours renouvelées d'une nature verdoyante. À conseiller autant aux amateurs de sensations fortes qu'aux passionnés de balades en forêt (raquette et ski de fond l'hiver, location d'équipement sur place). Ce parc propose, en plus des traditionnelles tyroliennes et corde de Tarzan, des forfaits corporatifs et des animations de consolidation d'équipe en saison estivale.

STATION DE SKI SUTTON

671, Maple | 450-538-2545 | www.montsutton.com

Lun-ven, 9h-16h ; sam-dim, 8h30-16h. Tarif corporatif : 44 $ par personne à l'achat de 25 billets minimum. Service de location et réparation d'équipement de glisse, boutique Sports Experts, navettes, service de restauration et bar. Le mont Sutton est une belle station de ski qui possède 53 pistes d'une grande variété dont 40% dans les sous-bois et 194 jonctions, ainsi que plusieurs sentiers de ski de fond et de raquette. Pour les groupes corporatifs, des activités de consolidation d'équipe sont proposées et il est possible de louer les chalets d'altitude pour un événement cocktail ou même, pour toute la soirée.

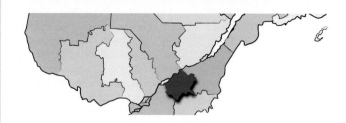

Centre-du-Québec

ATOUTS DE LA RÉGION

- à mi-chemin entre Montréal et Québec
- capitale mondiale de l'érable
- plusieurs terrains de golf

ACTIVITÉS PHARES

- le Village Québécois d'Antan à Drummondville
- le spectacle à grand déploiement AO La Fantastique Légende à Drummondville

CONTACT

TOURISME CENTRE-DU-QUÉBEC

20, Carignan O, Princeville
819-364-7177 / 1 888-816-4007
info@tourismecentreduquebec.com
www.tourismecentreduquebec.com
Le site Internet de l'office de tourisme possède un moteur de recherche pratique pour trouver un établissement adapté à la taille du groupe et à tous vos besoins.

TOURISME DRUMMOND

a/s François Morneau
1350, Michaud, Drummondville
819-477-5529 / 1 877-235-9569
f.morneau@tourisme-drummond.com
www.tourisme-drummond.com

TOURISME BOIS-FRANCS – VICTORIAVILLE

a/s Yves Bernier
231-A, Notre-Dame E, Victoriaville
819-758-9451, poste 25 / 1 888-758-9451
ybernier@tourismeboisfrancs.com
www.tourismeboisfrancs.com

BÉCANCOUR

HÉBERGEMENT / RESTAURANT / ACTIVITÉ

AUBERGE GODEFROY

17 575, Bécancour, secteur St-Grégoire
819-233-2200 ou 1 800-361-1620
Bureau des ventes – Affaires : 1 888-422-1620
www.aubergegodefroy.com
Établissement membre du réseau Hôtellerie champêtre.
★★★★

➲ Chambres et suites : 71 – à partir de 159 $
➲ Restaurant sur place : 1 (haute gastronomie, capacité de 150 couverts)
➲ Salles de réunion : 9 (accueillant de 12 à 400 personnes) plus les salons Prestige (10-15 personnes)
➲ Salle la plus grande : 40 pi X 70 pi, 400 personnes en cocktail
➲ Commodités : Internet haute vitesse sans fil, équipement audiovisuel, service de traiteur, centre de santé Amérispa, bar Le Balzac, centre sportif, piscine intérieure, bain tourbillon, Club de golf Godefroy, sentiers pédestres, parc écologique Godefroy, nombreuses activités
➲ Localisation : à 10 min du centre ville de Trois-Rivières

Un établissement luxueux qui met tout en œuvre pour s'adapter à vos besoins spécifiques. Des chambres spacieuses et confortables avec tout ce dont vous aurez besoin pour travailler tard. Pour renforcer l'esprit d'équipe de votre entreprise, faites appel aux activités de teambuilding conçues spécialement pour les groupes d'affaires : golf en forêt, rallye, etc. Et si vous cherchez une idée originale pour la soirée, l'auberge propose des soupers thématiques où saveurs et qualité des produits seront à la hauteur de la réputation du Godefroy. Le forfait réunion, offert à partir de 159 $ par personne en occupation double, inclut l'hébergement, les trois repas, la salle de réunion, une pause-café le matin et l'après-midi, l'Internet gratuit et l'accès aux activités offertes sur place.

ACTIVITÉ

FERME DU JOUAL VAIR

3225, route 261

(secteur Sainte-Gertrude)

819-297-2107 | www.fermedujoualvair.com

95 $ par personne pour la journée de 9h30 à 16h, repas du midi non inclus. Nombre requis : 6 à 12 participants. Un instructeur par équipe. Membre du réseau Aventure Écotourisme Québec, ces pionniers du tourisme équestre vous proposent des randonnées allant d'une heure à une journée, ainsi que des vacances à cheval de 2 à 5 jours. Si vous cherchez une expérience hors du commun, l'activité de team building mettra votre équipe à l'épreuve. Vous deviendrez des apprentis cowboys pendant une journée où vous devrez rassembler, trier et conduire le bétail. Il est également possible de prendre le week-end à cheval du cowboy incluant deux jours et deux nuits. Ici, le travail d'équipe prendra une toute autre forme !

DRUMMONDVILLE

HÉBERGEMENT

BEST WESTERN HÔTEL UNIVERSEL

915, Hains | 819-478-4971 / 1 800-711-6047

www.universel.com

★★★★

⮡ Chambres standards : 108 – à partir de 109 $

⮡ Suites : 7

⮡ Restaurant sur place : 1

⮡ La Verrière : cuisine gastronomique, capacité de 200 couverts

⮡ Salles de réunion : 21 (accueillant de 4 à 1 660 personnes)

⮡ Salles la plus grande : 13 284 pi^2, 1 660 personnes en cocktail

⮡ Commodités : Internet haute vitesse sans fil, équipement audiovisuel, service de photocopie et télécopie, piscine intérieure et spa, bar El Casino, différents menus de groupes

⮡ Localisation : en bordure de l'autoroute 20

Un grand classique de l'hôtellerie, des normes de confort et de satisfaction haut de gamme, le tout dans un établissement du centre-ville de Drummondville. La décoration, moderne et lumineuse, est idéale pour tout type de réunion. Côté menu, le restaurant de l'hôtel vous propose un buffet le midi du mardi au vendredi, un buffet Terre et Mer le samedi soir, un brunch le dimanche, et un menu table d'hôte et à la carte tous les midis et soirs.

HÔTEL ET SUITES LE DAUPHIN

600, Saint-Joseph

819-478-4141 / 1 800-567-0995

www.le-dauphin.com

★★★★

⮡ Chambres et suites : 120 – à partir de 110 $

⮡ Restaurant sur place : 1

⮡ Le Globe-Trotter : cuisine gastronomique, capacité de 225 couverts, 5 salons privés accueillant de 5 à 95 personnes

⮡ Salles de réunion : 26 (accueillant de 5 à 500 personnes)

CENTRE-DU-QUÉBEC

➲ Salle la plus grande : 148 pi X 55 pi, 500 personnes
➲ Commodités : Internet haute vitesses sans fil, équipement audiovisuel, forfait réunion avec ou sans hébergement, menus de groupes, centre d'affaires, piscine intérieure, centre de santé, salle de conditionnement physique, bar Menus Plaisirs
➲ Localisation : en plein cœur de Drummondville

Le restaurant Le Globe-Trotter vous offre une belle expérience culinaire avec des plats où produits régionaux et saveurs internationales sont en pleine harmonie. Pour régler quelques dossiers entre collègues ou pour discuter affaires avec un nouveau partenaire, optez pour un de ses salons privés. Au niveau de l'hôtel, la décoration à la fois urbaine et confortable, propre aux grands centres de réunion, en fait un lieu agréable. L'équipement des chambres est aussi complet que celui des salles de réunion et permet un travail efficace.

QUALITY SUITES

2125, Canadien
819-472-2700 / 1 866-572-2700
www.les-suites.ca
★★★

➲ Suites : 71 – à partir de 101$
➲ Restaurant sur place : aucun mais service de traiteur pour les groupes
➲ Salles de réunion : 9 (accueillant de 6 à 80 personnes)
➲ Salle la plus grande : 36 pi X 29 pi, 80 personnes en cocktail ou théâtre
➲ Commodités : centre d'affaires avec ordinateur et service de photocopie et télécopie, équipement audiovisuel, Internet haute vitesse sans fil, service de traiteur, service de bar, piscine intérieure avec spa intégré, salle de conditionnement physique
➲ Localisation : près de l'autoroute 20, à deux pas de Rose Drummond

Construit en 2004, cet établissement ultramoderne est facile d'accès et très bien aménagé pour tous les types de séjour, que ce soit de passage pendant un voyage d'affaires ou pour l'organisation de réunions avec votre entreprise.

Toutes les chambres comprennent un espace de travail et Internet sans fil, et le petit déjeuner buffet est compris dans le prix de la chambre. Certaines suites possèdent même une douche multi-jets ou un bain thérapeutique… question de relaxer après le travail.

RESTAURANT

CHEZ MALLET

1320, Mercure | 819-475-6965
www.chezmallet.com

➲ Catégorie : cuisine française
➲ Heures d'ouverture : lun-ven, 11h-14h & lun-sam, 17h-21h.
➲ Fourchette de prix : $- $$
➲ Salles privées : 4 (de 10 à 40 couverts)

Sans contredit la table la plus fine de Drummondville. Un menu tout en légèreté, d'inspiration française, mais qui ne dédaigne pas les innovations. Une belle carte des vins, à dominante française. Les quatre salles sont bien séparées pour plus d'intimité lors d'un repas d'affaires. Un menu gastronomique peut être concocté sur demande pour toutes sortes d'événements.

ACTIVITÉS

AO LA FANTASTIQUE LÉGENDE

1425, rue Montplaisir
(au Village Québécois d'Antan)
819-477-5412 / 1 800-265-5412
www.aolalegende.ca

Spectacle du mardi au samedi en juillet et août. Réservation requise. Tarif pour les groupes de plus de 20 personnes : 37$ par personne. Une production en plein air à grand déploiement avec une troupe regroupant plus de 75 artistes bénévoles, sous la direction artistique d'Érick Villeneuve et la musique de Michel Cusson. Ce tout nouveau spectacle, qui fait suite aux Légendes Fantastiques, met en vedette AO, un arbre semé par les premiers humains arrivés en Amérique. Témoin de l'arrivée des

CENTRE-DU-QUÉBEC

premiers colons européens, il a assisté à la modification de son environnement causée par l'industrialisation. Au rythme des neuf grands tableaux, ce spectacle met l'accent sur le rapport qu'a l'homme avec la nature. Acrobates, chanteurs, danseurs, manipulateurs de feu et musiciens vous en mettront plein la vue !

CLUB DE GOLF DE DRUMMONDVILLE
400, du Golf | 819-478-0494/4484
www.golfdrummond.com

En bordure de la rivière Saint-François et facilement accessible par l'autoroute 20, le Club de golf de Drummondville offre un parcours 18 trous (normale 72) d'une maturité incontestable et dont la condition de jeu est d'une qualité exceptionnelle. Sur place, un service de restauration et de bar peut accueillir jusqu'à 250 personnes. Il est possible d'y organiser un tournoi de golf avec vos employés ou partenaires et des salles de réunion sont à votre disposition.

D'ARBRE EN ARBRE DRUMMONDVILLE
526, rang Saint-Anne
819-397-4544 / 1 877-397-4544
www.arbreenarbre.com

Mi-juin à mi-septembre : 10h30-20h, dernier départ à 16h. Le reste de l'année : sur réservation seulement de 9h à 17h. Tarif spécial pour les groupes de 15 personnes et plus : 25,45 $ par personne. Réseau dans plusieurs villes du Québec : Cap-Chat, Duchesnay, Mirabel, Mont-Laurier, Saint-Félicien, Saint-Pacôme, Shawinigan et Sutton. Amateurs de nature et de sensations, rendez-vous dans ce parcours qui vous emmènera d'un arbre à l'autre… par les airs ! Plusieurs parcours sont élaborés, d'une difficulté variable, et des tyroliennes, ponts suspendus et via ferrata viennent compléter cette journée d'activités. Programme d'animation et sentier découverte. Service à

la clientèle affaires : activités de consolidation d'équipe, forfait clé en main pour votre événement.

VILLAGE QUÉBECOIS D'ANTAN
1425, Montplaisir
819-478-1441 / 1 877-710-0267
www.villagequebecois.com

Trois premières semaines de juin : mer-dim, 10h-18h. Fin juin à septembre : lun-dim, 10h-18h. En septembre : ven-dim, 10h-18h. Dernière admission à 16h. Tarif groupe disponible sur demande. Durée de la visite : 2h-3h. Deux restaurants dans le village ouverts midi et soir (mets typiquement québécois). Pour cette reconstitution fidèle d'un village québécois du XIXe siècle, près de quarante maisons, d'origine ou reconstruites selon les plans d'époque, ont été réimplantées sur le site. Durant l'été, le village s'anime, les métiers traditionnels renaissent. Plusieurs hangars abritent une collection impressionnante de meubles, d'outils et d'instruments du Québec d'autrefois. Un service de restauration permet de découvrir les mets typiques de nos ancêtres. En décembre et en janvier, le village est illuminé et des pistes de ski de fond serpentent les allées. Au printemps, la cabane à sucre annonce le retour de la belle saison.

KINGSEY FALLS

SALLES DE RÉUNION

PARC MARIE-VICTORIN
385, Marie-Victorin
819-363-2528 / 1 888-753-7272
www.parcmarievictorin.com

Le Parc Marie-Victorin, avec ses 5 magnifiques jardins et ses 9 mosaïcultures géantes, possède une salle de réunion (capacité de 110 personnes) et un chapiteau pouvant accueillir jusqu'à 550 personnes. Tout l'équipement audiovisuel est à votre disposition et son service de traiteur peut concocter des pauses café, le dîner ou le souper, selon votre

CENTRE-DU-QUÉBEC

thème et budget. Afin d'agrémenter votre journée de travail, il est possible de combiner de 2 à 4 activités de votre choix telles que la visite guidée des jardins ou le forfait souper-théâtre.

SAINT-FERDINAND

HÉBERGEMENT

MANOIR DU LAC WILLIAM
3180, Principale | 418-428-9188 / 1 800-428-9188
www.manoirdulac.com
Établissement membre du réseau Hôtellerie champêtre.
★★★★
⮫ Chambres régulières : 16 – à partir de 106,50$
⮫ Chambre économique : 1
⮫ Chambres du Pavillon : 6
⮫ Chambres supérieures : 13
⮫ Suite de luxe : 1
⮫ Condo : 1 (3 chambres, accueillant jusqu'à 8 personnes)
⮫ Restaurant sur place : 1 (cuisine française et régionale, capacité de 150 couverts)
⮫ Salles de réunion : 4 (accueillant de 15 à 175 personnes) – certaines ont la vue sur le lac
⮫ * Deux autres salles peuvent servir pour des événements de type 5 à 7.
⮫ Commodités : centre d'affaires, équipement audiovisuel, service de photocopie et d'impression, Internet haute vitesse sans fil, menus de groupes, forfaits affaires, spa détente, nombreuses activités
Localisation : aux abords du lac William Une belle auberge champêtre, un cadre enchanteur, une cuisine régionale aux saveurs exquises et un service courtois. Bien que légèrement éloigné des grands axes routiers, le Manoir est l'endroit idéal pour qui veut organiser un cocktail au bord d'un lac, une importante réunion d'affaires, ou des activités de team building. Les chambres sont bien équipées et disposent de belles vues sur le lac ou les bois environnants et le spa propose, en plus d'une gamme complète de soins, des massages dans les salles de réunion, question d'allier l'utile à l'agréable.

VICTORIAVILLE

HÉBERGEMENT

LE VICTORIN
HÔTEL ET CONGRÈS
19, Arthabaska E | 819-758-0533 / 1 877-845-5344
1 888-550-1488 (ligne Affaires)
www.hotelvillegia.com
★★★★
⮫ Chambres standards : 142 – à partir de 66$ par personne en occupation double, petit déjeuner inclus
⮫ Suites : 10
⮫ Restaurant sur place : 1
⮫ Le Laurier : fine cuisine québécoise, capacité de 200 couverts
⮫ Salles de réunion : 14 (accueillant de 4 à 875 personnes)
⮫ Salle la plus grande : 108 pi X 72 pi, 875 personnes en théâtre
⮫ Commodités : Internet haute vitesse, service de photocopie et télécopie, traduction (sur demande), équipement audiovisuel, forfaits affaires, centre de santé, piscine intérieure et bain tourbillon, activités de team building (en collaboration avec Corporate Adventure), plusieurs golfs dans les environs
⮫ Localisation : au centre-ville de Victoriaville
Un bel hôtel, très design, faisant partie du groupe Villegia. Les chambres sont réparties en deux sections, hôtel et jardins, et sont parfaitement adaptées pour le travail avec en plus, l'Internet sans fil. Les salles de réunion sont pour la plupart modulables et très fonctionnelles. Pour ceux qui aimeraient dynamiser leurs réunions, la firme Corpo Aventure développe des concepts d'apprentissage par l'action sous la forme de défis d'équipes interactifs.

Charlevoix

ATOUTS DE LA RÉGION

- ses hôtels avec des vues impressionnantes sur le Saint-Laurent
- un haut fief de la gastronomie québécoise, servie par des produits locaux aussi savoureux que variés
- un bon réseau de petites auberges pouvant accueillir des voyageurs d'affaires

ACTIVITÉS PHARES

- les galeries et boutique d'art de Baie-Saint-Paul
- tenter sa chance au Casino de Charlevoix à Pointe-au-Pic La Malbaie)
- skier au Massif de la Petite Rivière Saint François, un des meilleurs domaines skiables du Québec

CONTACTS

ASSOCIATION TOURISTIQUE DE CHARLEVOIX

a/s Marie-Hélène Guay
495, de Comporté, La Malbaie
418 665-4454, poste 236 | 1 800 667-2276, poste 236
mariehelene.guay@tourisme-charlevoix.com
www.tourisme-charlevoix.com

Le site Internet de l'office du tourisme présente un moteur de recherche pour l'hébergement dans sa section Affaires et Congrès.

JPDL QUÉBEC & CHARLEVOIX

418-692-6636 | www.jpdl.com

Depuis plus de 25 ans, cette entreprise offre des services d'organisation de congrès et d'agence réceptive. Événements, congrès, activités de team building, transports, décorations et divertissements. Tout est fait sur mesure selon vos besoins et votre budget. JPdL a des bureaux à Montréal, Mont-Tremblant, Québec, Toronto et Niagara Falls.

BAIE-SAINT-PAUL

HÉBERGEMENT

L'ESTAMPILLES AUBERGE & SPA

188, Cap-aux-Corbeaux N
418-435-2533 / 1 800-471-2533
www.l'estampilles.com
★★★★

⊃ Chambres champêtres et supérieures : 11 – à partir de 120 $ en occupation double, petit déjeuner inclus
⊃ Restaurant sur place : 1 (fermé le midi, fine cuisine régionale)
⊃ Salles de réunion : 2 (accueillant jusqu'à 100 personnes)
⊃ Commodités : Internet haute vitesse, équipement audiovisuel, service de traiteur, salon intime, bar, sauna, spa extérieur
⊃ Localisation : à l'extérieur de Baie-Saint-Paul, vers Les Éboulements

L'Estampilles, c'est avant toute chose la marque de l'authenticité dans l'accueil

et l'assurance d'un séjour mémorable dans Charlevoix. L'établissement, en retrait de l'agitation de la ville, propose onze chambres modernes, douillettes et spacieuses, et elles offrent toutes l'accès Internet. La salle à manger concocte des menus à base de produits du terroir charlevoisien. Avec tous les services offerts sur place, les vacanciers sont assurés d'être comblés. Les gens d'affaires et les groupes le sont tout autant avec des services sur mesure adaptés à leurs besoins et budget. Un endroit unique pour les événements de toute sorte !

AUBERGE
LA GRANDE MAISON

160, Saint-Jean-Baptiste
418-435-5575 / 1 800-361-5575
www.grandemaison.com
★★★

➲ Chambres économiques : 3
➲ Chambres standards : 12 – à partir de 80$ par personne, repas du soir et petit déjeuner inclus
➲ Chambres supérieures 3 étoiles : 3
➲ Chambres supérieures 4 étoiles : 3
➲ Suites : 2
➲ Restaurant sur place : 1
➲ Le Marion Grill : gastronomie, grillades et produits régionaux, capacité de 120 couverts
➲ Salle de réunion : 1 (accueillant jusqu'à 100 personnes en réunion et 140 en repas)
➲ Commodités : Internet haute vitesses sans fil, équipement audiovisuel, service de photocopie et télécopie, salons particuliers, forfaits affaires, menus de groupe, centre de santé
➲ Localisation : au centre-ville, près des galeries d'art et boutiques

Belle demeure victorienne rouge et blanche, La Grande Maison, bâtie en 1913, fut d'abord une résidence privée avant de devenir un hôpital, reconverti ensuite en hôtel dans les années 40. Son restaurant quatre étoiles, Le Marion Grill, est très réputé et sa carte des vins a été primée Carte d'Or de 2005 à 2008.

RESTAURANTS

CHEZ BOUQUET ÉCO-BISTRO

41, Saint-Jean-Baptiste
418-240-3444 / 1 800-841-6839
www.chezbouquet.com
➲ Catégorie : cuisine de type bistro
➲ Heures d'ouverture : tous les jours, du matin au soir
➲ Fourchette de prix : midi $, soir $$- $$$

Ce nouveau bistro, situé dans l'Auberge La Muse, mise sur une philosophie d'équilibre social, économique et environnemental… question de joindre le durable à l'agréable. Au menu, une cuisine imaginative et gastronomique, avec un soupçon de parfums d'Italie : tartares, salades santé, pâtes fraîches, foccacias, grillades bio, risottos parfumés… Un menu constamment renouvelé qui saura plaire aux fins gourmets !

ORANGE BISTRO

29, Ambroise-Fafard | 418-240-1197
www.orangebistro.com
➲ Catégorie : gastronomie
➲ Heures d'ouverture : lun-dim, 11h-22h
➲ Fourchette de prix : $- $$
➲ Salle privée : il est possible de réserver l'ensemble ou une partie du restaurant

Dans cette maison centenaire de style victorien, vous dégusterez une cuisine régionale, grillades, fruits de mer, fondues et menu santé. Verrière, terrasse, salon privé.

RESTAURANT AU 51

51, Saint-Jean-Baptiste | 418-435-6469

⮑ Catégorie : cuisine santé et gastronomique façon méditerranéenne

⮑ Heures d'ouverture : mer-sam, 11h30-14h ; lun-dim, dès 18h

⮑ Fourchette de prix : table d'hôte le midi$, le soir $$- $$$

⮑ Salles privées : 3 (capacité de 10 à 20 personnes), possibilité de louer tout le resto (42 places)

Le Chef Patrick Fregni et son équipe vous accueillent au centre de Baie St Paul. Un restaurant gastronomique avec une petite touche méditerranéenne, au cadre soigné et au service impeccable. Les produits de la région sont à l'honneur, et servent de savoureux prétexte à des mariages de saveurs inspirants, au sein d'une carte raffinée et abordable. Tout est délicieux, des entrées aux desserts. Une des meilleures tables de la région, qui saura satisfaire les plus exigeants. Menus personnalisés pour groupes disponibles.

RESTAURANT LES SAVEURS OUBLIÉES

350, rang Saint-Godefroy (route 362),
entre La Malbaie et Baie-Saint-Paul
418-635-9888
www.saveursoubliees.com

⮑ Catégorie : cuisine régionale, apportez votre vin

⮑ Heures d'ouverture : ouvert de mai à octobre ; lun-dim, 17h30-21h (fermé le lundi dès le 1er septembre) – ouvert le midi pour les groupes

⮑ Fourchette de prix : midi $$, soir $$- $$$

⮑ Service de traiteur

À l'unique table champêtre de Charlevoix, Régis et Guy vous invitent à découvrir, dans une ambiance très conviviale, une authentique cuisine du terroir où l'agneau de Charlevoix et les légumes biologiques sont les spécialités. On y déguste aussi de savoureux plats mijotés. Vous pouvez faire provision de délicieuses confitures et gelées à l'ancienne ainsi que d'huiles, de vinaigres et de plats cuisinés.

LA MALBAIE

HÉBERGEMENT

FAIRMONT LE MANOIR RICHELIEU

181, Richelieu, Pointe-au-Pic
418-665-3703
Sans frais : 1 800-441-1414
1 866-662-6060 (ligne Affaires)
www.fairmont.com/fr/richelieu
www.fairmontmeetings.com/richelieu/index.shtml (Affaires, en anglais)

Établissement membre des réseaux Chaîne Hôte et Fairmont.

★★★★★

⮑ Chambres et suites : 405 – à partir de 199$ en occupation double, petit déjeuner inclus

⮑ Restaurants sur place : 3

⮑ Le Charlevoix : gastronomie régionale et française, capacité de 45 couverts

⮑ Le Saint-Laurent : cuisine internationale, capacité de 225 couverts

⮑ Le Bellerive : cuisine internationale, capacité de 300 couverts

⮑ Salles de réunion : 17 (accueillant de 20 à 1 050 personnes)

⮑ Salle la plus grande : 78 pi X 129 pi, jusqu'à 1 050 personnes en cocktail

⮑ Commodités : centre d'affaire, équipement audiovisuel, service de photocopie et d'impression, Internet haute vitesse, service de planification d'événements et congrès, bar, salon de thé et café, centre de santé, piscines (une intérieure et deux extérieures), bain vapeur, spa AmériSpa, terrain de golf 27 trous, casino, boutiques, et bien plus encore.

⮑ Localisation : directement sur la baie, à deux pas du Casino de Charlevoix

Cet immense bâtiment de style néo-normand abrite un véritable temple du luxe. La salle Richelieu, impressionnante par sa taille, peut accueillir jusqu'à 1 000 personnes. Au total, le Fairmont dispose de tous types de salles, d'une multitude de services, et sa proximité avec le casino est un atout incontestable.

AUBERGE DES FALAISES

250, des Falaises, Pointe-au-Pic
418-665-3731 / 1 800-386-3731
www.aubergedesfalaises.com
Établissement membre du réseau Hôtellerie Champêtre.
★★★★

➲ Chambres standards : 10 – à partir de 140$ en occupation double
➲ Chambres de luxe : 32
➲ Restaurant sur place : 1 (gastronomie, capacité de 120 couverts)
➲ Salles de réunion : 2 (accueillant de 10 à 100 personnes)
➲ Salle la plus grande : 30 pi X 48 pi, 100 personnes en théâtre
➲ Commodités : Internet haute vitesse sans fil, équipement audiovisuel, forfait réunion, piscine extérieure chauffée, verrière
➲ Localisation : un peu en hauteur, surplombant le fleuve et la rivière Malbaie

Cette auberge de charme dispose de très belles chambres dont sa série de luxe dans un pavillon séparé. Ces dernières sont munies d'un salon qui permet la tenue de petite réunion. Forfait affaire : à partir de 185$ incluant la nuit, trois repas, la salle de réunion et l'équipement audiovisuel, ainsi que deux pauses café.

LE PETIT MANOIR DU CASINO

525, des Falaises | 418-665-0000 / 1 800-618-2112
www.petitmanoirducasino.ca
★★★

➲ Chambres à l'hôtel : 77 (tarifs corporatifs sur demande)
➲ Studios au pavillon : 76
➲ Restaurant sur place : 1
➲ Les Délices : cuisine familiale, capacité de 225 couverts
➲ Salles de réunion : 4 (accueillant de 10 à 50 personnes)
➲ Commodités : Internet sans fil, équipement audiovisuel, piscine, spas intérieur et extérieur, service de bar, service de massothérapie sur réservation (à quelques minutes de l'auberge)
➲ Localisation : à deux pas du casino et du Fairmont Le Manoir Richelieu

À deux pas du casino, principale attraction de la ville, ce petit manoir propose de belles salles de réunion et une jolie vue sur le fleuve et la rivière Malbaie.

RESTAURANTS

ALLEGRO

990, Richelieu | 418-665-2595 / 1 888-775-2595
www.restaurantallegro.com
➲ Catégorie : cuisine italienne
➲ Heures d'ouverture : lun-ven, 11h-14h ; lun-dim, dès 17h (fermé lun-mar soirs de novembre à mi-avril).
➲ Fourchette de prix : à la carte$- $$, table d'hôte $$- $$$
➲ Salles privées : 2 avec service de bar si désiré

Ici la cuisine italienne est à l'honneur et le menu met définitivement l'eau à la bouche. La maison offre également un service de traiteur et met à votre disposition deux salles privées afin d'y organiser un événement ou une réunion.

VICES VERSA

216, Saint-Étienne | 418-665-6869
www.vicesversa.com
➲ Catégorie : gastronomique
➲ Heures d'ouverture : cuisine ouverte de 18h à 21h30. Juillet à septembre : mar-dim. En septembre : mar-sam. Octobre à mai : jeu-sam. En mai : jeu-dim. En juin : mer-dim.
➲ Fourchette de prix : $$$- $$$$

Quand deux chefs propriétaires rivalisent de talent pour nous offrir une cuisine aussi fine et haut de gamme, on ne peut qu'apprécier ! Choix entre deux menus (3 choix et un dessert ou formule 1 grillade). Décoration épurée et élégante, service courtois et efficace. Un excellent choix.

ACTIVITÉ

CASINO DE CHARLEVOIX

183, Richelieu
418-665-5300 / 1 800-665-2274
www.casino-de-charlevoix.com
➲ Ouvert tous les jours à l'année, du matin au soir.

Accès réservé aux 18 ans et plus.

20 tables de jeu et près de 800 machines à sous. Blackjack, roulette, mini-baccara, poker des Caraïbes, poker Grand Prix, poker Pai Gow, Kéno. Événements spéciaux, restaurant, bars, bar à spectacles, forfaits disponibles.

PETITE-RIVIÈRE-SAINT-FRANÇOIS

ACTIVITÉ

LE MASSIF DE PETITE-RIVIÈRE-SAINT-FRANÇOIS
1350, Principale
418-632-5876 / 1 877-536-2774
www.lemassif.com

Ouvert dès 9h en semaine, 8h30 le week-end. L'heure de fermeture dépend de la période (entre 15h et 16h). Tarif groupe disponible. Le Massif est la plus haute montagne skiable au Québec. Elle offre une dénivellation de 770 m. et une vue panoramique à couper le souffle. Ski alpin, surf des neiges, télémark. 49 pistes et sous-bois, 5 remontées mécaniques. Accès aux pistes par la base ou par le sommet. Excellentes pistes de ski de fond au sommet. Sentiers pour la randonnée en raquette. Nombreux services sur place dont un restaurant, deux cafétérias, une crêperie et deux pubs.

Un projet de grande envergure est en cours en ce moment afin de transformer la station de ski en un complexe quatre saisons. Afin de faciliter l'accès à la région, un train touristique relierait Québec à La Malbaie. Plus d'informations sur le site Internet du Massif.

SAINT-URBAIN

HÉBERGEMENT / ACTIVITÉ

POURVOIRIE DU LAC-MOREAU ET AUBERGE DU RAVAGE
Parc national des Grands-Jardins
418-665-440 / 418-439-3695
1 888-766-7328
www.lacmoreau.com

Hébergement en auberge, en chalet ou en camp de chasse et de trappeur. Forfaits disponibles. Située entre le parc national des Hautes-Gorges-de-la-Rivière-Malbaie et le parc national des Grands-Jardins, la pourvoirie du Lac-Moreau occupe un territoire de 81 km². On y pratique la pêche à la mouche (30 lacs) et la chasse (orignal, petit gibier). L'auberge du Ravage, en rondins de bois et de style scandinave, accueille chaleureusement pêcheurs et chasseurs et offre les services suivants : cuisine gastronomique, sauna, salle de relaxation, salle de conditionnement physique, salon, bar-billard, nombreuses activités de plein air. Pour les gens d'affaires, l'Auberge propose des forfaits corporatifs ainsi qu'une belle salle de réunion toute en bois (capacité de 24 personnes, équipement audiovisuel fourni).

Chaudière-Appalaches

ATOUTS DE LA RÉGION

- la beauté du Saint-Laurent, en toute saison
- la proximité de la Capitale Nationale

ACTIVITÉS PHARES

- le lieu historique national de la Grosse-Île-et-le-Mémorial-des-Irlandais
- la visite de Thetford Mines, de sa mine à ciel ouvert et de sa mine souterraine

CONTACTS

TOURISME CHAUDIÈRE-APPALACHES
800, autoroute Jean-Lesage, Saint-Nicolas
418-831-4411
Sans frais : 1 888-831-4411
info@chaudiereappalaches.com
www.reunionschaudiereappalaches.com
Un site très complet pour planifier vos voyages d'affaires ou pour organiser une réunion ou un congrès. Un moteur de recherche vous permet de découvrir la région, de trouver une salle selon la ville, la capacité d'accueil et vos besoins spécifiques, ainsi que de dénicher des activités et attraits qui plairont à toute votre équipe.

VILLE DE LÉVIS
a/s Philippe Caron
996, Place de la Concorde | 418-839-2002
pcaron@ville.levis.qc.ca | www.tourismelevis.com

CLD DE BEAUCE-SARTIGAN (MAISON DU TOURISME)
a/s Karen Courtemanche
13 055, Lacroix, Saint-Georges-de-Beauce
418-227-4642 / 1 877-923-2823
karen.courtemanche@destinationbeauce.com
www.destinationbeauce.com
Le site Internet présente une section dédiée au tourisme d'affaires où vous obtiendrez une liste d'hébergement et de restaurants à grande capacité et offrant des espaces de réunion.

GESTION D'ÉVÉNEMENTS

SPECTATOURS
5497, de la Sonate, bureau 3, Charny
418-832-2161 / 1 866-532-2161
www.spectatours.com
Spectatours est spécialisé dans les services d'animation et de spectacles variés. Ils peuvent également mettre sur pied des soirées thématiques pour vos congrès et autres événements. Leur but est de créer des événements rassembleurs tels que des partys des fêtes « clé en main » pour votre entreprise, des activités thématiques où chacun participera, l'enregistrement d'une chanson avec vos collègues de travail, etc.

LAC ETCHEMIN

HÉBERGEMENT

LE MANOIR LAC-ETCHEMIN
1415, route 277 | 418-625-2101 / 1 800-463-8489
www.manoirlacetchemin.com
★★★

➲ Chambres standards : 23 – à partir de 91$ en occupation double
➲ Chambres supérieures : 20
➲ Restaurant sur place : 1
➲ L'Euphorie : gastronomie locale, capacité de 125 couverts)
➲ Salles de réunion : 4 (accueillant de 14 à 300 personnes) plus la salle à manger (capacité de 125 personnes)
➲ Salle la plus grande : 53 pi X 69 pi, 300 personnes en théâtre
➲ Commodités : équipement audiovisuel, Internet haute vitesse, journées affaires et forfaits affaires, bar Le Bistro, piscine extérieure, service de massothérapie et de soins corporels, activités sur le site
➲ Localisation : à une heure de Québec, aux abords du lac Etchemin, au cœur des Appalaches

Le Manoir est à proximité de nombreuses attractions de la région. Sa table a été primée au gala Tapis Rouge pour Nappes Blanches en remportant la Nappe d'Or dans la catégorie « Auberge et relais champêtre ». Plusieurs activités sont offertes sur le site du Manoir mais également dans la région. Les salles de réunion sont disponibles en location à la journée ou la demi-journée et plusieurs ont une vue sur le lac. Des forfaits réunion et party de bureau sauront répondre à tous vos besoins.

LÉVIS

HÉBERGEMENT

HÔTEL L'OISELIÈRE
165-A, Président-Kennedy
418-830-0878 / 1 866-830-0878
www.oiseliere.com
★★★★

➲ Chambres standards : 48 – à partir de 119$

Lac Etchemin
© Tourisme Chaudières-Appalaches

⮕ Chambres supérieures : 27

⮕ Suites : 7

⮕ Restaurant sur place : 1

⮕ La Couvée : spécialité de poissons, fruits de mer et gibiers, capacité de 125 couverts

⮕ Salles de réunion : 11 (accueillant de 12 à 300 personnes)

⮕ Salle la plus grande : 33 pi X 67,5 pi, jusqu'à 300 personnes en cocktail

⮕ Commodités : équipement audiovisuel, Internet haute vitesse, forfaits affaires et sur mesure, service de traiteur, piscine intérieure, spa et sauna, centre de santé l'Éclosion

⮕ Localisation : au centre-ville de Lévis (sortie 325 de l'autoroute 20)

Cet hôtel de 82 chambres offre un large choix de salles de réunion et de réception. L'équipe de l'hôtel vous offre un service des plus spécialisés afin de réaliser votre réunion ou votre congrès selon vos besoins et budget. Si vous n'êtes que de passage à l'hôtel, optez pour le forfait affaires qui comprend le repas du soir, la nuit et le petit-déjeuner à un prix plus qu'abordable. Cette chaîne possède deux autres hôtels :

HÔTEL L'OISELIÈRE MONTMAGNY

105, des Poirier (sortie 376 de l'autoroute 20)

418-248-1640 / 1 800-540-1640

HÔTEL L'OISELIÈRE SAINT-NICOLAS

555, route 116 (sortie 311 de l'autoroute 20)

418-831-1331 / 1 877-431-1331

FOUR POINTS BY SHERATON LÉVIS

5800, J.-B.-Michaud

418-838-0025 / 1 888-838-0025

www.fourpoints.com/levis

★★★★

⮕ Chambres standards : 102 - à partir de 105$

⮕ Chambres supérieures : 36

⮕ Suites exécutives : 7 (une chambre fermée)

⮕ Suites Penthouse : 4 (2 chambres fermées)

⮕ Suite appartement : 1

⮕ Restaurant sur place : 1

⮕ Cosmos Café : cuisine internationale, capacité de 315 couverts

⮕ Salles de réunion : voir Centre des Congrès de Lévis

⮕ Commodités : hôtel connecté au Centre des Congrès de Lévis, Internet haute vitesse sans fil, centre d'affaires, service de secrétariat, de photocopie et d'impression, salles exécutives pour réunions, menus pour groupes, service de limousine, bar, piscine extérieure chauffée, salle de conditionnement physique, et bien plus encore

⮕ Localisation : au centre-ville, à deux pas du Club de Golf Lévis

Tout nouveau tout beau, ce complexe est à la fine pointe de vos besoins d'affaires. Relié au nouveau Centre des Congrès de Lévis, il est l'endroit parfait où séjourner lorsque vous effectuez un déplacement d'affaires ou pour organiser une réunion ou un congrès. Tous les services d'un grand hôtel sont offerts et les chambres sont d'un confort exceptionnel.

QUALITY INN & SUITE LÉVIS

5800, des Arpents

418-833-1212 / 1 866-955-7733

www.qualityinnlevis.com

Étoiles : évaluation en cours

⮕ Chambres et suites : 96 - à partir de 129$

⮕ Restaurant sur place : aucun mais service de petit déjeuner

⮕ Salles de réunion : 3 (accueillant de 10 à 140 personnes)

⮕ Salle la plus grande : 66 pi X 26 pi, jusqu'à 140 personnes en banquet (possibilité d'avoir 250 personnes en cocktail en incluant la verrière des salles)

⮕ Commodités : Internet haute vitesse sans fil et avec prise, centre d'affaires, service de photocopie et d'impression, équipement audiovisuel, forfaits affaires, piscine intérieure, salle de conditionnement physique

⮕ Localisation : un peu à l'extérieur du centre-ville

Ce tout nouvel hôtel de la chaîne Quality Inn a ouvert ses portes au début de l'année 2009. Situé à proximité des accès des autoroutes 20 et 173, c'est l'arrêt idéal lors d'un voyage d'affaires. Si vous comptez organiser

une réunion, profitez des forfaits affaires incluant l'hébergement, les repas, les pauses-café, et la salle de conférence (un minimum de 10 chambres est exigé).

SALLES DE RÉUNION

CENTRE DE CONGRÈS ET D'EXPOSITIONS DE LÉVIS
5750, J.-B. Michaud
418-838-3811 / 1 888-838-3811
www.centrecongreslevis.com

Ce tout nouveau centre de congrès, connecté à l'Hôtel Four Points by Sheraton, est un lieu de rassemblement pour les réunions. D'une capacité de 1 000 personnes en formule banquet et 1 300 en formule théâtre, c'est 15 salles qui s'offrent à vous pour vos événements en tout genre (incluant les deux salles exécutives de l'hôtel). Sur place : Internet haute vitesse sans fil, centre d'affaires avec bureau privé pour réunion, services de secrétariat, d'audiovisuel, d'exposition et de location de matériel. Le Centre des Congrès possède également son propre restaurant qui propose une cuisine gastronomique d'exception. C'est sans contredit la nouvelle destination affaires à proximité de la vieille Capitale.

RESTAURANTS

COSMOS CAFÉ
5700, J.B. Michaud
418-830-8888
www.lecosmos.com
➲ Catégorie : cuisine internationale
➲ Heures d'ouverture : lun-ven, dès 6h30 ; sam-dim, dès 8h.
➲ Fourchette de prix : $- $$
➲ Salles privées : 2 (capacité de 20 personnes par salon, équipement audiovisuel disponible)
➲ Terrasse

Le plus matinal des Cosmos (autres adresses à Québec et Sainte-Foy) a ouvert ses portes récemment à l'intérieur de tout nouveau Centre de congrès et d'expositions de Lévis. Au menu : grillades, burgers, tartares, salades… C'est en voie de devenir un des lieux très tendance de la rive-sud de Québec. Décoration design, salon VIP, musique lounge, ambiance très « jeune cadre professionnel ». Du jeudi au samedi soir, l'endroit se transforme en supperclub, nouvelle formule à la mode, avec DJ, piste de danse et spectacles musicaux.

L'INTIMISTE RESTAURANT ET LOUNGE

31 et 35, avenue Bégin
418-838-2711
➲ Catégorie : gastronomique
➲ Heures d'ouverture : lun-ven, 11h-14h ; mar-dim, 17h-22h
➲ Fourchette de prix : midi$, soir $$- $$$
➲ Salle privée : 1 avec service de traiteur si désiré
➲ Terrasse

Ambiance feutrée, musique classique… cadrant parfaitement avec le décor du Vieux-Lévis. Sa fine cuisine gastronomique met en vedette gibiers, grillades et fruits de mer, avec une forte prédominance de produits locaux. Sa carte des vins a été primée à quelques reprises et au lounge, vous retrouverez une grande sélection de whiskies, portos, martinis et bières importées.

ACTIVITÉ DANS LES ENVIRONS

LIEU HISTORIQUE NATIONAL DU CANADA DE LA GROSSE-ÎLE-ET-LE-MÉMORIAL-DES-IRLANDAIS

418-234-8841 / 1 888-773-8888
www.pc.gc.ca/grosseile
Ouvert de mi-mai à mi-octobre. Les croisières Lachance (www.croisiereslachance.ca, 418-259-2140 ou le kiosque

de la marina de Berthier-sur-Mer) organisent des départs quotidiens. Tarifs (traversée et visite guidée) : 46,50$ par adulte. Durée : environ 5h, traversée en bateau compris. Grosse Île, ancien lieu d'arrivée des bateaux venus déposés des immigrants, notamment d'Europe et surtout d'Irlande, fut pendant longtemps une station de quarantaine. Une exposition retrace l'importance de l'immigration au Canada, plus particulièrement via la porte d'entrée de Québec, du début du XIXe siècle jusqu'à la Première Guerre mondiale. Une autre relate les événements tragiques vécus par les immigrants irlandais, spécialement lors de l'épidémie de typhus de 1847. La dernière exposition insiste sur l'aspect médical et humain de ce qui était vécu dans une station de quarantaine. Une visite passionnante pour qui veut en savoir plus sur le peuplement de ce nouveau pays.

Depuis Québec, Lévis, l'Île d'Orléans et Sainte-Anne-de-Beaupré :

CROISIÈRES LE COUDRIER

418-692-0107 / 1 888-600-5554
www.croisierescoudrier.qc.ca

L'ISLET

HÉBERGEMENT

L'AUBERGE DES GLACIS

46, route Tortue (secteur Saint-Eugène)
418-247-7486
Sans frais : 1 877-245-2247
www.aubergedesglacis.com
Établissement membre des réseaux Gîtes et Auberges du Passant & Table aux Saveurs du Terroir.
★★★

➲ Chambres standards : 8 – à partir de 132$ (souper et petit-déjeuner inclus – forfait gens d'affaires sur semaine en occupation simple)
➲ Suites : 2
➲ Restaurant sur place : 1 (haute gastronomie française, capacité de 45 couverts)

➲ Salle de réunion : 1 (accueillant jusqu'à 15 personnes)

➲ Commodités : équipement audiovisuel, Internet haute vitesse sans fil, forfaits affaires, service de massothérapie sur réservation, grand parc avec sentiers aménagés et un lac pour la baignade

➲ Localisation : sortie 400 de l'autoroute 20, à une heure à l'est de Québec, à proximité de Saint-Jean-Port-Joli et du lac Trois-Saumons

Une petite auberge de charme, nichée dans un parc de 5 ha. Les chambres sont classiques et depuis celles qui donnent sur le jardin, on peut entendre le bruit de la rivière. L'accueil est chaleureux et le chef cuisinier fait des merveilles. Sancerrois de naissance, Québécois d'adoption, Olivier combine ces deux traditions gastronomiques et sa spécialité est la quenelle lyonnaise. La petite salle de réunion se trouve dans une véranda donnant sur une rivière... très relaxant et parfait pour un lac-à-l'épaule.

MONTMAGNY

HÉBERGEMENT

MANOIR DES ÉRABLES

220, Taché E

418-248-0100 / 1 800-563-0200

www.manoirdeserables.com

Établissement membre du réseau Hôtellerie champêtre.

★★★★

➲ Chambres standards : 6 – à partir de 108$ par personne en occupation double (souper, coucher et petit-déjeuner)

➲ Chambres supérieures : 11

➲ Suites : 7

➲ Restaurant sur place : 1

➲ Bistro-bar Saint-Gabriel : fine cuisine régionale, capacité de 150 couverts

➲ Salles de réunion : 3 (accueillant de 20 à 80 personnes)

➲ Commodités : équipement audiovisuel, forfaits réunions d'affaires, menus groupes, centre de santé, piscine extérieure, bar dans une belle cave voûtée, activités offertes en toute saison

➲ Localisation : Sur la route 132 (boul. Taché), en plein cœur de Montmagny

Ancienne « seigneurie de la Rivière-du-Sud » de 1655 à 1759, le Manoir des Érables est situé dans un immense parc semi-boisé à seulement quelques pas du majestueux fleuve St-Laurent. Les chambres sont réparties dans trois bâtiments dont une magnifique maison victorienne où se trouvent les salles de réunion. Le restaurant de l'hôtel fait autorité dans la région : les produits locaux y sont à l'honneur et la cave est bien fournie. Sa table gastronomique a d'ailleurs été maintes fois primée.

SAINT-ANTOINE-DE-TILLY

HÉBERGEMENT

MANOIR DE TILLY
3854, chemin de Tilly
418-886-2407 / 1 888-862-6647
www.manoirdetilly.com
★★★★

➲ Chambres standards et suites : 31 - à partir de 149 $, petit-déjeuner inclus

➲ Restaurant sur place : 1 (cuisine française à saveur du terroir, capacité de 60 couverts)

➲ Salles de réunion : 3 (accueillant de 14 à 80 personnes) plus une petite salle pour 5 personnes et un salon pouvant recevoir jusqu'à 60 personnes en cocktail

➲ Salle la plus grande : 30 pi X 40 pi, 80 personnes en théâtre

➲ Commodités : équipement audiovisuel, forfait affaires et réunion d'un jour, Internet haute vitesse sans fil, centre de santé, immense cour avec jardins surplombant le fleuve

➲ Localisation : au cœur du village, aux abords du Saint-Laurent

Cette demeure seigneuriale de 1786 vous promet un séjour mémorable dans le charme et le raffinement. Son immense cour arrière est un véritable havre de paix surplombant le majestueux fleuve Saint-Laurent. Sa table, nombreuses fois primées,

vous réserve de belles découvertes avec une cuisine française à saveur du terroir. Une place de choix pour vos réunions avec des salles donnant toutes sur le majestueux fleuve.

SAINT-GEORGES-DE-BEAUCE

D'ici la fin 2010, la Beauce sera dotée d'une toute nouvelle école : l'École d'Entrepreneurship de Beauce (EEB) qui se veut une institution d'enseignement supérieur de première classe, dédiée à la formation et l'entraînement de la relève entrepreneuriale. L'école serait localisée dans l'ancienne auberge Bénédict Arnold. Pour plus d'information : www.eebeauce.com.

HÉBERGEMENT

LE GEORGESVILLE
300, 118e Rue
418-227-3000 / 1 800-463-3003
www.georgesville.com
★★★★

➲ Chambres standards : 51 – à partir de 99 $ en occupation double

➲ Chambres exécutives : 48

➲ Suites : 7

➲ Restaurant sur place : 1

➲ Le Point Virgule : fine cuisine internationale et régionale, capacité de 80 couverts

➲ Salles de réunion : 9 (accueillant de 15 à 700 personnes) plus 7 salons accueillant une vingtaine de personnes

➲ Salle la plus grande : 101 pi X 47 pi, 700 personnes en cocktail

➲ Commodités : équipement audiovisuel et sonorisation complète, Internet, activités paracongrès, bistro, centre de santé Le Relaxarium (piscine intérieure, sauna, bain vapeur…)

➲ Localisation : au centre-ville

Ce grand hôtel de 106 unités possède son propre centre de congrès et un centre de santé. Le choix des salles et des équipements est vaste. De plus,

l'équipe de l'hôtel vous accompagne dans la planification complète de votre événement dans la région (soutien à la mise en candidature, guide du planificateur, service de réservations, etc.) et peut également planifier des activités paracongrès.

SAINT-PAUL-DE-MONTMINY

HÉBERGEMENT

APPALACHES LODGE-SPA-VILLÉGIATURE

1, de la Coulée
418-469-0100 / 1 866-661-0106
www.appalachesspa.com
★★★

➲ Chambres standards : 42 réparties dans 7 pavillons en bois rond en montagne – à partir de 105$ en occupation simple ou double

➲ Restaurant sur place : 1

➲ Salles de réunion : 1 (pouvant accueillir jusqu'à 26 personnes)

➲ Commodités : Internet, service de restauration et bar, relais santé de type nordique, nombreuses activités sur place et dans les environs

➲ Localisation : près de la route 216 et du Parc régional des Appalaches

Blotti en montagne, au cœur du Parc régional des Appalaches, ce tout nouveau centre de villégiature offre l'hébergement grand confort, des services complets de relais santé de type nordique, un centre de massothérapie et un grand éventail d'activités. Le pavillon d'accueil propose des services de restauration et de bar, et un centre complet de location d'équipement vous permettra de profiter pleinement de la nature environnante. Question de joindre l'utile à l'agréable, l'endroit parfait pour les petites rencontres ou un lac-à-l'épaule.

Côte-Nord

ATOUTS DE LA RÉGION

- une nature sauvage, loin des centres urbains
- des kilomètres de plage et de nombreuses activités nautiques
- l'observation des mammifères marins
- une grande richesse patrimoniale et historique, ainsi que de nombreuses communautés autochtones

ACTIVITÉS PHARES

- croisières aux baleines, notamment à Tadoussac
- Réserve de parc national de l'Archipel-de-Mingan, dont la biodiversité est fascinante (à découvrir en kayak de mer)
- Parc national de l'île d'Anticosti, très réputé pour la chasse et la pêche

CONTACTS

ASSOCIATION TOURISTIQUE RÉGIONALE DE MANICOUAGAN

337, boul. LaSalle, bureau 304, Baie-Comeau
418-294-2876
Sans-frais : 1 888-463-5319
atrmanic@globetrotter.net
www.tourismemanicouagan.com

ASSOCIATION TOURISTIQUE RÉGIONALE DE DUPLESSIS

312, ave Brochu, Sept-Îles
418-962-0808 / 1 888-463-0808
info@tourismeduplessis.com
www.tourismeduplessis.com

BAIE-COMEAU

HÉBERGEMENT

HÔTEL LE MANOIR

8, Cabot | 418-296-3391 / 1 866-796-3391
www.manoirbc.com
★★★★

➲ Chambres standards : 52 – à partir de 89 $
➲ Chambres exécutives : 7
➲ Suite affaires : 1
➲ Restaurant sur place : 1 (gastronomie d'inspiration française et régionale, capacité de 72 couverts)
➲ Salles de réunion : 7 (accueillant de 6 à 450 personnes) plus 2 chambres se convertissant en petites suites pour réunion
➲ Salle la plus grande : 98 pi X 34 pi, 450 personnes en théâtre
➲ Commodités : centre d'affaires (ordinateur, imprimante, photocopieur, matériel de bureau), service de secrétariat, équipement audiovisuel, Internet haute vitesse sans fil et à prise, menus pour groupes et banquet, salon bar (80 places), bar-terrasse avec foyer (88 places), terrains de tennis, salle de conditionnement physique, centre de santé adjacent, location de vélos, accès à la plage

Manoir de caractère construit en 1967, cet hôtel quatre étoiles se distingue

© ATRD - J.-G. Lavoie

par son cachet particulier et son décor élégant et raffiné. Les chambres sont particulièrement grandes. Certaines chambres offrent une magnifique vue sur le fleuve, d'autres ont un foyer ou un bain tourbillon. La suite Affaires comprend en plus une salle de réunion et un salon. Pour l'organisation de votre événement, contactez l'équipe de l'hôtel qui vous fera un programme sur mesure.

RESTAURANT

L'ORANGE BLEUE
905, Bossé | 418-589-8877
www.orangebleue.ca
➲ Catégorie : cuisine internationale
➲ Heures d'ouverture : dim-mar, 7h-22h ; mer-sam, 7h-23h (les heures de fermeture sont celles de la cuisine)
➲ Fourchette de prix :$- $$
Depuis 5 ans, cet établissement

branché est l'hôte d'un café, restaurant et pub regroupés sous un même toit. Menu aux accents français, italiens, mexicains, asiatiques, californiens… sans oublier les spécialités de la région. Services de traiteur et de menu « sur mesure » (repas thématique, table d'hôte personnalisée avec le nombre voulu de services, accord vin et mets).

ACTIVITÉ

AMÉNAGEMENTS HYDROÉLECTRIQUES MANIC-2 ET MANIC-5
1 866-526-2642
www.hydroquebec.com/visitez
Ouvert tous les jours du 24 juin à la Fête du Travail. Visites guidées à 9h30, 11h30, 13h30 et 15h30. Manic-2 : 22 km de Baie-Comeau. Manic-5 : 214 km de Baie-Comeau. Venez voir de près ces gigantesques installations qui nous fournissent en électricité. Visite des installations

souterraines, des barrages et de certaines salles de production. Expositions sur place. Service de navette Baie-Comeau – Manic 5 (info : 418-589-8877, Restaurant l'Orange Bleue).

ÎLE D'ANTICOSTI
⮕ www.ile-anticosti.com

POUR SE RENDRE SUR L'ÎLE

AÉROPRO
418-961-2808 | www.aeropro.qc.ca
Dessert Port-Menier en provenance de Sept-Îles.
*Service de nolisement d'affaires et de vols touristiques et récréatifs. Les contacter pour plus d'information ou pour une soumission.

EXACT AIR
418-673-3522 / 1 877-673-3522
www.exactair.ca
Dessert Port-Menier en provenance de Baie-Comeau, Havre-Saint-Pierre, Sept-Îles et Rimouski.

RELAIS NORDIK
418-723-8787 / 1 800-463-0680
www.relaisnordik.com
Traversier hebdomadaire, d'avril à fin janvier. Départ du Bas-Saint-Laurent (Rimouski) ou Côte-Nord (Sept-Îles ou Havre-Saint-Pierre). Le Nordik Express dessert Port-Menier une fois par semaine dans chaque sens.

HÉBERGEMENT

AUBERGE MCDONALD
418-890-0863 / 1 800-463-0863
www.sepaq.com/sa/fr/reunions_reception.html
Capacité maximale : 32 personnes
Un lieu absolument unique pour organiser une réunion d'affaires. Certes l'accès n'est pas simple (depuis Montréal ou Québec, il faut prendre deux avions) mais cela en vaut vraiment la peine. Sur place, le groupe sera pris en charge par une équipe qui lui préparera de bons repas et l'amènera découvrir cette île peuplée... de cerfs de Virginie. Les activités phares sont bien sûr la pêche et

Canyon sur l'Île d'Anticosti
© SEPAQ - Jean-Pierre Huard

la chasse mais, il est également possible de faire de la randonnée (à pied, en vélo ou à cheval), d'observer la faune, de contempler les canyons et les chutes, etc. N'ayez crainte… vous trouverez quand même un peu de temps pour travailler !

SEPT-ÎLES

HÉBERGEMENT

HÔTEL GOUVERNEUR
666, Laure | 418-962-7071 / 1 888-910-1111
www.gouverneur.com
★★★★
- Chambres standards : 60 – à partir de 112 $
- Chambres affaires : 58
- Restaurant : 1
- Resto-bar de l'O : cuisine internationale aux saveurs du terroir, capacité de 75 couverts
- Salles de réunion : 5 (accueillant de 10 à 150 personnes)
- Salle la plus grande : 29 pi X 52 pi, 150 personnes en théâtre
- Commodités : centre d'affaire, équipement audiovisuel, Internet, menus pour groupes, salle de conditionnement physique
- Localisation : au centre-ville

L'Hôtel Gouverneur est bien pratique pour ceux qui auront à se réunir à Sept-Îles. On y retrouve les mêmes caractéristiques que dans d'autres établissements de la chaîne : grandes chambres, bonne literie, etc. Renseignez-vous sur le programme Club Gouverneur tout à fait gratuit. Une foule de services et rabais vous attendent lors de votre prochain voyage d'affaires.

HÔTEL SEPT-ÎLES
451, Arnaud | 418-962-2581 / 1 800-463-1753
www.hotelseptiles.com
★★★
- Chambres économiques, standards, exécutives et suites : 92 – à partir de 81 $
- Restaurant sur place : 1
- Restaurant Seven Gr'Îles : spécialité de grillades et

poissons, capacité de 54 couverts
- Salles de réunion : 6 (accueillant de 15 à 270 personnes)
- Commodités : Internet haute vitesses sans fil, équipement audiovisuel, menus pour groupes
- Localisation : en face du fleuve

Profitez d'un séjour dans cet établissement pour prendre un grand bol d'air marin. Toutes les chambres ont vu sur mer et les chambres exécutives ont été rénovées en mars 2009 pour plus de confort et d'espace.

TADOUSSAC

HÉBERGEMENT

HÔTEL TADOUSSAC
165, du Bord-de-l'Eau
418-235-4421 / 1 800-561-0718
www.hoteltadoussac.com
★★★★
- Chambres : 149 – à partir de 124 $
- Restaurants sur place : 3
- Le Beaupré : spécialités régionales, capacité de 70 couverts
- Le Coverdale : fine cuisine sous forme de buffet, capacité de 180 couverts
- Le William : gastronomie, capacité de 36 couverts
- Salles de réunion : 10 (incluant les salles à manger) plus 4 terrasses (accueillant de 10 à 450 personnes)
- Salle la plus grande : 43 pi X 81 pi, 450 personnes en cocktail
- Commodités : Internet haute vitesse sans fil dans les salles de réunion et dans le lobby, forfaits réunions, bar cocktail Le Coquart, centre de santé, piscine extérieure, terrains de tennis, salle de billard, golf 9 trous à deux minutes de l'hôtel, service de navette pour les croisières, guichet des croisières Dufour dans le hall
- Localisation : au bord de la baie. Le jardin donne sur plage et vous êtes à 5 minutes à pied de l'embarcadère.

Le plus grand hôtel de Tadoussac et le seul à proposer des salles de réunion. Son architecture rouge et blanche se voit de loin. Un établissement de standing où il y a beaucoup de passage. Vous pourrez observer les baleines depuis les chaises longues du jardin.

CÔTE-NORD

Renseignez-vous sur les activités de consolidation d'équipe... pour une expérience différente et amusante.

RESTAURANT

LA GALOUINE AUBERGE ET RESTAURANT

251, des Pionniers

418-235-4380

www.lagalouine.com

➲ Catégorie : cuisine régionale

➲ Heures d'ouverture : ouvert de mai à fin octobre, ouvert tous les jours dès 7h

➲ Fourchette de prix : midi $, soir $$- $$$

Les spécialités de ce bon restaurant, situé en plein cœur du village, en face de l'église, sont les grillades et les fruits de mer. Les charcuteries, viandes et poissons fumés sur place sont aussi très bons. On vous recommande l'assiette conviviale de produits fumés, un vrai délice. À accompagner d'une bière ou d'un bon verre de vin. À déguster en terrasse avec vue sur l'église.

ACTIVITÉS

De début mai à fin octobre, l'attraction principale de Tadoussac est sans conteste l'observation des baleines. Une excursion magique à condition d'être correctement équipé. Les croisiéristes fournissent pantalons imperméables et cirés mais, n'oubliez pas votre tuque, vos gants, votre écharpe et des chaussures qui ne prennent pas l'eau. Voici les coordonnées des principaux croisiéristes organisant des safaris visuels :

CROISIÈRES 2001

Billetteries : 318 des Forgerons & 173 des Pionniers

418-235 3333 / 1 866-373-2001

www.croisieres2001.com

Mai-juin-septembre-octobre : 2 départs par jour (9h15 et 12h30). Juillet et août : 3 départs par jour (9h15, 12h30 et 15h45). Embarquement au quai de Tadoussac. Adulte : 62$. Forfaits disponibles. Croisière de 3h avec découverte d'une partie du fjord du Saguenay et observation des baleines. La présence d'une caméra vidéo sous-marine permet d'admirer la faune et la flore de cette région. Ils sont les seuls d'ailleurs à avoir un catamaran à Tadoussac.

CROISIÈRES AML

1 866-856-6668

www.croisieresaml.com

Juin à octobre : 3 départs par jour (9h45, 13h et 15h30). Embarquement au quai de Tadoussac. Adulte : 62$. Deux départs par jour pour le zodiac. Un départ par jour pour la croisière de découverte du fjord. Croisière d'interprétation et d'observation des baleines (3h en bateau régulier, 2h ou 3h en Zodiac).

CROISIÈRES DUFOUR

418-692-0222

Sans frais : 1 800-463-5250

www.dufour.ca

Safari visuel aux baleines (mi-mai à fin octobre) : 2 départs par jour (9h30 et 13h30), 1 départ supplémentaire de mi-juillet à début septembre à 16h45. Adulte : 62$. Croisière sportive (juin à fin septembre) : 2 départs par jour (9h et 13h). 1 départ supplémentaire de juin à début septembre à 16h. Adulte : 62$. Embarquement au quai de Tadoussac. Ces excursions aux baleines d'une durée de 3h chacune se font soit sur le monocoque Famille Dufour I soit à bord du Tadoussac III, un zodiac de 48 places.

CROISIÈRES OTIS

431, Bateau-Passeur

418-235-4537

Sans frais : 1 877-235-4197

www.otisexcursions.com

Croisière en Zodiac de 12 personnes (mai à mi-octobre). 4 départs quotidiens à 6h30, 9h15, 13h15 et 16h45. La première et dernière excursion de la journée dure 2h tandis que les autres, 3h. Embarquement au quai de Tadoussac. Adulte : 58-68. Excursions offertes : aux baleines, sur le fjord, safari photo, pêche à la morue, sur mesure. Croisière en catamaran aussi disponible.

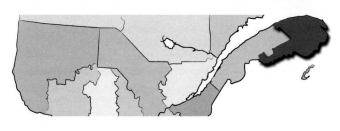

Gaspésie

© aiRG- F. Rivard

ATOUTS DE LA RÉGION

- un très beau cadre naturel et paisible, idéal pour se détendre tout en travaillant
- accès en train, avec le Chaleur, qui relie Montréal à Gaspé en passant par Rivière-du-Loup, Rimouski et Percé

ACTIVITÉS PHARES

- les Monts Chics-Chocs
- le parc de la Gaspésie
- le Roché Percé et l'île Bonaventure

CONTACTS

ASSOCIATION TOURISTIQUE RÉGIONALE DE LA GASPÉSIE

357, route de la Mer, Sainte-Flavie
418-775-2223 / 1 800-463-0323
info@tourisme-gaspesie.com
www.tourisme-gaspesie.com

CLD DE LA MRC DE MATANE

a/s Nathalie Roberge
235, ave Saint-Jérôme, bureau 200, Matane
418-562-1250, poste 226
robergen@globetrotter.net
www.ville.matane.qc.ca

BONAVENTURE

HÉBERGEMENT

RIÔTEL BONAVENTURE

98, de Port-Royal | 418-534-3336 / 1 877-534-3336
www.riotel.com
Ouvert de mi-mai à mi-octobre.
★★★
- Chambres champêtres : 8 – à partir de 89 $
- Chambres classiques : 14
- Chambres exécutives : 8
- Restaurant sur place : 1
- Côté Mer : spécialités de poissons et fruits de mer de la Gaspésie, capacité de 70 couverts
- Salles de réunion : 4 (8 à 70 personnes)
- Commodités : Internet haute vitesse sans fil,

équipement audiovisuel, forfaits affaires, Pub 1906, plage privée avec accès à la baignade, terrasses avec vue sur la mer

⮕ Localisation : au bord de la mer

Construit en 1906, cet établissement a longtemps été nommé « Le Château Blanc », avec sa tourelle et ses grands balcons. Certaines chambres sont dotées de terrasses/balcons donnant sur la mer. Les chambres exécutives ont été entièrement rénovées en 2009 et offrent un décor et un confort des plus contemporains. Programme de récompenses et de privilèges d'affaires Riôtel, et partenaire d'Aéroplan.

CAP-CHAT

HÉBERGEMENT

AUBERGE DE MONTAGNE DES CHIC-CHOCS

Sur le territoire de la réserve faunique de Matane
1 800-665-3091 | Lignes affaires : 418-380-5875, poste 2358 / 514-873-9797
www.chicchocs.com

Présentez-vous au bureau d'accueil de Cap-Chat (en bordure du fleuve). Le transport est assuré depuis le bureau jusqu'à l'auberge. Notez qu'en hiver, la SÉPAQ offre le service de vol nolisé. Sinon, des vols réguliers avec Pascan Aviation et Air Canada Jazz desservent Mont-Joli. Ouvert du 26 décembre à début avril et de fin juin à début octobre.

★★★★

⮕ Chambres standards : 18

⮕ Forfait Expérience Affaires à 262,50$/pers/nuit en occupation double : incluant le stationnement, l'accueil et le transport à partir de Cap-Chat, l'hébergement, les trois repas et deux pauses café de luxe par jour, la salle de réunion, l'équipement audiovisuel, un tableau à feuilles, le service de guides expérimentés et l'équipement de plein air et de sécurité – un minimum de 10 personnes est requis – les forfaits peuvent changer avec la saison.

⮕ Restaurant : 1 (cuisine régionale, gibiers, produits fumés faits sur place)

⮕ Salle de réunion : 1 (56 m^2, jusqu'à 18 personnes)

⮕ Commodités : accès à un poste Internet et à un téléphone, équipement audiovisuel, spa extérieur, sauna, bar et salon avec foyer. Notez qu'il n'y a ni télévision ni téléphone dans les chambres. Les téléphones portables sont hors zone sur le site de l'auberge.

⮕ Activités estivales : randonnée pédestre et à vélo, observation de la faune, interprétation du milieu naturel, photographie, kayak sur le lac.

⮕ Activités hivernales : randonnée pédestre et en raquette, ski alpin hors piste, split board (planche à neige divisible), ski méta, observation de la faune.

Un lieu vraiment unique, très reculé, ce qui rend le confort de l'auberge encore plus appréciable. Situé à 615 m d'altitude, cet établissement de la Sépaq plaira aux amateurs de nature et à tous ceux en quête d'un endroit calme. La salle de réunion bénéficie d'ailleurs d'une grande fenestration donnant sur la nature et les montagnes. Été comme hiver, un guide animateur proposera de nombreuses activités de motivation pour les groupes. Pour les repas, vous serez gâtés. Le chef exécutif, Alain Laflamme, et son équipe préparent avec soin une cuisine de grande qualité où aliments sains et pleine saveur s'harmonisent à perfection. Les mets régionaux, le poisson et les viandes de bois (caribou, cerf, canard) sont à l'honneur. Les repas se prennent en groupe autour d'une grande table (même menu pour tous) et le service est assuré par les guides qui mangeront également avec vous. Une ambiance très conviviale ! Lors des sorties en plein air, de savoureuses boîtes à lunch sont préparées. L'adresse de choix pour ceux en quête d'un lieu hors du commun pour une réunion « au sommet ».

MOTEL RESTAURANT FLEURS DE LYS

184, route 132 E | 418-786-5518 / 1 877-786-5518
www.motelfleurdelys.com

Ouvert de juin à octobre.

★★★

⮕ Chambres standards : 18 – à partir de 69$ en occupation double

⮕ Restaurant sur place : 1 (gastronomie régionale)

– repas du midi en juillet et août

➥ Salle de réunion : 1 (capacité de 30 personnes assises, 100 debout)

➥ Localisation : en bordure de la route 132

Repris par un Français qui a fait le tour du monde, ce motel est bien pratique pour les réunions. Chambres confortables, dotées d'une excellente literie. Son atout principal : le talent du chef, récompensé par de nombreux prix dont un du journal La Presse ou encore le 1er prix de Gaspésie Gourmande. Le Chef prépare des plats mettant en valeur la cuisson santé et les produits régionaux. Il concocte également des menus spéciaux pour les groupes, qui s'adaptent à la mission de l'entreprise ou au thème des réunions.

CARLETON-SUR-MER

HÉBERGEMENT

HOSTELLERIE BAIE BLEUE & CENTRE DES CONGRÈS DE LA GASPÉSIE

482, Perron | 418-364-3355 / 1 800-463-9099
www.baiebleue.com
★★★

➥ Chambres standards, classe affaires et suites : 90 – à partir de 98$ en basse saison, 108$ en mi-saison, et 128$ en haute saison

➥ Restaurants sur place : 2

➥ La Seigneurie : cuisine régionale raffinée, capacité de 200 couverts

➥ Pub St-Joseph : bar sportif, capacité de 50 couverts plus 30 en terrasse

➥ Salles de réunion : une salle multifonctionnelle de 445 places divisible, une salle de conférence de 200 places, une salle privée de 60 places divisibles en 3, et une salle VIP de 25 places avec facilités audiovisuelles

➥ Commodités : Internet haute vitesse sans fil, centre d'affaires avec service de photocopie et d'impression, équipement audiovisuel (technicien disponible) et location d'équipement, services de télécommunication, forfaits affaires et pour congrès, menus pour groupes, service de banquet sur réservation, service d'animation et de transport, piscine extérieure chauffée,

bar-terrasse entre la piscine et le bord de mer, terrain de tennis, etc.

➥ Localisation : sur la route 132, en plein cœur de la ville et face à la baie (à côté du Manoir Belle Plage)

L'Hostellerie Baie Bleue a fait peau neuve pour accueillir le nouveau Centre des congrès de la Gaspésie. Autant vous dire que les installations et équipements sont à la fine pointe de la technologie. Un salon de style lounge est également sur les lieux du complexe avec un service de bar si désiré : idéal pour une conférence de presse ou un lancement (moins de 25 personnes). Du côté de l'hôtel, les chambres sont équipées de tous les services dont vous aurez besoin lors de votre séjour d'affaires, en plus de faire face à la mer. Pour les grands groupes, il est possible de réserver vos chambres à cet hôtel et au Manoir Belle Plage situé juste à côté. Fait intéressant : les nouveaux propriétaires de l'hôtel et centre de congrès possèdent également le Club de golf 18 trous situé non loin de là… une excellente activité para-congrès !

MANOIR BELLE PLAGE

474, Perron | 418-364-3388 / 1 800-463-0780
www.manoirbelleplage.com
★★★

➥ Chambres standards : 15 – à partir de 99$ en occupation double

➥ Chambres européennes : 4

➥ Chambres de luxe : 3

➥ Pigeonniers : 2

➥ Restaurant sur place : 1

➥ Le Courlieu : spécialité de fruits de mer et cuisine régionale, capacité de 60 couverts

➥ Salle de réunion : 1 (460 pi^2) plus deux petits salons

➥ Commodités : équipement audiovisuel, Internet haute vitesse sans fil, service de photocopie, de télécopie et d'impression, menus pour groupes, service de bar

➥ Localisation : sur la route 132, en plein cœur de la ville et face à la baie (à côté de l'Hostellerie Baie Bleue)

Face à la baie des Chaleurs, cet établissement vous accueille dans des chambres entièrement rénovées à

© ATRG – J.-P. Huard

la décoration très tendance. Son restaurant prépare avec soin des plats typiques de la région et sur demande, peut concocter des menus spéciaux pour les groupes. L'hôtel possède une salle de réunion mais pour les plus gros groupes, le Centre des congrès de la Gaspésie, situé juste à côté, peut accueillir jusqu'à 445 délégués (voir article précédent).

GASPÉ

HÉBERGEMENT

HÔTEL DES COMMANDANTS
178, de la Reine | 418-368-3355 / 1 800-462-3355
www.hoteldescommandants.com
★★★★
⮑ Chambres et suites : 70 – à partir de 105$ en occupation double
⮑ Restaurants sur place : 2
⮑ Terra Nova : fine cuisine régionale et internationale, capacité de 100 couverts
⮑ O Pub : cuisine de style bistro, capacité de 70 couverts
⮑ Salles de réunion : 5 (10 à 250 personnes)
⮑ Commodités : équipement audiovisuel, Internet haute vitesse sans fil et avec prise, centre d'affaires, centre de santé, cinéma, théâtre d'été
⮑ Localisation : au centre-ville
À deux pas de la gare, l'Hôtel des Commandants fait partie des établissements hôteliers les plus luxueux de la région. C'est donc un excellent endroit pour l'organisation d'un séminaire. Les salles de réunion peuvent être disposées à votre guise pour vous accommoder selon le nombre de participants. Belle vue sur la baie de Gaspé.

MATANE

HÉBERGEMENT

QUALITY INN MATANE
1550, du Phare O
418-562-6433 / 1 800-463-2466
www.qualityinnmatane.com
★★★★
⮑ Chambres standards, supérieures, exécutives et suites : 70 - à partir de 88$
⮑ Restaurant sur place : 1
⮑ La Terrasse : spécialité de fruits de mer et de grillades
⮑ Salles de réunion : 3 (10 à 100 personnes)
⮑ Salle la plus grande : 38 pi X 23 pi, 100 personnes en théâtre
⮑ Commodités : Internet haute vitesse sans fil, équipement audiovisuel, salle de conditionnement physique, sauna, piscine extérieure chauffée, terrasse extérieure, bar
⮑ Localisation : au centre-ville
Cet hôtel à l'accueil charmant vous propose des chambres dotées de tous les services dont vous aurez besoin pendant votre séjour d'affaires. Les salles de conférence, éclairées par la lumière naturelle, sont très fonctionnelles. Le tout pour un excellent rapport qualité-prix.

RIÔTEL MATANE

250, du Phare E | 418-566-2651 / 1 877-566-2651
www.riotel.com
★★★★

- ⮑ Chambres tendances : 48 – à partir de 94$
- ⮑ Chambres exécutives : 23
- ⮑ Chambres au pavillon sur mer : 24 – à partir de 74$
- ⮑ Suite : 1
- ⮑ Restaurants sur place : 2
- ⮑ La Table du Capitaine : spécialités de homard et de produits de la mer, capacité de 75 couverts (ouvert de juin à septembre)
- ⮑ Le Grand Bleu : fine cuisine, capacité de 86 couverts, 1 salle privée adjacente avec foyer
- ⮑ Salles de réunion : 5 (10 à 500 personnes)
- ⮑ Salle la plus grande : 3 500 pi², jusqu'à 500 personnes en cocktail
- ⮑ Commodités : Internet haute vitesse sans fil et avec prise, équipement audiovisuel, service de photocopie et télécopie, forfaits affaires, bar, service de massothérapie, piscine extérieure chauffée (en saison), spa extérieur, bain vapeur, terrain de tennis, salle de conditionnement physique
- ⮑ Localisation : directement sur la plage

Situé en bordure du fleuve Saint-Laurent, le Riôtel est un établissement haut de gamme qui ne lésine pas dans la qualité de ses prestations et de ses infrastructures. Les 48 chambres tendances, rénovées en 2009, offrent un décor contemporain et un confort supérieur. Deux restaurants, dont un saisonnier, font honneur aux saveurs gaspésiennes. Les salles de réunion sont entièrement équipées et il est possible, par beau temps, d'organiser votre événement à l'extérieur sous chapiteau. Pour ceux qui désireraient ajouter un peu de piquant à leur événement, contactez le service des ventes pour des idées de congrès thématiques qui respectent votre budget et vos attentes. *Programme de récompenses et de privilèges d'affaires Riôtel, et partenaire d'Aéroplan.*

NEW RICHMOND

HÉBERGEMENT

HÔTEL LE FRANCIS

210, Pardiac | 418-392-4485 / 1 800-906-4485
www.hotelfrancis.qc.ca
★★★★

- ⮑ Chambres standards, confort, exécutives et suites : 38 – à partir de 95$ (basse saison) et 126$ (haute saison)
- ⮑ Restaurants sur place : 2
- ⮑ Le Francis : fine cuisine régionale, ouvert en saison estivale
- ⮑ Pub Bayou : plats à saveur cajun, ouvert à l'année
- ⮑ Salles de réunion : 2 (20 à 150 personnes)
- ⮑ Salle la plus grande : 24 pi X 66 pi, 150 personnes en théâtre
- ⮑ Commodités : Internet haute vitesse sans fil, équipement audiovisuel, vidéoconférence, système mains libres pour téléconférence, service de repas et bar, piste de danse, spa, piscine, sentiers pédestres, prêt de vélos et de kayaks

Un hôtel quatre étoiles, en bordure de la rivière à saumon Cascapédia, qui se distingue par son accueil très chaleureux. De nombreuses chambres un balcon avec une belle vue sur la rivière. Sur place, le restaurant Le Francis vous propose un menu à la carte et des tables d'hôte (menus pour groupes disponibles). Le pub Bayou est ouvert du matin au soir et offre des plats à saveur cajun, des burgers, etc. Une très bonne adresse, en particulier pour les petits groupes.

HÉBERGEMENT / ACTIVITÉ

STATION TOURISTIQUE PIN ROUGE

Prendre le chemin de St-Edgar
sur 8 km à partir de la route 132
418-392-5134 / 1 866-992-5134
www.pinrouge.com

- ⮑ Chalets studio (max 4 personnes) : 10 – à partir de 99$
- ⮑ Chalets à deux chambres ou à aire ouverte (max 6 personnes) : 22 – à partir de 159$

➲ Restaurant sur place : 1 (cuisine régionale et santé, capacité de 150 couverts)

➲ Salle de réunion : 1 (5 à 25 personnes)

➲ Autres salles pour événements : salle à manger (80 pi X 44 pi, jusqu'à 250 personnes pour une soirée animée) et bar (70 personnes assises en cocktail)

➲ Commodités : service Internet, équipement audiovisuel, service de traiteur et de bar pour les groupes, restauration santé, location d'équipement sportif, école de ski, journées thématiques, etc.

➲ Localisation : en pleine nature, au pied de la montagne et de la station de ski

Cette station touristique vous offre l'hébergement dans de tous nouveaux chalets situés au pied des pistes de ski. Coquets, chaleureux et bien aménagés, on y passerait des semaines. Il y a amplement de quoi faire sur place en toute saison : baignade, jeux d'eau, vélo de montagne, randonnée pédestre, ski alpin (25 pistes) et de fond, randonnée en raquette, glissade sur tube, patin à glace et plus encore. Une destination affaires à découvrir absolument.

PERCÉ

HÉBERGEMENT

HÔTEL LA NORMANDIE

221, route 132 O | 418-782-2112 / 1 800-463-0820
www.normandieperce.com
Ouvert de mi-mai à mi-octobre.
★★★★

➲ Chambres standards : 44 – à partir de 79$

➲ Suite junior : 1

➲ Restaurant sur place : 1 (fine cuisine française et régionale, capacité de 80 couverts)

➲ Salles de réunion : 2 (490 pi², accueillant un maximum de 20 personnes chacune)

➲ Commodités : Internet sans fil, équipement audiovisuel, téléphone conférence

➲ Localisation : au centre de Percé, au bord de la mer

L'Hôtel La Normandie est une belle auberge blanche et rouge située au bord de l'eau. L'aménagement de sa terrasse offre une vue imprenable sur le rocher Percé et l'île Bonaventure. Bonne

table gastronomique (on retiendra particulièrement le feuilleté de homard au champagne), jardin. Les deux salles de réunion, entièrement rénovées, ont chacune leur petit plus : une est sans fenêtre et donc parfaite pour les projections, l'autre donne sur le rocher et la mer.

RIÔTEL PERCÉ

261, route 132 O | 418-782-2166 / 1 800-463-4212
www.riotel.com
Ouvert de mi-mai à mi-octobre.
★★★★

➲ Chambres régulières : 45 – à partir de 79$

➲ Chambres classiques : 35

➲ Chambres exécutives : 10

➲ Pavillon de la montagne : 12

➲ Restaurant sur place : 1

➲ Bonaventure sur Mer : spécialités de poissons et fruits de mer, cuisine régionale, capacité de 150 couverts

➲ Salles de réunion : 2 à l'hôtel et 1 au pavillon (35 à 60 personnes) plus la salle à manger de l'hôtel (150 personnes)

➲ Commodités : Internet sans fil, 1 ordinateur à disposition des clients, équipement audiovisuel, forfaits affaires, terrasse, spa extérieur, accès direct à la plage, salle de conditionnement physique

➲ Localisation : au bord de la mer

Un hôtel très confortable et fort bien tenu. Les chambres, aux murs recouverts de bois, sont très chaleureuses et confortables. La plupart ont une vue imprenable sur le rocher Percé et l'île Bonaventure. Le panorama depuis la salle à manger du restaurant est également à couper le souffle. Une adresse de choix, parfaite pour les petites réunions, pour laquelle il est recommandé de réserver en saison ! Programme de récompenses et de privilèges d'affaires Riôtel, et partenaire d'Aéroplan.

RESTAURANT

LA MAISON DU PÊCHEUR

155, Place du Quai | 418-782-5331

➲ Catégorie : fine cuisine régionale

⮕ Heures d'ouverture : ouvert de juin à mi-octobre, lun-dim, 11h30-14h30 et 17h30-22h
⮕ Fourchette de prix : midi $, soir $$

Georges Mamelonet, ancien maire de Percé, député de la circonscription et propriétaire des lieux, est un Français installé en Gaspésie depuis près de 30 ans et qui défend bec et ongles les produits québécois. La pêche, à défaut d'être miraculeuse, est toujours bonne. Tous les jours, il va chercher pour vous du homard dans des viviers sous-marins. La langue de morue au beurre d'oursin que l'on dégustera après un potage d'algues marines, par exemple, est une des spécialités de la maison. Outre les fruits de mer et le poisson, le restaurant apprête aussi bien, avec des légumes de la région essentiellement bio, l'agneau de la vallée Matapédia. Les pizzas au feu d'érable sont délicieuses. Aussi au menu, fromages québécois en provenance des îles de la Madeleine et d'autres régions du Québec. Sous la Maison du Pêcheur se trouve le Café de l'Atlantique qui appartient au même propriétaire (plus petit, parfait pour une réunion de 3-4 personnes).

ACTIVITÉS

Percé est reconnue pour son rocher et l'île Bonaventure. Toutes les compagnies maritimes offrent des excursions au rocher et certaines, comme Les Traversiers de l'Île, vous permettent de poser les pieds sur cette fameuse île, havre des fous de Bassan. Mais d'autres excursions sont offertes :

EXCURSION AUX BALEINES

Billetteries du quai. Les Croisières Julien Cloutier (418-782-2161 / 1 877-782-2161)) et les Bateliers de Percé (418-782-2974 / 1 877-782-2974) partent faire des croisières d'observation des baleines. Environ 2h, 40 $-60 $.

PÊCHE EN HAUTE MER

La compagnie Croisières Les Traversiers de l'Île offre depuis peu des excursions de pêche en haute mer ainsi que des excursions de pêche au homard. On vous recommande toutefois de réserver à l'avance (418-782-5526 / 1 866-782-5526, www.croisieresgaspesie.com).

SAINTE-ANNE-DES-MONTS

HÉBERGEMENT

GÎTE DU MONT ALBERT
2001, route du Parc (route 299) | 1 866-727-2427
www.sepaq.com/gite
Auberge fermée de fin octobre à la veille de Noël, et du jour de Pâques à la mi-juin.
★★★★
⮕ Chambres : 90 répartis entre le gîte (48), le pavillon le Caribou (12) et les chalets pittoresques (20)
⮕ Restaurant sur place : 1 (fine cuisine gastronomique et régionale, capacité de 150 couverts)
⮕ Salles de réunion : 2 (10 à 80 personnes)
⮕ Salle la plus grande : 41 pi X 39 pi, 80 personnes
⮕ Commodités : Internet sans fil, équipement audiovisuel, menus pour groupes, bar, bistro (60 places), piscine extérieure chauffée, sauna, boutique nature, location d'équipement de plein air, exposition thématique, causeries
⮕ Localisation : à environ 40 km de Sainte-Anne-des-Monts, dans le Parc national de la Gaspésie
⮕ Activités : randonnée pédestre et en raquette, ski nordique, télémark, observation de la faune et de la nature, interprétation en montagne, canot et kayak. Toutes ces activités peuvent se réaliser en groupe avec des guides naturalistes.

Une somptueuse auberge, avec la beauté de la nature environnante qui en fait un hébergement quasi-mythique au Québec. La salle à manger, bien vitrée, offre de merveilleuses vues sur les montagnes. Les nombreuses possibilités d'hébergement et le choix de salles de réunion en font un lieu d'affaires très pratique. Forfaits réunion disponibles de fin septembre à fin octobre, de début janvier à mi-avril, et de mi-juin à la Fête nationale.

Îles de la Madeleine

ATOUTS DE LA RÉGION

- 300 km de plages et une eau tempérée dans les lagunes
- des produits frais de la mer à déguster dans les différentes bonnes tables des îles
- une courte distance à parcourir (85 km du nord au sud)
- un dépaysement total
- plusieurs salles de réunion en location en dehors des hôtels (capacité jusqu'à 2 000 personnes)

ACTIVITÉS PHARES

- le spectacle « Mes îles, Mon Pays » qui raconte l'histoire des îles
- la découverte des îles et des grottes en kayak de mer, en zodiac ou en « wet suit »
- la visite des installations et la dégustation des bières de la microbrasserie À l'Abri de la Tempête

CONTACT

TOURISME ÎLES DE LA MADELEINE

128, chemin Principal
(coin chemin du Débarcadère) Cap-aux-Meules
418-986-4841, poste 26 / 1 877-624-4437
marketing@tourismeilesdelamadeleine.com
www.tourismeilesdelamadeleine.com

Le site Internet contient une excellente section sur l'organisation de congrès. Tout y est et question de vous aider davantage, vous pouvez télécharger la brochure « Informations générales ». On y parle du transport pour les îles, des salles de réunion, hôtels, tables régionales et bien plus. Contactez l'équipe de l'office du tourisme qui offre toute une gamme de services pour vous aider à faire de votre événement une réussite.

POUR SE RENDRE SUR LES ÎLES

Décalage horaire. *Les îles de la Madeleine vivent à l'heure des Maritimes. Il y a une heure de décalage avec le Québec continental. Lorsqu'il est 12h à Montréal (ou ailleurs au Québec), il est 13h sur l'archipel des Îles de la Madeleine.*

AIR CANADA JAZZ
418-969-2888 / 1 888-247-2262
www.aircanada.com
Offre des vols entre les Îles de la Madeleine et Gaspé, Québec, Montréal et Mont-Joli. Correspondances avec toutes les destinations d'Air Canada et Star Alliance.

PASCAN AVIATION
418-877-8777 / 1 888-313-8777
www.pascan.com
Dessert les Îles de la Madeleine au départ de Montréal, Québec et Bonaventure.

CTMA

1 888-986-3278 | www.ctma.ca

Une traversée par jour entre Souris (Île-du-Prince-Édouard) et Cap-aux-Meules, en opération toute l'année. Le nombre de départ varie selon les époques de l'année : de deux par jours à certaines périodes de l'été à trois par semaine en décembre. Tarifs par adulte, aller simple : 28,75 $ en basse saison et 44,75 $ en haute saison. Le coût pour la voiture en aller simple varie de 58,75 $ à 83,75 $ selon la saison. Réservation indispensable en haute saison. Se présenter 1h avant le départ. Le trajet dure 5h. On peut aussi partir de Montréal : le CTMA Vacancier effectue une croisière une fois par semaine (450 passagers), depuis Montréal et marque une escale à Chandler à l'aller puis encore à Chandler et à Québec au retour. Départ de Montréal le vendredi après-midi, arrivée à Cap aux Meules le dimanche matin. Retour : départ le mardi soir, arrivée le vendredi matin. En opération de mi-juin à fin septembre. Une façon originale de s'évader en équipe, avec trois journées aux îles et un trajet assez long pour de belles réunions. Plusieurs forfaits thématiques et salles disponibles pour les groupes.

VOYAGISTES

CLUB VOYAGES

a/s Monique Bourque
1011, chemin de La Vernière, Suite 155,
Étang-du-Nord | 418-986-4224 / 1 800-986-6986
intervoy@tlb.sympatico.ca

VOYAGES VASCO

a/s Odette Cormier
357, chemin Principal, Cap-aux-Meules
418-986-6565 / 1 888-818-4537
voyagecaaim@lino.com

HÉBERGEMENT

AUBERGE MADELI

485, chemin Principal, Cap-aux-Meules
418-986-2211 / 1 800-661-4537
www.hotelsilesdelamadeleine.com
★★★

- ⮑ Chambres standards : 60 – à partir de 99 $
- ⮑ Suites : 4
- ⮑ Restaurant sur place : 1
- ⮑ La Patio : cuisine internationale et fruits de mer, capacité de 190 couverts, une salle privée pour réunion
- ⮑ Salles de réunion : 2 (accueillant jusqu'à 70 personnes en théâtre – les deux salles ont la même capacité)
- ⮑ Commodités : Internet sans fil, centre d'affaires, équipement audiovisuel, service de photocopie, forfaits affaires
- ⮑ Localisation : sur la route 199, à quelques minutes du port

Situé à 1 km du traversier et 9 km de l'aéroport de Havre-aux-Maisons, l'Auberge Madeli, ouverte à l'année, est une destination de choix pour les plus petites réunions. Dans le même bâtiment que l'hôtel vous retrouverez le restaurant La Patio, un salon de billard et une salle de quilles. Renseignez-vous sur leurs forfaits affaires.

HÔTEL CHÂTEAU MADELINOT

323, chemin Principal, Fatima
418-986-3695 / 1 800-661-4537
www.hotelsilesdelamadeleine.com
★★★

- ⮑ Chambres standards : 120 – à partir de 99 $
- ⮑ Suites : 2
- ⮑ Restaurant sur place : 1
- ⮑ L'Isle Margaux : cuisine à saveur régionale, menu bistro le midi, capacité de 90 couverts
- ⮑ Salles de réunion : 4 (accueillant de 20 à 150 personnes)
- ⮑ Salle la plus grande : 34 pi X 50 pi, 150 personnes en repas ou théâtre
- ⮑ Commodités : Internet sans fil, équipement audiovisuel, service de photocopie, forfaits affaires, menus pour groupes, piscine intérieure, sauna et spa, accès à la plage, salle de spectacles
- ⮑ Localisation : sur la route 199, à quelques minutes du port

L'hôtel Château Madelinot offre le confort, une très bonne qualité de services ainsi qu'une belle vue sur la mer. Tout comme l'Auberge Madeli, il se trouve non loin du traversier et de l'aéroport. L'hôtel est parfaitement

adapté pour tout genre d'événements d'affaires et accueille petits et grands groupes. Un service de traiteur est disponible et les repas peuvent être servis à même la salle de réunion. Renseignez-vous sur leurs forfaits affaires.

DOMAINE DU VIEUX COUVENT

292, route 199, Havre-aux-Maisons
418-969-2233
www.domaineduvieuxcouvent.com
★★★

➲ Chambres standards : 10 - à partir de 125$ en basse saison et 200$ en haute saison, en occupation double, petit-déjeuner inclus

➲ Appartements : 6 (au Presbytère)

➲ Restaurant sur place : 1

➲ Restaurant Le Réfectoire : fine cuisine de type bistro, capacité de 90 couverts

➲ Salle de réunion : 1 (accueillant jusqu'à 125 personnes)

➲ Commodités : Internet sans fil, équipement audiovisuel, service de télécopie, menus pour groupes, service de transport disponible à l'aéroport et au traversier

➲ Localisation : sur l'île de Havre-aux-Maisons, face à la mer et à 5 km de l'aéroport et du traversier

Dans un bâtiment de pierres grises, situé face à la mer, les convives dorment dans l'une des dix chambres au décor moderne et épuré. Toutes les chambres offrent Internet haute vitesse. Le confort et le charme de cet hôtel rajoute cette touche magique au charme envoûtant des îles de la Madeleine. La grande salle du couvent vous accueille pour votre réunion, cocktail ou congrès et est également disponible pour location sans hébergement. Pour une rencontre d'affaires ou lors de votre séjour sur place, le bistro-bar propose une cuisine simple mais délicieuse. Les poissons et les fruits de mer locaux sont à l'honneur ainsi que les moules, la spécialité de la maison. Les produits régionaux sont cuisinés avec succès, parfois sous une version moderne comme le flétan parfumé au fenouil. Belle carte des vins. Bref, une adresse idyllique pour un événement d'affaires.

RESTAURANT

LA TABLE DES ROY

1188, chemin La Vernière, Étang-du-Nord
418-986-3004 | www.latabledesroy.com

➲ Catégorie : fine cuisine régionale

➲ Heures d'ouverture : Ouvert en saison, du lundi au samedi à partir de 18h (réservation requise).

➲ Fourchette de prix : $$- $$$

Une table qui respecte son terroir et associe des produits de la mer à ceux de la terre. Le chef, qui vous accueille dans sa maison, connaît les produits de la mer, et les apprêtent avec justesse et finesse. On retiendra particulièrement les ris de veau et le homard qui vous feront découvrir les richesses marines et terriennes de ces îles paradisiaques. Très bonne carte des vins.

ACTIVITÉS

Il y a mille et une choses à faire sur les îles. Plein air, farniente, découverte, artisanat local, spectacles, festivals, gastronomie… de quoi occuper vos journées. Pour découvrir la liste des activités et loisirs des îles, visitez le site Internet de l'office du tourisme. Il nous est en effet difficile de faire un choix car il y a tant de choses uniques à voir et faire aux îles.

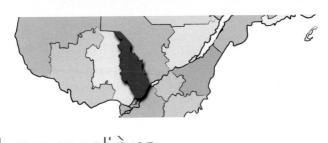

Lanaudière

ATOUTS DE LA RÉGION

- la proximité de Montréal
- la beauté de la nature : massif laurentien et fleuve Saint-Laurent
- le chemin du Roy (route 138) qui longe le Saint-Laurent où se trouvent des richesses patrimoniales et culturelles
- le lac Taureau, véritable mer intérieure, avec 54 îles et 31,7 km de rives et de plages

ACTIVITÉS PHARES

- le parcours aérien Arbraska à Rawdon, la forêt des aventures
- le musée Gilles-Villeneuve à Berthierville, dédié à la mémoire du pilote de Formule 1
- le Festival de Lanaudière à Joliette, un des événements les plus prestigieux d'Amérique du Nord dans le domaine de la musique classique

CONTACT

TOURISME LANAUDIÈRE
a/s David Lapointe
3568, Church, Rawdon
450-834-2535
sans frais : 1 800-363-2788
lapointe@lanaudiere.ca
www.lanaudiere.ca

Le site de l'association touristique régionale de Lanaudière met à disposition des gens d'affaires une section comprenant les lieux d'hébergement et d'activités pour les groupes.

ÎLE RONDE

ACTIVITÉ

DOMAINE DE L'ÎLE RONDE
450-589-8628
www.domainedelileronde.com

Juste en face de Saint-Sulpice se trouve l'Île Ronde et des excursions en bateau, de mi-mai à octobre, permettent d'aller visiter cette seigneurie datant de 1709. Abandonnée depuis 1960, c'est en 1986 que les travaux débutèrent pour revitaliser cette île et en faire un lieu de villégiature hors du commun. Les traversées en bateau se font depuis Saint-Sulpice ou Verchères. Sur cette même île se trouve également le Domaine de l'Île Ronde, un vignoble produisant des vins blancs, rouges et rosés ainsi que des vins fortifiés. Des soirées thématiques avec menu du soir 3 services peuvent être réservés et des forfaits brunch gastronomiques sont également offerts. Un quai est à la disposition de plaisanciers ainsi qu'une piste d'atterrissage pour les aviateurs. Superbe terrasse avec menu de cuisine française.

JOLIETTE

HÉBERGEMENT

CHÂTEAU JOLIETTE
450, Saint-Thomas
450-752-2525 / 1 800-361-0572
www.chateaujoliette.com
★★★★

⮕ Chambres et suites : 89 – à partir de 103$

⮕ Restaurant sur place : 1 (cuisine régionale, buffet et brunch)

⮕ Salles de réunion : 10 plus un salon (accueillant de 2 à 525 personnes)

⮕ Salle la plus grande : 57 pi X 75 pi, 525 personnes en réception

⮕ Commodités : Internet haute vitesse sans fil, équipement audiovisuel, menus pour groupes, bar

⮕ Localisation : à l'entrée de la ville, en bordure de la rivière L'Assomption

À proximité des attraits culturels et de tous les services, le Château Joliette propose des chambres très confortables, entièrement rénovées. Les salles de réunion sont pour la plupart modulables et un petit salon sert aux comités plus restreints. De plus, les organisateurs de réunions et congrès, répondant à certaines conditions générales, peuvent s'inscrire au programme Transit afin d'économiser sur leur prochain séjour.

RAWDON

ACTIVITÉS

ARBRASKA, LA FORÊT DES AVENTURES
4131, Forest Hill | 450-843-5500 / 1 877-886-5500
www.arbraska.com

Ouvert tous les jours de mi-février à décembre (sur réservation seulement). Départs garantis d'avril à novembre. Forfaits débutant à 23,69$ par personne. Vous voulez motiver votre équipe de travail ? Arbraska offre cinq forfaits de team building avec au menu de la tyrolienne, des ponts suspendus, des parcours extrêmes, des rallyes GPS et bien plus encore. Une excellente destination corporative ! L'équipe d'Arbraska organise aussi les repas buffet, l'hébergement, la location d'équipement multimédia pour vos réunions et les réservations d'autres activités.

LA SOURCE – BAINS NORDIQUES
4200, Forest Hill | 450-834-7727
www.lasourcespa.com

Lun-mer, 10h-20h ; jeu-dim, 10h-21h. Quoi de plus relaxant et agréable que de passer une soirée dans des bains nordiques ! En passant du chaud au froid, la détente absolue est assurée. La Source propose une combinaison vraiment gagnante pour les groupes. Une salle de réunion moderne et confortable, d'une capacité de 14 personnes, est mise à votre disposition. Matériel audiovisuel, accès Internet, service de traiteur et forfait pour groupes feront de votre rencontre une réussite. Et après le travail, le groupe (15 personnes et plus) peut privatiser le site à partir de 21h ! Entre les réunions et la détente, faites un tour au bistro qui offre une belle vue panoramique sur le site. Renseignez-vous sur la carte eSPAce Détente Affaire qui vous permettra d'acquérir 52 accès transférables… question de faire un beau cadeau à un employé ou un client.

SAINT-ALEXIS-DE-MONTCALM

RESTAURANT / LOCATION DE SALLES

DOMAINE DES TROIS GOURMANDS
293, rang de la Petite-Ligne
450-831-3003 | www.3gourmands.com

Sophie Landriault et Jean-François Perron sont les propriétaires de cette érablière et table champêtre pour les groupes uniquement (ouvert à tous en mars et avril). Ce qu'ils vous proposent c'est une expérience différente des érablières dites « traditionnelles » en composant un menu à base de produits du terroir, osant parfois la différence sans négliger pour autant les incontournables. Les salles peuvent accueillir de 40 à 200 convives et une gamme complète de services vous est proposée : Internet sans fil, ordinateur portable, équipement audiovisuel, système d'éclairage, piste de danse, karaoké, scène, service de bar, ainsi que plusieurs activités.

SAINT-CÔME

HÉBERGEMENT

AUBERGE VAL SAINT-CÔME
200, de l'Auberge
450-883-0655 / 1 877-778-2663
www.aubergevalsaintcome.com
★★★

⮑ Chambres standards : 25 – à partir de 82$
⮑ Chambres de luxe : 2
⮑ Suites : 3
⮑ Condos : capacité de 8 personnes maximum
⮑ Restaurant sur place : 1 (cuisine gastronomique et du terroir, capacité de 135 couverts)
⮑ Salles de réunion : 4 (accueillant de 15 à 135 personnes)
⮑ Salle la plus grande : 61 pi X 27 pi, 135 personnes
⮑ Commodités : équipement audiovisuel, Internet, forfaits affaires, menus de groupe, centre de santé, piscine et spa intérieurs, salon avec foyer, bar et bistro, terrasse extérieure, activités
⮑ Localisation : station de ski Val Saint-Côme
En plein cœur de la nature, cette auberge est pratique pour ceux souhaitant combiner travail et nature. Les forfaits concoctés par l'auberge sont un excellent choix dans cette optique. Par exemple, le forfait d'un jour inclus la salle de conférence, une pause santé, un billet de ski, un grog au vin chaud,

et un souper 5 services servi dans une salle intime avec vue sur les pentes. Point fort de l'auberge en saison hivernale : accès aux pistes de ski alpin en sortant de l'auberge !

ACTIVITÉ

AU CANOT VOLANT
2058, rang Versailles | 450-883-8886
www.canotvolant.ca
En opération de mai à octobre. Venez vivre une expérience trépidante sur la rivière l'Assomption ! Cette entreprise, spécialisée en randonnées de kayak et canot, organise des forfaits où votre réunion d'affaires est combinée à une journée en plein air avec des activités de renforcement d'équipe. Par exemple, vous tenez votre réunion le matin, dégustez un repas léger puis participez à un rallye d'équipe en canot. Il est également possible de prendre une journée complète d'activités, le tout dans un cadre enchanteur qui motivera vos troupes.

SAINT-DONAT

HÉBERGEMENT

HÔTEL & CHALETS MONTCALM
251, chemin Fusey
819-424-1333 / 1 866-424-1333
www.skilareserve.com
★★★

⮑ Chambres standards : 59 - à partir de 94$
⮑ Suites : 5
⮑ Chalets : capacité de 6 personnes maximum
⮑ Restaurant sur place : 1 (cuisine gastronomique, capacité de 200 couverts)
⮑ Salle de réunion : 3 (accueillant de 10 à 200 personnes)
⮑ Salle la plus grande : 51 pi X 59 pi, 200 personnes
⮑ Commodités : forfait affaires, équipement audiovisuel, centre d'affaires (Internet, photocopieur, télécopieur, matériel de bureau), piscine intérieure, centre de santé, salle de conditionnement physique,

plage, bar, nombreuses activités de plein air

⮑ Localisation : près de la route 125, au sud de Saint-Donat

Ce complexe hôtelier vous séduira tant par la qualité de ses installations que par sa localisation, au milieu de la nature, les pieds baignant dans le lac. Un décor des plus champêtres où le luxe s'intègre à merveille. Nombreuses activités s'offrent à vous et l'hiver, vous êtes à proximité de la station de ski La Réserve. Pour vos réunions, le Forfait Affaire semble tout indiqué : hébergement, trois repas, deux pauses café, salle de réunion, frais de services et accès aux activités du site. Le tout pour 110$ par personne en occupation double.

SAINT-JEAN-DE-MATHA

HÉBERGEMENT

LA MONTAGNE COUPÉE, AUBERGE ET CENTRE DE VILLÉGIATURE
1000, chemin de la Montagne
450-886-3891 / 1 800-363-8614
www.montagnecoupee.com
Établissement membre des réseaux Hôtellerie champêtre et Spas Relais Santé.
★★★★

⮑ Chambres standards et suites : 47 – à partir de 102,50$

⮑ Restaurant sur place : 1 (cuisine gastronomique et du terroir, capacité de 100 couverts)

⮑ Salles de réunion : 3 plus une suite corporative (accueillant de 10 à 150 personnes)

⮑ Salle la plus grande : 32 pi X 61 pi, 150 personnes en théâtre

⮑ Commodités : équipement audiovisuel, Internet, menus pour groupes, forfaits affaires, centre de santé, piscine intérieure

⮑ Localisation : sur la route 131

L'Auberge de la Montagne Coupée, du haut de son sommet, offre un panorama exceptionnel. Sa table gastronomique de renommée évolue constamment avec les nouvelles tendances culinaires. Elle garde néanmoins l'essence d'une cuisine ancestrale savoureuse. Vous pouvez opter pour le forfait affaires comprenant l'hébergement, les repas et les pauses café. N'hésitez pas à communiquez avec l'hôtel pour obtenir un forfait sur mesure qui répondra à vos besoins et votre budget.

SAINT-MICHEL-DES-SAINTS

HÉBERGEMENT

AUBERGE DU LAC TAUREAU
1200, chemin Baie-du-Milieu
450-833-1919 / 1 877-822-2623
www.lactaureau.com
Établissement membre des réseaux Hôtellerie Champêtre et Spas Relais Santé.
★★★★

⮑ Chambres en auberge : 95 - à partir de 143$ par personne, souper et petit déjeuner inclus

⮑ Condos : 58 – à partir de 339$ pour un studio en occupation double

⮑ Restaurants sur place : 2

⮑ Salle à manger : cuisine gastronomique, capacité de 250 couverts

⮑ Bistro-bar Le Boréal : menu bistro le midi

⮑ Salles de réunion : 7 (accueillant de 10 à 280 personnes)

⮑ Salle la plus grande : 80 pi X 32 pi, 280 personnes en théâtre

⮑ Commodités : service de secrétariat, Internet sans fil, équipement audiovisuel, menus pour groupes, équipe d'animation, centre de santé, piscine intérieure, nombreuses activités sur place

⮑ Localisation : sur le bord du magnifique lac Taureau

Un établissement véritablement exceptionnel, qui conviendra à merveille à tous les groupes. L'auberge, en bois rond, est magnifique. Rajoutons à cela la beauté et la grandeur du site naturel : le lac Taureau, ses plages de sable blanc et ses îles. La cuisine du restaurant est délicieuse et les salles de réunion, très agréables (demandez celles avec vue

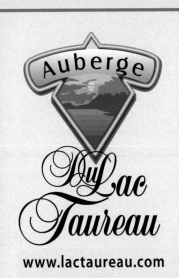

www.lactaureau.com

Authentique chef-d'œuvre posé sur un écrin de sable fin, l'Auberge du lac Taureau est une destination exclusive. Nous offrons le charme champêtre d'un hébergement en forêt quatre étoiles, une fine cuisine ainsi qu'une riche variété d'expériences et d'activités.

**1200, chemin Baie-du-Milieu
Saint-Michel-des-Saints
QC J0K 3B0**

**Téléphone : 450 833-1919
Sans frais : 1 877 822-2623**

sur le lac). Enfin, il est possible de réserver des forfaits corporatifs et des activités de team building très bien conçues.

TERREBONNE

ACTIVITÉ / LOCATION DE SALLES

GOLF LE VERSANT
2075, Côte Terrebonne | 450-964-2251
www.golfleversant.com
L'endroit par excellence pour organiser une réunion dans un lieu champêtre ou simplement, pour une bonne partie de golf entre employés. L'imposant chalet vous offre un bar, un lounge et des terrasses couvertes. Leurs salles de banquets peuvent accueillir entre 30 et 500 personnes et le restaurant peut concocter des menus gastronomiques ou personnalisés. Il est possible de louer l'équipement audiovisuel nécessaire pour vos réunions. Dans un autre ordre d'idées, quatre parcours de golf s'offrent à vous : deux 18 trous de championnat, un 18 trous régulier et un 18 trous par trois. Également sur place : un terrain de pratique éclairé et trois verts de pratique.

Saint-Donat en automne © Gracieuseté de la ville de Saint-Donat

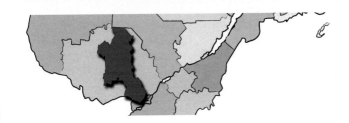

Laurentides

ATOUTS DE LA RÉGION

- la proximité de Montréal
- les nombreux établissements de grande qualité et les bonnes tables de la région
- la nature, les grands espaces et en particulier le Parc national du Mont-Tremblant

ACTIVITÉS PHARES

- le Parc national du Mont-Tremblant et la station de montagne haut de gamme très bien équipée
- les nombreuses stations de ski

CONTACTS

TOURISME LAURENTIDES

a/s Hélène Prud'homme
14142 de la Chapelle, Mirabel
450-436-8532, poste 233 / 1 800-611-8532
helene.prudhomme@laurentides.com
www.laurentides.com/affaires/

La division Réunions et Congrès vous offre des services de planification et d'organisation pour vous aider au bon déroulement de votre événement. Hébergement, restaurants, activités para-congrès, transport… tout est y est. Sur le site Internet de l'office du tourisme, vous trouverez également un moteur de recherche pour l'hébergement et les salles de réunion.

TOURISME MONT-TREMBLANT

a/s Michelle Fiset
5080, Montée Ryan, Mont-Tremblant
819-425-2434 / 1 800-322-2932
bat@tourismemonttremblant.com
www.tourismemonttremblant.com/fr/reunions-congres/

L'office du tourisme offre un grand soutien à l'organisation de réunions, congrès et autres événements à la très réputée station de montagne. Les installations y sont d'ailleurs nombreuses et l'offre en hébergement et restauration ne manque pas. Sur le site Internet, vous obtiendrez la liste complète des salles ainsi qu'un calendrier des activités selon les saisons.

ACTIVITÉS LAURENTIDES

9009, Arthur-Sauvé, Mirabel
(Parc du Bois de Belle Rivière)
514-495-1221
http ://activites-laurentides.com/

Cette entreprise écoresponsable est spécialisée en activités de géocaching, c'est-à-dire, des rallyes et jeux d'orientation par GPS. En nature ou en milieu urbain et ce, en toute saison, leurs activités mettront du piquant lors de votre prochaine réunion d'affaires ou congrès. Le produit est adapté aux groupes corporatifs et différentes thématiques sont offertes pour aider à la consolidation de votre équipe. Du plaisir garanti !

PORTES DES LAURENTIDES

GRENVILLE-SUR-LA-ROUGE

HÉBERGEMENT / ACTIVITÉ

HÔTEL DU LAC CARLING

2255, route 327 N

450-533-9211 / 1 800-661-9211

Ligne corporative : 450-533-6327, poste 1 / 1 888-522-7546

www.laccarling.com

★★★★

➲ Chambres standards, de luxe et suite : 99 – à partir de 79$ (basse saison) et 89$ (haute saison) par personne, petit-déjeuner inclus

➲ Restaurant sur place : 1 (haute gastronomie)

➲ Salles de réunion : 9 (accueillant de 10 à 400 personnes)

➲ Salle la plus grande : 53,7 pi X 38,6 pi, 200 personnes en réception (la salle intérieure de tennis peut accueillir jusqu'à 400 personnes pour un événement, 120 pi X 120 pi)

➲ Commodités : Internet haute vitesse, centre d'affaires, équipement audiovisuel, forfaits corporatifs, menus pour groupes et banquets, activités de consolidation d'équipe, bars, Club de golf du Lac Carling, centre de santé, sauna, bains tourbillon, terrains de tennis, piscine intérieur, activités nautiques, squash, conditionnement physique, randonnée pédestre, etc.

➲ Localisation : à 1h de route de Montréal, aux abords du lac Carling

Charme, raffinement et haute gastronomie vous attendent dans ce magnifique hôtel. Les chambres sont décorées avec beaucoup de soin et les suites ont une mezzanine, une cuisinette et un salon avec foyer. Le restaurant de l'hôtel vous propose de la haute gastronomie et son saumon est fumé maison. Pour l'apéro ou le digestif, deux bars vous ouvrent les portes, dont un qui offre une vaste sélection de whiskys et scotchs single malt. Les salles de réunion offrent une vue sur le lac ou le terrain de golf et sont entièrement équipées et modulables selon les besoins. Si vous n'êtes que de passage pour une partie de golf, sachez que le prestigieux club de golf de l'hôtel, classé platine par le magazine Canada Golf Course, vous offre un magnifique parcours de 18 trous dans un paysage de rêve.

ROSEMÈRE

ACTIVITÉ / LOCATION DE SALLES

SPA LE FINLANDAIS

124, Labelle | 450-971-0005

www.spalefinlandais.com

Ouvert tous les jours de 8h30 à 23h. Tarifs selon les soins ou forfaits choisis. Un magnifique lieu de ressourcement où soins, détente et bien-être sont au menu. Sauna finlandais, bains vapeur, bains à remous en nature, soins de corps et d'esthétique… tout y est pour un vrai moment de détente. Une boutique vend sur place divers produits tels peignoirs, savons… et un petit bistro sert des mets légers santé. Sachez que le spa met à votre disposition une maison, où il est possible de dormir, et des salons particuliers (à l'hôtel Le Rivage) en location à la journée ou demi-journée. Les forfaits permettent de combiner la salle avec des entrées aux bains. Internet sans fil inclus et service de traiteur sur demande.

SAINT-EUSTACHE

HÉBERGEMENT

IMPERIA HÔTEL SUITES

570, Dubois | 450-472-3336 / 1 888-472-3336

www.imperiahotel.com

★★★★

➲ Chambres standards et supérieures : 63 – à partir de 114$ en occupation double, petit déjeuner inclus

- Suites : 9
- Restaurant sur place : 1
- Bistro Martini Grill : cuisine internationale
- Salles de réunion : 3 (accueillant de 25 à 300 personnes) plus deux salons exécutifs pour 10 personnes en réunion
- Salle la plus grande : 75 pi X 45 pi, jusqu'à 300 personnes en théâtre
- Commodités : Internet haute vitesse sans fil et avec prise, service de secrétariat avec poste Internet, service de photocopie, de télécopie et d'impression, équipement audiovisuel, services techniques et de décoration et animation (sur demande), forfaits affaires, service de traiteur, bar et lounge, salle de conditionnement physique, piscine intérieure, bain tourbillon, sauna
- Localisation : à proximité de l'autoroute 640

Cet hôtel a décidé de chouchouter les gens d'affaires. Il offre des salles de réunion entièrement équipées et propose de nombreux forfaits qui peuvent s'ajuster selon les besoins de l'entreprise. Les chambres ont été soigneusement décorées dans un style contemporain et offrent toutes l'accès Internet haute vitesse gratuit. Les suites exécutives disposent de grandes tables pouvant accueillir 10 personnes. Plus besoin de sortir de la chambre pour tenir sa réunion ! Enfin, le restaurant offre un service de traiteur et un « working » lunch le midi pour les plus pressés.

CŒUR DES LAURENTIDES

MONT-TREMBLANT

L'aéroport international de Mont-Tremblant a installé ses quartiers généraux à La Macaza, à 30 minutes au nord de la station. En hiver, des vols directs provenant de New York avec Continental Airlines et de Toronto avec Porter (connexion à Montréal) permettent aux voyageurs de se rendre plus facilement à la station Tremblant. Il est possible de réserver un service VIP de navette entre l'aéroport et votre hôtel. Pour info : www.mtia.ca ou 819-275-9099.

HÉBERGEMENT

FAIRMONT TREMBLANT
3045, de la Chapelle
819-681-7000 / 1 800-441-1414
ou 1 866-662-6060 (ligne Affaires)
www.fairmont.com/fr/tremblant
www.fairmontmeetings.com/tremblant/index.shtml (Affaires, en anglais)
★★★★★

- Chambres standards et de luxe : 252 – à partir de 159$ en occupation double, petit-déjeuner inclus
- Suites : 62
- Restaurants sur place : 2
- Le Windigo : cuisine internationale, buffet Terre, Mer et Sushi les samedis
- Nansen Lounge : fine cuisine, grande sélection de vins au verre, de portos millésimés et de martinis
- Salles de réunion : 19 (9 à 950 personnes)
- Salle la plus grande : 131,7 pi X 64 pi, jusqu'à 950 personnes en théâtre
- Commodités : Internet haute vitesse, centre d'affaires complet, équipement audiovisuel, menus pour groupes, ski-in/ski-out, centre de santé Amérispa, bains tourbillon, piscines intérieure et extérieure, salle de conditionnement physique, sauna, boutiques
- Localisation : au centre de villégiature Tremblant

L'hôtel Fairmont Tremblant vous accueille dans le luxe et le raffinement absolu. Les chambres spacieuses sont ultra confortables et décorées avec soin. Vous y trouverez également de grandes salles de réunion toutes équipées et modulables selon les besoins. L'hôtel propose un choix de menus sur mesure pour les repas de groupe et notamment les dîners d'affaires.

LE WESTIN RESORT & SPA
100, de Kandahar | 819-681-8000 / 1 866-681-8898
www.westin.com/tremblant
★★★★★

- Chambres standards et suites : 123 – à partir de 199$

- Restaurant sur place : 1
- Yamada : cuisine asiatique évolutive
- Salles de réunion : 6 (accueillant de 15 à 250 personnes)
- Salle la plus grande : 66 pi X 41 pi, 250 personnes en théâtre
- Commodités : Internet haute vitesse, équipement audiovisuel, centre de santé, sauna, bain à remous extérieur, piscine extérieure chauffée, bar-salon, salle de conditionnement physique, etc.
- Localisation : au centre de villégiature Tremblant

L'hôtel Westin Resort est un magnifique hôtel-boutique situé en plein cœur de la station. Le cadre y est des plus soignés, alliant parfaitement modernité et confort. Ses belles chambres aux couleurs chaudes et aux lits douillets vous promettent les nuits les plus reposantes. Le grand salon muni d'un magnifique foyer de bois appelle à de chaleureux moments de détente. Les salles de réunion, équipées des dernières technologies en matière d'audiovisuel, offrent un cadre luxueux avec ses grand tapis aux couleurs chaudes. Son personnel saura faire de votre réunion une véritable réussite.

CHÂTEAU BEAUVALLON

6385, montée Ryan
819-681-6611 / 1 888-681-6611
www.chateaubeauvallon.ca
★★★★

- Suites luxueuses : 70 – à partir de 209$ en occupation double
- Restaurant sur place : 1
- Bon Vivant : cuisine gastronomique régionale aux saveurs internationales, salons privés
- Salles de réunion : 5 (accueillant de 10 à 72 personnes) plus deux terrasses et un bar
- Salle la plus grande : 36 pi X 31 pi, jusqu'à 72 personnes en banquet ou théâtre
- Commodités : Internet haute vitesse sans fil, équipement audiovisuel, forfaits affaires, menus pour groupes et sur demande, activités de consolidation d'équipe, piscines intérieure et extérieure, bain à remous extérieur, service de massothérapie, salle de

conditionnement physique, bar, nombreuses activités
- Localisation : à quelques minutes du centre de villégiature, à côté du terrain de golf « Le Diable »

Le nom et le style architectural restent fidèles à l'auberge d'origine qui fut construite il y a plus de 60 ans mais, la décoration intérieure ainsi que les installations témoignent d'une nouvelle époque. Élégance champêtre et décor soigné, tout est pensé pour que le séjour des clients à l'hôtel soit inoubliable. Son restaurant propose une fine cuisine s'alliant avec la carte des vins très étoffée. Ses salons privés sont d'ailleurs parfaits pour un repas d'affaires. Différents forfaits affaires sont disponibles à l'année ainsi que des forfaits sur mesure concoctés selon vos besoins.

LE GRAND LODGE MONT-TREMBLANT

2396, Labelle | 819-425-2734 / 1 800-567-6763
www.legrandlodge.com
Établissement membre du réseau Hôtellerie Champêtre.
★★★★

- Studios et suites : 112 – à partir de 168$ en occupation double, petit déjeuner inclus
- Restaurants sur place : 2
- Chez Borivage : fine cuisine régionale
- Whisky Bar : repas légers, bonne sélection de scotchs, whiskies et portos
- Salles de réunion : 13 (accueillant de 12 à 250 personnes) plus 2 terrasses ; salle la plus grande : 3 722 pi^2, 250 personnes en banquet
- Commodités : Internet, équipement audiovisuel, activité de consolidation d'équipe (bateau-dragon) et activité de groupe avec Héli-Tremblant, centre de santé, piscine intérieure, jacuzzi, sauna, salle de conditionnement physique, tennis, plage et autres activités
- Localisation : aux abords du lac Ouimet, à 5 min du centre de villégiature

Ce magnifique et luxueux chalet de bois rond vous offre des chambres spacieuses, garnies de boiseries et de meubles en bois. Les salles de réunion sont elles aussi confortables et possèdent tous les équipements nécessaires. Le salon Ouimet est un must pour les gens d'affaires : une salle entièrement faite de bois, de toute beauté. Située sous les toits de l'édifice, elle offre un lieu tout à fait unique.

LOCATION DE SALLES

CENTRE DES CONGRÈS TREMBLANT

161, Curé-Deslauriers

819-681-5881 / 1 888-881-5881

www.cdctremblant.com

⮕ Salles de réunion : 12 (dont deux salles exécutives avec foyer) plus une terrasse de 150 places

⮕ Salle la plus grande : 3 740 pi^2, jusqu'à 369 personnes en style théâtre

⮕ Commodités : centre d'affaires complet (secrétariat, centre de messagerie et de courrier, service d'interprétation et de traduction), Internet, équipement audiovisuel

⮕ Localisation : au centre de villégiature Tremblant

La célèbre station dispose d'un beau centre des congrès. Les salles, modulables, sont spacieuses et agréables.

RESTAURANTS

Le centre de villégiature offre une multitude de restaurants en tous genres et pour tous les budgets. La plupart des établissements hôteliers ouvrent également les portes de leur(s) restaurant(s) au grand public.

AUX TRUFFES

3035, de la Chapelle, Place Saint-Bernard

819-681-4544

www.auxtruffes.com

⮕ Catégorie : haute gastronomie, coté 4 diamants

⮕ Heures d'ouverture : lun-dim, dès 18h (les midis également en été)

⮕ Fourchette de prix : $$- $$$$

Ce chic restaurant aux allures de salon anglais vous offre une fine cuisine évolutive. La spécialité, on l'aura deviné, la truffe mais également le foie gras et le gibier. La carte des vins saura combler toutes les attentes. De nombreux menus sont disponibles

pour les groupes et comme la maison le souligne, la qualité n'est en rien diminuée. Il est également possible d'avoir un menu sur mesure. Une expérience culinaire à découvrir et à savourer.

LA FORGE

3041, de la Chapelle, Place Saint-Bernard

819-681-4900

www.laforgetremblant.com

⮕ Catégorie : spécialité de grillades

⮕ Heures d'ouverture : lun-dim, dès 11h

⮕ Fourchette de prix : $- $$$

Le bar et grill au 2e étage, avec cuisine à aire ouverte, propose notamment des grillades sur bois d'érable, Situé au pied des pistes de ski, l'ambiance y est raffinée. Belle sélection de scotchs, cognacs et eau-de-vie, et une carte des vins étoffée. Le bistro, situé au 1er étage, propose un menu plus simple, des groupes de musique live et des animations en saison. Grande terrasse. Pour les groupes, des menus personnalisés peuvent être concoctés sur demande et il est possible de réserver le 2e étage ou le restaurant au complet. Un service d'animation est offert sur demande : DJ, groupe de musique, etc.

ACTIVITÉS

ACTIVITÉS SUR MESURE POUR LES GROUPES

1 866-214-6940 | www.tremblant.ca

De nombreuses activités peuvent être organisées sur mesure pour les groupes, tels des tournois de golf ou des forfaits ski. Des activités de consolidation d'équipe ont aussi été mises sur pied par des experts dans le domaine : golf, escalade sur roc ou sur glace, Acrobranche (parcours d'arbre en arbre), et rassemblement de bétail. Selon vos besoins spécifiques, des programmes sur mesure peuvent être établis. Dans le village piétonnier, des tours guidées et des rallyes photo amuseront votre équipe. Il est également possible de faire une dégustation à la microbrasserie La Diable ou un Méli-Resto qui consiste à prendre l'apéro à une place, l'entrée à une autre, et ainsi de suite. Au sommet de la montagne, randonnée guidée ou compétition amicale de ski vous attendent. À la plage du lac Tremblant, vous pourrez faire un 5 à 7 sur un ponton, louer des embarcations nautiques, faire une dégustation en croisière, ou pourquoi pas un tournoi de volleyball plage… Bains scandinaves, descente en rafting, expédition à cheval, randonnée en traîneau à chiens… la liste est longue et tout est possible pour les groupes !

OUTERACTIVE EXPÉRIENCES
1380, Labelle
819-717-1300
www.outeractive.ca
Toujours dans l'esprit « team building », Outeractive se spécialise dans la création d'activités extérieures de cohésion d'équipe pour les groupes corporatifs. Rallye sur mesure et thématique, chasse au trésor, défi d'orientation, course d'aventure, épreuves d'équipe… tout y est pour passer un moment des plus agréables. Chaque activité est adaptée aux besoins spécifiques de votre groupe et l'expérience n'en sera que plus bénéfique.

ACTIVITÉS D'ÉTÉ ET D'HIVER
Le choix des activités possibles pour groupes est très large. Le Scandinave Spa Mont-Tremblant, avec ses bains extérieurs, son sauna et son bain vapeur, est l'endroit par excellence pour se détendre. Pour plus d'aventure, les petits groupes essayeront l'équitation sur neige, le parcours Acrobranche (aventure dans les arbres) ou loueront des motoneiges pour un circuit féérique dans les Laurentides. Les sportifs apprécieront l'immensité

© Guillaume Pouliot - Tourisme Laurentides

du domaine, à découvrir en ski alpin, en ski de fond, en raquette, en randonnée pédestre ou à vélo. Des tours d'avion, de magnifiques parcours de golf (dont Le Diable et Le Géant), des activités nautiques à la tonne… bref, vous n'aurez pas le temps de vous ennuyer (www.tremblant.ca).

CASINO DE MONT-TREMBLANT
300, chemin des Pléiades (Versant Soleil)
819-429-4150
Sans frais : 1 877-574-2177
www.casinosduquebec.com/mont-tremblant
Ouvert tous les jours à l'année, du matin au soir. Accès réservé aux 18 ans et plus. 25 tables de jeu avec croupiers, 5 tables de poker Texas Hold'Em, et près de 400 machines à sous. Une importante section est réservée aux clients « hautes mises ». Restauration d'appoint, bar de 125 places, deux salons privés, forfaits disponibles.

STATION DE SKI MONT-TREMBLANT

1000, des Voyageurs
819-681-2000 / 1 866-356-2233
www.tremblant.ca

De fin novembre à mi-avril. Ouvert tous les jours de 8h30 à 15h30/16h15 (selon le mois). Tarifs corporatifs (carnet de 20 à 100 billets) : 58 $ par billet ; (carnet de 100 billets et plus) : 55 $ par billet – billets transférables et valides tout au long de la saison. Une magnifique station : 94 pistes, 645 m de dénivellation, 13 remontées mécaniques et un snowpark. Plusieurs événements au cours de la saison. Achat, location et réparation d'équipement de glisse. Une multitude de boutiques, bars et restaurants dans la station. Les groupes peuvent demander à l'équipe de Mont-Tremblant d'organiser une journée sur mesure. Au programme : compétition amicale, slalom, etc.

SAINT-HIPPOLYTE

HÉBERGEMENT / ACTIVITÉ

AUBERGE DU LAC MORENCY

42, de la Chaumine
450-563-5546
Sans frais : 1 800-616-5546
www.lacmorency.com
★★★★

➲ Chambres standards et de luxe : 40 – à partir de 104 $ (basse saison) et 114 $ (haute saison) en occupation double, souper et petit-déjeuner inclus
➲ Condos : 86
➲ Restaurant sur place : 1 (fine cuisine régionale, spécialité de saumon fumé à même leur fumoir artisanal)
➲ Salles de réunion : 4 (15 à 160 personnes)
➲ Salle la plus grande : 40 pi X 30 pi, 160 personnes en théâtre
➲ Commodités : Internet haute vitesse sans fil, équipement audiovisuel, forfaits affaires, centre de santé, piscines intérieure et extérieure, sauna, salle de conditionnement physique, nombreuses activités
➲ Localisation : aux abords du lac Morency

Cette magnifique auberge rustique offre un cadre paisible et une vue imprenable sur le lac. Elle dispose de salles de réunion avec tout le confort et l'équipement nécessaire et propose aux entreprises de nombreux forfaits sur mesure. Ses 40 chambres partagent le même site que 86 condos (appartements tout équipés) qui sont disponibles à la location. La table et la cave à vins sont très réputées (choix de plus de 500 vins provenant de 14 pays). Forait affaires court séjour : 149 $ par personne en occupation double, comprenant l'hébergement, les trois repas, deux pauses café, les pourboires, la salle de réunion et l'équipement audiovisuel. Forfait à la journée aussi disponible.

Spa

Lun-dim, 9h-18h (réservation recommandée). Forfaits disponibles. Spa thérapeutique offrant des soins de massothérapie thérapeutique ou de détente ainsi que des soins à la carte pour le corps : massage suédois, aux pierres chaudes, exfoliation et enveloppement avec les produits Thermes Marins de St-Malo, soins du visage, des mains et des pieds avec les produits Gatineau Paris. Pour prolonger la détente : sauna, piscine intérieure…

SAINT-SAUVEUR

HÉBERGEMENT

HÔTEL MANOIR SAINT-SAUVEUR

246, du lac Millette
450-227-1811
Sans frais : 1 800-361-0505
www.manoir-saint-sauveur.com
★★★★

➲ Chambres standards, supérieures, distinctives et de luxe : 222 – à partir de 149 $ en occupation double
➲ Suites : 29 (Pavillon Avoriaz avec suites exécutives)
➲ Condos : 25
➲ Restaurant sur place : 1
➲ L'Ambiance : fine cuisine régionale, salon privé pour 50 personnes

⮞ Salles de réunion : 20 et deux salles de bal (accueillant de 12 à 700 personnes)
⮞ Salle la plus grande : 100 pi X 63 pi, jusqu'à 700 en style théâtre
⮞ Commodités : Internet haute vitesse sans fil et à prise, deux postes Internet, équipement audiovisuel, menus pour groupes et banquets, activités de consolidation d'équipe, soirées thématiques, forfaits affaires, lounge-bistro, bar-terrasse, centre de santé, bain à remous, sauna finlandais, bain vapeur, piscines intérieure et extérieure, salle de conditionnement physique, billard, tennis
⮞ Localisation : à deux pas du centre de Saint-Sauveur
L'Hôtel Manoir Saint-Sauveur fait partie des hôtels de luxe de la région des Laurentides. Tout y est : chambres extrêmement confortables et spacieuses avec lits douillets pour des nuits apaisantes, grandes salles de réunion toutes équipées, et un restaurant de fine cuisine régionale proposant des menus pour les groupes. Le pavillon adjacent à l'hôtel a été entièrement rénové avec tout le confort souhaité. Il est complètement design avec des meubles hors du commun, faits par des artisans de la région. Une vraie petite merveille de confort et de calme, l'idéal pour des réunions en petit comité. L'hôtel est très bien situé, à quelques minutes de marche du centre-ville. L'accueil quand à lui est des plus professionnels. Le plus difficile sera d'en repartir…

RESTAURANT

CHEZ BERNARD
411, Principale
450 240 0000
Sans frais : 1 866 240 0088
www.chezbernard.com
⮞ Catégorie : boutique-traiteur
⮞ Heures d'ouverture : lun-jeu, 10h-19h ; ven, 10h-20h ; sam, 10h-18h ; dim, 10h-17h
⮞ Fourchette de prix : $
Cette épicerie-traiteur vous mettra l'eau à la bouche ! Produits du terroir d'ici et d'ailleurs, fromages fins

québécois, plats cuisinés, foie gras, huiles et vinaigres, tartinades, desserts maison… la liste est longue. Pour ceux qui succombent à la tentation, il est possible de manger sur place au 2e étage (capacité de 20 personnes) ou sur la terrasse. Et pourquoi ne pas rapporter un petit souvenir de la librairie gourmande ou de la boutique du sommelier ? Aussi disponibles : service de traiteur et barbecue à domicile.

SAINTE-ADÈLE

HÉBERGEMENT

HÔTEL L'EAU À LA BOUCHE
3003, Sainte-Adèle
450-229-2991
Sans frais : 1 888-828-2991
www.leaualabouche.com
Établissement membre des réseaux Relais & Châteaux et Spas Relais Santé.
★★★★
⮞ Chambres standards et supérieures : 21 – à partir de 185 $ en occupation double
⮞ Restaurant sur place : 2
⮞ Salle à manger de l'hôtel : cuisine gastronomique à base de produits du marché, capacité de 75 couverts
⮞ Café-bistro H2O : repas du matin et midi, capacité de 60 couverts
⮞ Salle de réunion : 1 (21 personnes)
⮞ La salle à manger peut également servir de salle de réception et ainsi accueillir 50 personnes pour un repas (à partir de 14h uniquement).
⮞ Commodités : Internet haute vitesse sans fil, équipement audiovisuel, forfaits affaires, piscine extérieure, bains nordiques (sauna finlandais, bains tourbillon extérieurs avec chute d'eau froide, bassin extérieur d'eau froide, bain vapeur)
⮞ Localisation : sur la route 117 (boul. Sainte-Adèle)
L'établissement est reconnu à travers le Québec pour la qualité de sa table, membre depuis 1989 de la prestigieuse chaîne des Relais & Châteaux. L'Eau à la Bouche propose des chambres tout confort, modernes et spacieuses. La salle de réunion est munie

de fenêtres, d'un écran plasma et de l'accès Internet, offrant ainsi un lieu de travail confortable, parfait pour les petits groupes. De nombreux forfaits sont disponibles pour les groupes corporatifs, incluant ou non les soins en spa, disponibles sur demande et ajustables selon les besoins.

HÔTEL MONT-GABRIEL
1699, du Mont-Gabriel
450-229-3547
sans frais : 1 800-668-5253
www.montgabriel.com
★★★★

- ➲ Chambres standards et de luxe : 126 – à partir de 99$
- ➲ Chalets : 2
- ➲ Restaurant sur place : 1
- ➲ L'Ambroisie : fine cuisine régionale, capacité de 250 couverts
- ➲ Salles de réunion : 14 (6 à 400 personnes)
- ➲ Salle la plus grande : 71 pi X 50 pi, jusqu'à 400 personnes en réception
- ➲ Commodités : Internet haute vitesse sans fil, équipement audiovisuel, menus pour groupes et banquets, centres d'affaires (servant aussi pour une petite réunion de 6 personnes), forfait réunion d'affaires (à partir de 129$), service de navette, bar, centre de santé, terrasse fleurie, sauna, piscines et bains à remous intérieur et extérieur, salle de conditionnement physique, accès direct aux pistes de ski alpin, randonnée pédestre, golf, tennis ; à proximité des pistes de motoneige et traîneau à chiens
- ➲ Localisation : à proximité de l'autoroute 15

Le point fort de l'Hôtel Mont-Gabriel est sans aucun doute la vue qu'il offre à ses hôtes : niché sur le sommet du mont, il bénéficie d'un panorama exceptionnel. Toutes les chambres sont agréablement décorées et douillettes à souhait. Le personnel est particulièrement agréable et attentif à tous les besoins pour faire de votre séjour d'affaires une expérience personnalisée. On retrouve ici un esprit familial et on en ressent l'atmosphère. Certaines salles de réunion en témoignent et sont munies d'un foyer. Travailler devient ici un vrai plaisir !

VAL DAVID

HÉBERGEMENT

HÔTEL LA SAPINIÈRE
1244, La Sapinière | 819-322-2020 / 1 800-567-6635
www.sapiniere.com
Établissement membre du réseau Hôtellerie Champêtre.
★★★★

- ➲ Chambres standards et suites : 65 à partir de 166$
- ➲ Chalet : 1 de 3 chambres
- ➲ Restaurant sur place : 1 (gastronomie)
- ➲ Salles de réunion : 7 (10 à 120 personnes)
- ➲ Salle la plus grande : 60 pi X 20 pi, jusqu'à 120 personnes en réception
- ➲ Commodités : Internet haute vitesse, équipement audiovisuel, menus pour groupes, forfaits corporatifs, piscine extérieure, service de massothérapie, nombreuses activités sur le site en toute saison
- ➲ Localisation : en pleine nature à l'extérieur du centre de Val-David

L'Hôtel La Sapinière est une charmante maison en bois rond datant de 1936. Elle est située dans un cadre enchanteur sur les bords d'un beau lac. Le décor y est raffiné et chaleureux. Les chambres sont claires, spacieuses et joliment décorées et les salles de réunion sont très confortables, lumineuses, toutes équipées, et possèdent l'accès Internet haute vitesse. Le restaurant offre une table gastronomique pour votre plus grand plaisir et des menus qui peuvent s'ajuster selon les besoins. Cave à vin de plus de 200 étiquettes. Possibilité de prendre les repas en salle à manger ou sur la magnifique terrasse fleurie au bord de la piscine. Le personnel y est des plus chaleureux et professionnels.

AUBERGE DU VIEUX FOYER
3167, 1er rang Doncaster
819-322-2686 / 1 800-567-8327
www.aubergeduvieuxfoyer.com
★★★

- ➲ Chambres : 37 – à partir de 96$ par personne en occupation double, souper et petit-déjeuner inclus
- ➲ Chalets : 5

- Studio : 1
- Restaurant sur place : 1 (cuisine raffinée)
- Salles de réunion : 6 (dont deux en chalet, accueillant de 8 à 250 personnes)
- Salle la plus grande : 28 pi X 56 pi, 250 personnes en théâtre
- Commodités : Internet haute vitesse, équipement audiovisuel, forfaits affaires, bar, piscine extérieure, spa à l'eau salée et sauna extérieurs, centre de santé, plusieurs activités et animations sur le site en toute saison

Cette auberge vous accueille dans un environnement champêtre propice à maximiser le succès de vos réunions. Le chef et sa brigade vous proposent une table aux fines saveurs à travers un grand choix de menus. Pour souligner ses 50 ans, l'Auberge a ajoutée neuf nouvelles chambres de type « Confort Plus ». Pour ceux qui voudraient décompresser, un spa à l'eau salée, un sauna et une piscine extérieure sont mis à leur disposition et des soins de santé (massages et enveloppements) leurs sont proposés. Des forfaits affaires à partir de 123 $ par personne comprennent l'hébergement, les repas, les pauses café et la salle de réunion. Bien entendu, des forfaits sur mesure peuvent être concoctés selon vos besoins et spécifications.

RESTAURANT

LES ZÈBRES
2347, de l'église | 819-322-3196
www.resto-zebres.com
- Catégorie : fine cuisine du marché
- Heures d'ouverture : jeu-lun, 17h-22h (fermé le lundi en basse saison, réservation de groupe, dégustations et réunions possibles).
- Fourchette de prix : $- $$$

Situé sur la rue principale de la ville, ce restaurant se démarque de ses confrères. D'abord par sa déco très contemporaine, épurée, où le beige règne en maître et se mélange délicatement avec le brun, puis par la philosophie de l'équipe, toujours ouverte à l'inventivité

culinaire. Ici on aime les bonnes choses et on vous le prouve avec des menus originaux constamment renouvelés, aux saveurs délicates et aux portions généreuses. Une très bonne table à découvrir, dotée d'une belle terrasse.
Pour les groupes, Les Zèbres adoptent une formule toute originale et des plus réussie. Ici on élabore un menu en fonction de votre budget.

FERME-NEUVE

HÉBERGEMENT

LE WINDIGO
548, Windigo | 819-587-3000 / 1 866-946-3446
www.lewindigo.com
Établissement membre du réseau Hôtellerie Champêtre.
★★★★
- Condos de luxe et résidences de luxe : 35 – à partir de 175 $ (basse saison) et 215 $ (haute saison)
- Restaurant sur place : 1
- Les Berges du Windigo : gastronomie
- Salles de réunion : 2 (65 personnes)
- Commodités : bar, centre de santé, table de billard, bain tourbillon extérieur, nombreuses activités sur le site en toute saison
- Localisation : aux abords de la baie Windigo du réservoir Baskatong

Ce centre de villégiature, situé en pleine nature sauvage, vous offre luxe et grand confort sans négliger le cachet rustique. Son restaurant offre une cuisine gastronomique. De nombreuses activités de plein air sont praticables en toute saison. Pour vous gâter davantage, un centre de santé vous propose divers soins et massages. La première salle de réunion est située dans un chalet de bois rond avec un balcon et terrasse donnant sur la baie. La deuxième, plus grande, est au cœur du centre récréotouristique et comprend un bar, une table de billard, un salon détente et un bain tourbillon extérieur. Un lieu magnifique pour « déconnecter » de la routine.

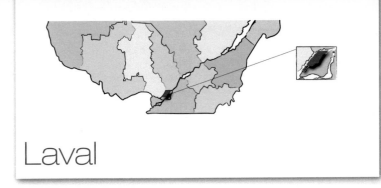

Laval

ATOUTS DE LA RÉGION

- à proximité et facilement accessible depuis Montréal
- nombreux hôtels dotés d'un centre des congrès et plusieurs salles en location

ACTIVITÉS PHARES

- le Cosmodôme, le centre des sciences de l'espace
- ses deux grands parcs aux nombreuses activités en toute saison : Centre de la nature, Parc de la Rivière-des-Mille-Îles
- le magasinage : la ville compte 4 grands centres commerciaux et 2 marchés d'importance dont le fameux Marché aux puces St-Martin

CONTACTS

TOURISME LAVAL
a/s Mélody Lardin - 2900, Saint-Martin O
450-682-5522 / 1 877-465-2825
mlardin@tourismelaval.com
www.tourismelaval.com

Tourisme Laval vous offre gratuitement ses services pour l'organisation de votre événement d'affaires : recherche de disponibilités et appels de soumissions auprès d'hôtels, de salles de congrès, de restaurants, de fournisseurs d'activités paracongrès, de transporteurs, etc.

Soutien à l'organisation, la logistique, l'accueil et plus encore. Une équipe professionnelle et à l'écoute de vos besoins. Le site Internet présente également une section pour la recherche d'établissements, de restaurants, de fournisseurs en tous genres (multimédia, animation, transport, etc.) et d'activités. Vous trouverez également en ligne les fiches techniques des établissements hôteliers, des lieux de congrès, des restaurants et attraits.

LATULIPPE CENTRE DU TEAM BUILDING
3510, Sainte-Rose | 514-383-2650 / 1 866-383-2650
www.latulippe.ca

Cette entreprise, spécialisée dans l'animation de congrès, vous propose toute une gamme d'activités de consolidation d'équipe. Des conférences ayant comme thème, par exemple, la motivation humaine ou la créativité, et des formations sur le travail d'équipe et le service à la clientèle peuvent être données pendant votre événement. Si vous recherchez du divertissement ou des soirées thématiques, Latulippe s'en charge également.

HÉBERGEMENT

HILTON MONTRÉAL/LAVAL
2225, autoroute des Laurentides
450-682-2225 / 1 800-363-7948

www.hilton-laval.com
★★★★

➲ Chambres standards : 135 – tarifs corporatifs sur demande - forfait Affaires à partir de 131,50$ par personne en occupation double (minimum de 10 personnes)
➲ Suites exécutives : 26
➲ Suites présidentielles : 8
➲ Restaurant sur place : 1
➲ La Grigliata : cuisine méditerranéenne, brunch le dimanche, capacité de 150 couverts
➲ Salles de réunion : 4 salles identiques modulables en 3 salles chacune (accueillant de 10 à 150 personnes) plus 9 salles à l'étage Club Élite (total de 21 salles)
➲ Salle la plus grande : 54 pi X 23 pi, 150 personnes en réception
➲ Commodités : Internet haute vitesse, équipement audiovisuel, étage Club Élite, centre d'affaires, pauses café thématiques, forfaits corporatifs avec ou sans hébergement, bar, salle de conditionnement physique, piscine intérieure, bain tourbillon, service de masso-thérapie sur réservation
➲ Localisation : en bordure de l'autoroute 15, au sud de l'autoroute 440

Cet hôtel propose de nombreuses commodités qui permettront d'allier l'utile et l'agréable. Spécialement conçu à l'intention des voyageurs d'affaires ou d'agrément cherchant un service privilégié, l'étage privé Club Élite offre un accès contrôlé, un espace de travail, un photocopieur, un télécopieur, Internet, deux lignes téléphoniques avec service de messagerie, le petit-déjeuner continental servi au salon Club Élite, un 5 à 7 avec hors d'œuvres et service de bar, et autres commodités pour votre séjour.

LE SAINT MARTIN HÔTEL & SUITES

1400, Maurice-Gauvin
450-902-3000 / 1 866-904-6835
www.lestmartin.com
★★★★

➲ Chambres standards et suites : 116 – à partir de 139 $
➲ Restaurant sur place : aucun mais service de petit-déjeuner
➲ Salles de réunion : 5 (accueillant de 14 à 110 personnes)

plus un chapiteau (jusqu'à 250 personnes en cocktail)
➲ Salle la plus grande : 45 pi X 27 pi, 110 personnes en théâtre
➲ Commodités : Internet haute vitesse sans fil et avec prise, centre d'affaires, équipement audiovisuel, service de traiteur, salon avec foyer, jacuzzis extérieur et intérieur, salle de conditionnement physique
➲ Localisation : près des boulevards Le Corbusier et Saint-Martin

Un bel établissement construit par un architecte qui s'est inspiré du style des châteaux européens. À l'intérieur, c'est le confort et la chaleur d'une auberge qui vous attendent. Un hôtel vraiment très agréable et pratique.

RADISSON HÔTEL LAVAL

2900, Le Carrefour | 450-682-9000 / 1 888-333-3140
www.radisson.com/lavalca
★★★★

➲ Chambres standards : 172 – à partir de 129$
➲ Suites : 3
➲ Restaurants sur place : 2
➲ Le Zircon : petit-déjeuner seulement, capacité de 48 couverts
➲ La Cage aux Sports : spécialité de grillades, poulet et côtes levées, capacité de 388 couverts
➲ Salles de réunion : 5 dont une suite exécutive (accueillant de 13 à 400 personnes)
➲ Salle la plus grande : 100 pi X 44 pi, 400 personnes en théâtre
➲ Commodités : Internet haute vitesse sans fil et avec prise, équipement audiovisuel, centre d'affaires, services de secrétariat, photocopie et télécopie, bar, salle de conditionnement physique, piscine intérieure
➲ Localisation : à quelques pas du Carrefour Laval et du Cosmodôme

Établissement design et confortable répondant aux critères de la grande chaîne mondiale Radisson. Pour votre événement ou réunion, communiquez avec le service des ventes ou faites une demande de soumission en ligne. Renseignez-vous également sur le programme Récompenses pour voyageurs d'affaires qui en plus de vous offrir des petits plus lors de votre séjour d'affaires vous récompensera à moyen terme.

SHERATON LAVAL ET CENTRE DES CONGRÈS DE LAVAL

2440, autoroute des Laurentides
450-687-2440 / 1 800-667-2440
www.sheraton-laval.com
★★★★

⮑ Chambres standards : 227 – tarifs corporatifs sur demande

⮑ Suites : 17

⮑ Restaurant sur place : 1

⮑ Ristorante La Piazza : cuisine italienne, pizza au four à bois, brunch le dimanche, capacité de 145 couverts

⮑ Salles de réunion : 18 (accueillant de 15 à 2 000 personnes)

⮑ Salle la plus grande : 150 pi X 90 pi, 2 000 personnes en cocktail

⮑ Commodités : Internet haute vitesse sans fil, équipement audiovisuel, forfaits corporatifs, étage exécutif privé avec accès contrôlé et salon exécutif (31 chambres), centre d'affaires avec nombreux services, service payant de navette aux aéroports, salle de conditionnement physique, bar, piscine intérieure, bain tourbillon, bain vapeur, spa Amérispa

⮑ Localisation : en bordure de l'autoroute 15 au sud de l'autoroute 440

Le confort, la chaleur de l'accueil et la grande quantité de services personnalisés font des hôtels Sheraton d'excellents établissements pour les groupes d'affaires. Les voyageurs individuels eux aussi apprécieront la qualité des prestations. Le centre de congrès est à la fine pointe de la technologie et son équipe vous aidera à mettre sur pied votre événement d'affaires, petit ou grand.

LOCATION DE SALLES

CENTRE DES CONGRÈS LE PARC

1950, Notre-Dame-de-Fatima
450-629-7272
www.centredescongresleparc.com

Ce complexe est spécialisé dans l'organisation d'événements en tous genres. Trois salles, se transforment en une grande salle d'une superficie de 14 400 pi^2 (2 500 personnes en théâtre ou cocktail), ainsi qu'un salon d'exposition sont mis à votre disposition. Un atrium verdoyant peut aussi servir d'aire d'accueil ou pour un cocktail. Nombreux services sont offerts allant de l'équipement audiovisuel de pointe au service de traiteur, en passant par la décoration. Une très bonne adresse !

PLACE FORZANI

4855, Louis-B Mayer | 450-680-2043
www.placeforzani.ca

La Place Forzani est le lieu par excellence pour une exposition (89 469 pi^2) avec son quai de déchargement de 10 852 pi^2, cinq portes, des espaces d'entreposage et 1 200 places de stationnement. Dix salles de réunion peuvent accueillir des groupes de 6 à 60 personnes et l'auditorium possède une capacité de 500 personnes. Service multimédia, de traiteur et de décoration disponibles.

RESTAURANT

LES MENUS-PLAISIRS RESTAURANT-AUBERGE

244, Sainte-Rose | 450-625-0976
www.lesmenusplaisirs.ca

⮑ Catégorie : fine cuisine régionale québécoise

⮑ Heures d'ouverture : lun-ven, 11h30-14h30 ; lun-dim, 17h30-22h30

⮑ Fourchette de prix : table d'hôte du midi$- $$, du soir $$- $$$$

Une excellente adresse dans une maison patrimoniale où les saveurs du terroir québécois sont à l'honneur. Les fins gourmets opteront pour le menu dégustation 5 services en soirée (95$ avec l'accord mets-vins). À ce fait, la cave à vins compte plus de 5 000 bouteilles… et un salon de dégustation attenant en rehaussera le plaisir. Le restaurant est réparti en salons qui peuvent également servir pour un repas d'affaires ou une réunion (équipement audiovisuel sur demande).

Mauricie

ATOUTS DE LA RÉGION

- possibilités d'activités de plein air dont la chasse et la pêche
- une nature large et généreuse

ACTIVITÉS PHARES

- la Cité de l'énergie à Shawinigan pour partir à la découverte du passé industriel de la région
- la vieille prison de Trois-Rivières pour son concept unique au Canada : passer une nuit derrière les verrous
- le Parc national de la Mauricie pour ses randonnées en pleine forêt

CONTACTS

TOURISME MAURICIE
a/s Jacinthe Doucet
795, 5ᵉ Rue, bureau 102, Shawinigan
819-536-3334 / 1 800-567-7603
info@tourismemauricie.com
www.tourismemauricie.com

BUREAU DE CONGRÈS ET DE FOIRES DE SHAWINIGAN
a/s Sylvia Bouchard
522, 5ᵉ Rue, C.P. 395, Shawinigan
819-537-7249, poste 22
sylvia.bouchard@cldshawinigan.qc.ca
www.tourismeshawinigan.com
Le bureau des congrès offre gratuitement un service personnalisé de soutien à l'organisation de votre événement.

TOURISME TROIS-RIVIÈRES
a/s Hélène Simard
370, rue des Forges, Trois-Rivières
819-374-4061, poste 5151 / 1 877-374-4061
hsimard@tourismetroisrivieres.com
www.tourismetroisrivieres.com
Plusieurs services offerts pour l'organisation d'événements d'affaires : évaluation des besoins, recherche de fournisseurs, réservation hôtelière, élaboration de programmes d'activités et documentation complète.

LAC-ÉDOUARD

HÉBERGEMENT

LA SEIGNEURIE DU TRITON
1595, de l'Islet
819-653-2509 / 1 877-393-0557
Octobre à mai : 418-648-0557
www.seigneueriedutriton.com
➲ Chambres en auberges : 53 réparties en 3 pavillons – à partir de 120$
➲ Chalets : 4 (1 à 4 chambres)
➲ Restaurant sur place : 1 (capacité de 120 couverts)
➲ Salles de réunion : 3 (accueillant de 12 à 40 personnes)
➲ Commodités : Internet sans fil, menus pour groupes, équipement audiovisuel, forfaits affaires sur mesure, séjours sur mesure (transport en hydravion, pêche, activités de plein air, etc.), service de guide-accompagnateur

T-Rès MUSÉE
T-Rès unique
T-Rès FESTIVAL
T-Rès d'Art
T-Rès Lounge
T-Rès WOW!!
T-Rès pop
T-Rès Fantastique
T-Rès Dolce
T-Rès CAFÉ
T-Rès Gîte
T-Rès COOL
T-Rès du Fleuve
T-Rès JOLIE
T-Rès EXOTIQUE
T-Rès CENTRE-VILLE
T-Rès OUVERT

T-Rès
Trois-Rivières

trestroisrivieres.com

Avec l'appui financier de
Patrimoine canadien par le
biais de Capitales culturelles
du Canada.

Canadä

1634 2009
375
TROIS-RIVIÈRES

2009
CAPITALE CULTURAL
CULTURELLE CAPITAL
du Canada of CANADA

Tourisme Trois-Rivières
une division de la Société de développement
économique de Trois-Rivières (CLD)

⮑ Localisation : en pleine nature, accessible par bateau ou hydravion

Une immense pourvoirie au beau milieu de l'eau. Pour y accéder, il faut embarquer sur un petit bateau. Lieu paisible au cœur de la nature, entouré de douze lacs et une rivière, c'est LA destination pour les activités de plein air telles que la chasse, la pêche, le kayak de mer, le vélo de montagne… L'hiver, le gîte du Triton vous propose des excursions guidées en motoneige, du ski de fond, du traineau à chiens et pour l'expérience totale, la nuit en igloo. Pour faire le plein d'énergie, essayez la délicieuse cuisine de la pourvoirie. Vous désirez plutôt manger les truites que vous avez pêchées ? Le Triton les apprêtera pour vous !

SAINT-ALEXIS-DES-MONTS

HÉBERGEMENT / ACTIVITÉ

POURVOIRIE DU LAC BLANC
1000, Domaine Pellerin | 819-265-4242
www.pourvoirielacblanc.com
★★★★★

⮑ Chambres standard : 4 – tarifs corporatifs sur demande
⮑ Chambres supérieures : 6 – tarifs corporatifs sur demande
⮑ Chambres de luxe : 3 – tarifs corporatifs sur demande
⮑ Chalets : 12 (capacité de 8 personnes maximum, 4 étoiles), un chalet rustique et un chalet familial
⮑ Restaurant sur place : 1 (fine cuisine avec spécialités de gibiers et poissons, capacité de 100 couverts)
⮑ Salles de réunion : 1 (accueillant de 10 à 50 personnes) plus les chalets (jusqu'à 8 personnes) et le chalet familiale qui compte 7 chambres
⮑ Commodités : sauna, salon privé (40 places), bar-terrasse, multitude d'activités en toute saison
⮑ Localisation : à 1h30 de Montréal et 2h15 de Québec, à la frontière de la Mauricie et de Lanaudière

Cette pourvoirie possède une salle de réunion donnant sur le lac Blanc. Elle dispose par ailleurs de chalets tout confort pouvant accueillir de 8 à 12 personnes. Pour agrémenter le voyage d'affaires, il est possible de combiner les réunions avec des excursions de pêche. L'auberge est équipée d'une « salle d'éviscération » : le cuisinier n'aura plus qu'à préparer votre poisson.

AUBERGE DU LAC-À-L'EAU-CLAIRE
500, chemin du Lac-à-l'Eau-Claire
819-265-3185 / 1 877-265-3185
www.lacaleauclaire.com
Établissement membre du réseau Hôtellerie Champêtre.
★★★★

⮑ Chambres à l'auberge : 25 dont 8 de luxe – à partir de 150$ en occupation double
⮑ Chambres en pavillon : 32 dont 8 suites
⮑ Condos : 12
⮑ Chalets : 16
⮑ Restaurant sur place : 1 (gastronomie, capacité de 180 couverts)
⮑ Salles de réunion : 6 (de 8 à 240 personnes)
⮑ Salle la plus grande : 70 pi X 27 pi X 45 pi, 240 personnes en théâtre
⮑ Commodités : Internet, équipement audiovisuel, forfaits affaires, centre aquatique (piscine semi-olympique, bain finlandais, bains vapeur, bain tourbillon, saunas et salles de conditionnement physique), bar, nombreuses activités en toute saison (canot, kayak, vélo, tennis, pédalo, VTT, pêche, ski de fond, raquette, patin, traîneau à chiens, motoneige)
⮑ Localisation : à 12 km au nord de Saint-Alexis des Monts, la capitale de la truite mouchetée

Cette auberge dispose entre autres de deux pavillons bien adaptés à la clientèle corporative. Afin de faciliter l'organisation de votre séminaire ou réunion d'affaires, des forfaits sont offerts aux groupes de 20 personnes et plus à des tarifs plus qu'avantageux. Il est possible également de demander un forfait sur mesure selon vos besoins et budget. En plus des nombreuses activités sur le site et les environs, l'équipe de l'auberge peut vous organiser des vols en hydravion, des animations et conceptions personnalisées, des soupers et soirées thématiques, des soirées de contes et chansons, etc. Un endroit pour travailler en toute quiétude et bénéficier des plaisirs de la nature.

HÔTEL SACACOMIE

4000, rang Sacacomie
819-265-4444 / 1 888-265-4414
www.sacacomie.com
★★★★

➲ Chambres : 109 chambres dont 9 mini suites, 3 suites exécutives et une suite présidentielle (tarifs corporatifs sur demande)
➲ Restaurant sur place : 1 (gastronomie)
➲ Salles de réunion : 18 incluant les trois suites exécutives (accueillant de 6 à 600 personnes)
➲ Salle la plus grande : 50 pi X 100 pi, 600 personnes en théâtre
➲ Commodités : Internet haute vitesse sans fil et avec prise, équipement audiovisuel, activités de motivation, centre de spa santé, bar, terrasses, nombreuses activités
➲ Localisation : au bord du magnifique lac Sacacomie
L'Hôtel Sacacomie est un chalet en rondins, niché au cœur de la forêt mauricienne et aux abords de la réserve faunique de Mastigouche. Il surplombe le lac Sacacomie, un lac majestueux dont le rivage fait plus de 40 km, et s'intègre harmonieusement aux fresques naturelles. Activités en été : vélo de montagne, canot, pédalo, kayak, chaloupe, hydravion, quad, pêche, randonnée pédestre et à cheval, baignade. En hiver : raquettes, ski de fond, balade en traîneau à chiens, hydraski, pêche blanche, motoneige. Des activités de motivation d'équipe peuvent être organisées sur demande.

RESTAURANT / ACTIVITÉ

MICROBRASSERIE NOUVELLE-FRANCE

90, Rivière aux Écorces | 819-265-4000
www.lesbieresnouvellefrance.com
➲ Catégorie : cuisine régionale et du terroir
➲ Heures d'ouverture : lun-ven, 11h-fermeture ; sam-dim, 8h-fermeture
➲ Fourchette de prix : $

Imaginez pouvoir vous retrouver dans une auberge de l'époque de la Nouvelle-France où festivités, musique, convivialité, boustifaille et bonne bière règnent en rois et maîtres... Le personnel, vêtu du costume traditionnel de l'aubergiste du 17e siècle, vous fera découvrir une cuisine régionale servie « à la bonne franquette », sans oublier les bières de l'excellente microbrasserie. Afin de vivre pleinement l'expérience, trois forfaits sont disponibles afin d'initier les visiteurs au merveilleux monde la bière, incluant un ou plusieurs de ces items : visite des installations de brassage, palette de dégustation, dégustation de bouchées concoctées à base de bière. Avant de partir, n'oubliez pas de faire un arrêt à la petite boutique artisanale où bières, produits du terroir, chopes, artisanat et autres vous séduiront.

SAINT-PAULIN

HÉBERGEMENT

AUBERGE LE BALUCHON
3550, chemin des Trembles
819-268-2555 / 1 800-789-5968
www.baluchon.com
Établissement membre des réseaux Hôtellerie Champêtre, Table aux saveurs du terroir certifiés et Spas Relais Santé.
★★★★

⊃ Chambres : 90 réparties en petites auberges et 1 chalet – à partir de 175$ par personne en forfait réunion deux jours / une nuit
⊃ Restaurant sur place : 1 (haute gastronomie, capacité de 150 couverts, salles privées)
⊃ Salles de réunion : 7 (de 10 à 250 personnes)
⊃ Salle la plus grande : 75 pi X 52 pi, 250 personnes en théâtre
⊃ Commodités : Internet sans fil, équipement audiovisuel, forfaits affaires, piscine intérieure, salle de conditionnement physique, bain à remous, sauna, centre de santé, éco-café, nombreuses activités
⊃ Localisation : Archipel du Sabot de la Vierge
Charmante auberge de villégiature et de congrès dont la réputation n'est

plus à faire. Nombreuses activités sur le site : géocoaching, baignade, tennis, équitation, vélo, canoë-kayak, randonnée, théâtre en rivière, ski de fond (25 km), raquettes, patinage, glissades, traîneau à chiens, etc. Une destination de pleine nature et de relaxation, avec des salles de réunion bien équipées. Où travail rime avec plaisir !

SHAWINIGAN

HÉBERGEMENT

AUBERGE GOUVERNEUR
1100, du Saint-Maurice
819-537-6000 / 1 888-922-1100
www.gouverneurshawinigan.com
★★★★

⊃ Chambres standards : 103 – tarifs corporatifs sur demande
⊃ Suites luxueuses : 2
⊃ Suite hospitalité : 1
⊃ Restaurant sur place : 1
⊃ La Marmite : spécialités de steaks et côtes levées, capacité de 120 couverts, 2 salons privés disponibles.
⊃ Salles de réunion : 14 (de 8 à 700 personnes)
⊃ Salle de la plus grande : 101 pi X 69 pi, 700 personnes en théâtre
⊃ Commodités : centre d'affaires, équipement audiovisuel, Internet haute vitesse sans fil et à prise, étage classe affaires, forfaits réunion, piscine intérieure, bain tourbillon, clinique beauté et balnéothérapie, bar
⊃ Localisation : au centre-ville de Shawinigan
La capacité des salles de réunion est impressionnante et l'étage réservé aux chambres de classe affaires est très pratique. Parfait pour les grands groupes. Les nombreux forfaits, que ce soit pour une journée seulement ou avec nuitée, sont extrêmement intéressants et conviendront sas nul doute à vos besoins d'affaires. Ils comprennent la salle de réunion et l'équipement audiovisuel, les repas ou pauses café, l'hébergement dans certains cas, et bien plus encore. Il y en a même pour vos 5 à 7 en fin de journée !

www.petitfute.ca

LOCATION DE SALLES

ESPACE SHAWINIGAN – CENTRE DE FOIRES ET D'EXPOSITIONS

1882, Cascade | 819-536-8516 / 1 866-900-2483
www.citedelenergie.com

La Cité de l'Énergie met à votre disposition 10 salles de dimensions variées. Que ce soit pour la tenue d'une conférence, d'un séminaire, d'un salon commercial ou d'un événement d'affaires, vous serez comblés par la gamme très étendue de services à la fine pointe de la technologie : sonorisation, vidéo, multimédia, équipement d'éclairage, réseau informatique, techniciens d'installation, etc.

TROIS-RIVIÈRES

HÉBERGEMENT

AUBERGE DU LAC SAINT-PIERRE

10 911, Notre-Dame (secteur Pointe-du-Lac)
819-377-5971 / 1 888-377-5971
www.aubergelacst-pierre.com
Établissement membre du réseau Hôtellerie Champêtre.
★★★★

➲ Chambres : 30 — forfait congrès à partir de 159$ par personne en occupation double
➲ Restaurant sur place : 1 (gastronomie, capacité de 60 couverts plus un salon privée de 25 couverts)
➲ Salles de réunion : 4 (de 6 à 60 personnes)
➲ Salle la plus grande : 40 pi, X 20 pi, 60 personnes en théâtre
➲ Commodités : Internet sans fil, équipement audiovisuel, service de photocopie et télécopie, forfaits congrès, sauna, massothérapie, piscine extérieure, tennis et autres activités

➲ Localisation : à quelques minutes en voiture du centre de Trois-Rivières

Une belle auberge au bord du lac Saint-Pierre, dans un site très calme. Le forfait congrès comprend une nuit, trois repas, la salle de rencontre, l'équipement audiovisuel de base, deux pauses café, l'accès Internet sans fil gratuit, les appels locaux gratuits, le stationnement gratuit et le service. Sur demande, l'auberge peut organiser des activités culturelles, sportives ou récréatives.

DELTA TROIS-RIVIÈRES HÔTEL ET CENTRE DES CONGRÈS

1620, Notre-Dame | 819-376-1991 / 1 888-890-3222
www.deltahotels.com
★★★★

➲ Chambres standards et premières : 156 — à partir de 109$
➲ Suites exécutives : 3
➲ Restaurant sur place : 1
➲ Le Troquet : cuisine régionale, capacité de 140 couverts
➲ Salles de réunion : 13 (accueillant de 10 à 1 500 personnes)
➲ Salle la plus grande : 75 pi X 150 pi, 1 500 personnes en théâtre ou réception
➲ Commodités : Internet haute vitesse sans fil, équipement audiovisuel, services de secrétariat, menus pour groupes, piscine intérieure, bain à remous, salle de conditionnement physique, bar
➲ Localisation : au centre-ville de Trois-Rivières

Un immense hôtel avec un centre de congrès intégré, en plein cœur de la ville. Toutes les salles de réunion se trouvent au même étage et sont entièrement équipées. Soumettez votre demande à Maestros Réunions Delta en remplissant le formulaire en ligne ou en contactant leur service téléphonique pour affaires ouvert 24h : 1 800-387-1265.

HÔTEL GOUVERNEUR
975, Hart | 819-379-4550 / 1 888-910-1111
www.gouverneur.com
★★★★

- Chambres standards : 77 – à partir de 116 $
- Chambres classe affaires : 50
- Restaurant sur place : 1
- Le Rouge Vin : fine cuisine française, capacité de 120 couverts, service de traiteur
- Salles de réunion : 7 (de 10 à 450 personnes)
- Salle la plus grande : 46 pi X 78 pi, 450 personnes en théâtre
- Commodités : Internet haute vitesse sans fil, équipement audiovisuel, piscine extérieure, salle de conditionnement physique
- Localisation : au centre-ville près du fleuve et de la rivière Saint-Maurice

Les hôtels de la chaîne Gouverneur sont reconnus pour leur confort et services aux gens d'affaires. Ses salles de réunion sont modulables et très bien équipées, que ce soit pour une petite rencontre ou une conférence. Adhérez gratuitement au programme Club Gouverneur qui vous permettra de profiter de tarifs corporatifs avantageux ainsi que d'une foule de petits plus pour vos séjours d'affaires.

LOCATION DE SALLES

ILLICO GALERIE
60, des Forges | www.illicogalerie.com

Vous cherchez un endroit différent pour un prochain 5 à 7, une petite réunion ou un lancement ? Les locaux de cette galerie d'art conviennent parfaitement pour votre événement. L'endroit peut accueillir de 15 à 40 personnes et un menu traiteur peut être concocté sur mesure. Pour plus d'information, contactez Alain Beaupré au 819-370-3912 ou par courriel au alain-beaupre@hotmail.com.

RESTAURANT

POIVRE NOIR
1300, du Fleuve | 819-378-5772
www.poivrenoir.com

- Catégorie : fine cuisine
- Heures d'ouverture : midi et soir du mardi au dimanche (fermé le midi le week-end en basse saison)
- Fourchette de prix : midi $$, soir $$- $$$$

Bar & lounge, terrasse donnant sur le fleuve. Service de réunion et réception pour la clientèle affaires. Au cœur du parc portuaire, les yeux sur le fleuve, le Poivre Noir offre une cuisine d'inspiration française aux saveurs du monde. Les recettes sortent, pour la plupart, de l'imagination du jeune chef José Pierre Durand, et sont composées avec les meilleurs ingrédients, ce qui donne un charme si singulier au menu. Vous découvrirez qu'une grande attention a été prêtée aux accords des mets et des vins, et c'est particulièrement bien réussi. Le cadre est d'une rare élégance, les œuvres qui décorent les murs faisant ressortir le mobilier moderne et distingué. Sans nul doute la meilleure table en ville.

ACTIVITÉS

ALAIN LEBEL, ACTIVITÉS CORPORATIVES ET AVENTURE PLEIN AIR
819-996-0762 | www.alainlebel.ca

Alain Lebel et son équipe offrent une panoplie d'activités de consolidation d'équipe et de motivation s'adressant à des groupes de 12 à 500 personnes : rallye geocoaching, olympiades, golf en forêt, initiation à la flore et la mycologie, canot camping, randonnée en raquette avec nuitée dans un Quinzee, etc. Un programme sur mesure est établi en fonction des objectifs recherchés par votre groupe, peu importe votre budget et le temps dont vous disposez.

Montérégie

© Tourisme Montérégie - mgphotographe.com

ATOUTS DE LA RÉGION

- la grande proximité de Montréal qui fait de la Montérégie une région pratique pour un court séjour
- des villages pittoresques, comme Chambly
- une grande diversité au niveau des établissements : d'auberges champêtres jusqu'à des hôtels urbains
- des tarifs très compétitifs par rapport à Montréal et le stationnement gratuit

ACTIVITÉS PHARES

- les lieux historiques nationaux qui vous raconteront l'histoire de la région
- les nombreux vergers pour l'autocueillette de pommes et la dégustation de cidres
- les nombreux circuits gourmands de cette région considérée comme « le grenier du Québec »
- le Parc Safari à Hemmingford

CONTACTS

TOURISME MONTÉRÉGIE
a/s Marie-Josée Dumont
2001, de Rome, 3e étage, Brossard
450-466-4666 / 1 866-469-0069
mjdumont@tourisme-monteregie.qc.ca
www.tourisme-monteregie.qc.ca

Le site Internet renferme plusieurs informations pour vous aider à planifier votre événement d'affaires. À ce fait, vous y trouverez les fiches techniques de chaque établissement, la brochure corporative de la région et un formulaire de demande de soumission en ligne.

TOURISME SUROÎT
a/s Denis Brochu
1155, Mgr-Langlois, Salaberry-de-Valleyfield
450-377-7676 / 1 800-378-7648
dbrochu@tourisme-suroit.qc.ca
www.tourisme-suroit.qc.ca

L'office du tourisme vous offre un service sur mesure d'accueil de groupe selon vos besoins et votre budget (lieu d'hébergement, salle de réunion, restaurant, activités paracongrès, etc.).

DÉVELOPPEMENT ÉCONOMIQUE LONGUEUIL

a/s Diane St-Jacques
204, de Montarville, bureau 120, Boucherville
450-645-2335, poste 1193 / 1 866-599-2335
diane.st-jacques@del.longueuil.ca
www.del.longueuil.ca

BUREAU DU TOURISME ET DES CONGRÈS DE SAINT-HYACINTHE

a/s Nancy Lambert | 2090, Cherrier
450-774-7276, poste 223 / 1 800-849-7276
lambertn@tourismesainthyacinthe.qc.ca
www.tourismesainthyacinthe.qc.ca

Plusieurs services gratuits sont offerts tant aux organisateurs qu'à leurs participants. Sur le site Internet, vous trouverez la liste de ces services ainsi que les principaux lieux d'hébergement et de rassemblement. Le Guide de l'organisateur, qui contient en plus la liste des services complémentaires pour l'organisation de votre événement, est disponible gratuitement sur leur site ou vous pouvez le commander en ligne.

OFFICE DU TOURISME ET DES CONGRÈS DU HAUT-RICHELIEU

a/s Sophie Latour
31, Frontenac, Saint-Jean-sur-Richelieu
450-542-9090 / 1 888-781-9999
s.latour@regiondesaint-jean-sur-richelieu.com
www.regiondesaint-jean-sur-richelieu.com

L'office du tourisme offre des services de soutien à la planification de votre événement d'affaires.

BOUCHERVILLE

HÉBERGEMENT

HÔTEL MORTAGNE

1228, Nobel | 450-655-9966 / 1 877-655-9966
www.hotelmortagne.com
★★★★

⮑ Chambres sélectes : 97 – à partir de 169 $

⮑ Chambres adaptées : 13
⮑ Chambres spa : 10
⮑ Suites exécutives : 10
⮑ Restaurant sur place : 1
⮑ Resto lounge SENS : fine cuisine, utilisation de produits régionaux, capacité de 100 couverts
⮑ Salles de réunion : 21 (accueillant de 2 à 1 000 personnes)
⮑ Salle la plus grande : 168 pi X 60 pi, jusqu'à 1 000 personnes en banquet
⮑ Commodité : Internet haute vitesse sans fil et avec prise, salles multimédias équipées de chaises ergonomiques, espace foyer avec fenestration, équipement audiovisuel, service de banquet, piscine intérieure, spa Mortagne, salle de conditionnement physique, boutique
⮑ Localisation : à proximité des autoroutes 20 et 30

En raison de sa proximité de Montréal, de sa facilité d'accès et de son grand nombre de chambres et de salles de réunion, toutes munies d'écrans intégrés, cet hôtel est fort pratique pour une rencontre d'envergure. À ces atouts viennent s'ajouter le design épuré et agréable des chambres et la modernité des équipements. Sans oublier le beau spa et ses différents soins à la carte ou en forfaits qui sont aussi disponibles.

BROSSARD

HÉBERGEMENT

ALT HÔTEL

6500, de Rome | 450-443-1030 / 1 877-343-1030
www.dix30.althotels.ca
★★★

⮑ Chambres tendances : 159 – tarif unique de 129 $
⮑ Restaurant sur place : aucun mais le petit-déjeuner à emporter est inclus dans la nuitée
⮑ Salles de réunion : 4 plus une mezzanine et une suite (accueillant de 10 à 220 personnes)
⮑ Salle la plus grande : 2 700 pi^2, jusqu'à 220 en cocktail
⮑ Commodités : Internet haute vitesse sans fil, postes Internet dans le hall d'entrée, centre d'affaires avec télécopieur et photocopieur, équipement audiovisuel, service de traiteur, lounge

⊃ Localisation : dans le quartier Dix30, à la jonction des autoroutes 10 et 30

Le Alt Hôtel, établissement écoproactif, propose des chambres aux lignes stylées et contemporaines pour un prix très raisonnable. Œuvres d'art originales d'artistes québécois sur les murs, écran plat, couette de duvet d'oie, literie au confort exceptionnel, salle de douche moderne… tout est là pour vous faire passer une nuit des plus agréables. Le Alt est idéal pour les gens d'affaire car les salles de réunions sont toutes équipées d'un téléviseur plasma 50 po encastré au mur ou d'une toile de projection, et d'un accès Internet haute vitesse. Son emplacement central dans le quartier Dix30 permet un accès rapide aux différents restaurants, aux boutiques, au cinéma, à la salle de spectacle l'Étoile, à la salle de sport Gold's Gym et au Skyspa.

HÔTEL BROSSARD

7365, Marie-Victorin

450-671-4949 / 1 877-890-1008

www.hotelbrossard.com

★★★

⊃ Chambres standards et suites : 138 – à partir de 99 $

⊃ Restaurant sur place : aucun mais service de petit déjeuner

⊃ Salles de réunion : 2 (jusqu'à 24 personnes en conférence) – ouverture à l'automne 2010 de leur centre de congrès

⊃ Commodités : Internet haute vitesse sans fil et avec prise, équipement audiovisuel (autres services d'affaires prévus au futur centre de congrès)

⊃ Localisation : sur la route 132, un peu à l'ouest du pont Champlain

L'hôtel propose de belles grandes chambres avec espace de travail, écran

plat, et toutes les commodités nécessaires pour votre séjour. Afin de répondre à la demande grandissante de la clientèle affaires, un nouveau centre de congrès sera inauguré à l'automne 2010 et les salles, à la fine pointe de la technologie, pourront accueillir jusqu'à 800 personnes. Il est possible dès maintenant de réserver en ligne votre congrès.

CHAMBLY

RESTAURANT / ACTIVITÉ / LOCATION DE SALLES

FOURQUET FOURCHETTE

1887, Bourgogne | 450-447-6370 / 1 888-447-6370

www.fourquet-fourchette.com

⊃ Catégorie : cuisine traditionnelle et amérindienne

⊃ Heures d'ouverture : Septembre à mi-mai : lun-jeu, groupes seulement sur réservation ; ven-sam, 11h30-fermeture ; dim, 11h-fermeture. Mi-mai à septembre : lun-sam, 11h30-fermeture ; dim, 11h-fermeture.

⊃ Fourchette de prix : $- $$

⊃ Salle privée : 1, capacité de 140 personnes

Près du Fort de Chambly, les eaux vives du bassin de la rivière Richelieu qui s'ébrouent devant la terrasse donnent le ton à cet établissement où la bière coule à flot. Les convives deviennent des découvreurs et s'initient à la cervoise Unibroue, qui se retrouve dans plusieurs plats de cette gastronomie du terroir québécois et amérindien. En mangeant, il peut arriver que des troubadours se joignent à la partie. Les lieux sont divisés en trois salles : la « Jean-Talon », la salle à manger principale de 160 places, la taverne « La Chasse-Galerie » de 40 places, et la salle privée « L'Abbaye » avec colonnes et voutes en ogives.

Menus pour groupes, dégustations et forfaits réunion sur mesure. Boutique du terroir et mets à emporter.

LA PRAIRIE

LOCATION DE SALLES

ESPACE RIVES-SUD
500, du Golf | 514-887-5520
www.espacerivesud.com

Ouvert à l'été 2009, ce centre multifonctionnel d'envergure propose quatre salles modulables infusées de lumière naturelle (capacité d'accueil de 10 à 250 personnes). Plusieurs services sont offerts en fonction de vos besoins : équipement multimédia, Internet, service de traiteur, etc. En bordure du terrain de golf La Prairie, vous pourrez joindre l'utile à l'agréable. Aussi sur place : deux restaurants, un bar, un bar laitier, un casse-croute, un champ de pratique.

LONGUEUIL

HÉBERGEMENT

HÔTEL SANDMAN
999, de Sérigny | 450-670-3030 / 1 800-493-7303
www.sandmanhotels.com
★★★★

➲ Chambres : 214 – à partir de 119 $
➲ Restaurant sur place : 1
➲ Le Sérigny : fine cuisine de type bistro
➲ Salles de réunion : 11 (10 à 500 personnes)
➲ Salle la plus grande : 3 960 pi², jusqu'à 500 personnes en cocktail
➲ Commodités : Internet haute vitesse, centre d'affaires, équipement audiovisuel, salle de conditionnement physique, piscine intérieure, sauna
➲ Localisation : en bordure de la route 132, à quelques minutes du pont Jacques-Cartier

Cet hôtel de catégorie supérieure offre des chambres luxueuses avec vue sur le centre-ville de Montréal et le fleuve. Le centre d'affaires est très complet et propose des services de télécopie, de photocopie et d'impression. L'équipe de l'hôtel peut également prendre en charge la planification de votre événement. Renseignez-vous sur le programme Star Plus pour clientèle corporative.

RESTAURANT

WILLIAM
295, Saint-Charles O | 450-928-7131
www.restaurantwilliam.com
➲ Catégorie : bar & grill
➲ Heures d'ouverture : lun-dim, 11h30-23h
➲ Fourchette de prix : midi$, soir $$

Au cœur du Vieux-Longueuil, le restaurant William a établi son quartier général dans une bâtisse patrimoniale de plus de 150 ans, anciennement le restaurant Le Relais Terrapin. La décoration est très tendance en gardant toutefois un aspect rustique où le bois est à l'honneur. Au menu, grillades et plats de type bistro, le tout dans une ambiance d'hypertaverne. La carte des vins comprend plusieurs spécialités et importations privées. Une belle adresse pour un lunch d'affaires.

ACTIVITÉ

NAVARK
81, de la Rive, Vieux-Longueuil
514-871-8356 | www.navark.ca

Louer une île au complet est possible avec Navark! L'entreprise se spécialise dans les croisières, les activités de consolidation d'équipe et l'organisation d'événements privés, en forfait ou sur mesure. Pour les groupes corporatifs, il est possible de faire une croisière privée (2 à 200 personnes), une chasse au trésor, un événement sur leur île privée sur le Saint-Laurent, et beaucoup plus. Des services de bar, animation, DJ, traiteur, viennent compléter l'expérience. Un vrai service sur mesure à la hauteur de vos attentes!

MONT-SAINT-HILAIRE

HÉBERGEMENT

MANOIR ROUVILLE-CAMPBELL

125, des Patriotes S
450-446-6060 / 1 866-250-6060
www.manoirrouvillecampbell.com
★★★★

➲ Chambres : 22 – tarifs corporatifs sur demande
➲ Suites : 3
➲ Restaurant sur place : 1
➲ La Table du Manoir : fine cuisine gastronomique française
➲ Salles de réunion : 6 (accueillant de 8 à 250 personnes)
➲ Salle la plus grande : 40 pi X 60 pi, jusqu'à 250 personnes en cocktail
➲ Commodités : Internet haute vitesse sans fil, équipement audiovisuel, service de photocopie et télécopie, forfait réunion, menus pour banquets, bistro-bar, piscine extérieure chauffée, quai pour embarcations de plaisance, jardins
➲ Localisation : entre la rivière Richelieu et le mont Saint-Hilaire

Les amoureux de patrimoine seront heureux de savoir qu'il est possible d'organiser un séminaire dans ce superbe manoir. La table est très réputée et la carte des vins en fera sourire plus d'un. Les salles de réunion ont toutes un décor chaleureux et une excellente fenestration. Des forfaits réunion, avec ou sans hébergement, comprennent la salle de réunion, les trois repas, deux pauses café et les frais de service. D'autres forfaits sur mesure peuvent être concoctés selon vos besoins.

RIGAUD

HÉBERGEMENT

AUBERGE DES GALLANT

1171, chemin Saint-Henri (secteur Sainte-Marthe)
450-459-4241
Sans frais : 1 800-641-4241
www.gallant.qc.ca
Établissement membre des réseaux Hôtellerie Champêtre
et Select Registry Distinguished Inns of North America.
★★★★

➲ Chambres champêtres et de luxe : 25 – forfait affaires à partir de 169$ par personne en occupation double (sur réservation de 8 chambres et plus)
➲ Restaurant sur place : 1 (fine cuisine régionale)
➲ Salles de réunion : 4 (accueillant de 5 à 150 personnes)
➲ Salle la plus grande : 1 350 pi^2, jusqu'à 150 personnes en cocktail
➲ Commodités : Internet haute vitesse sans fil, équipement audiovisuel, forfaits affaires, menus pour groupes et banquets, activités de consolidation d'équipe, menus pour groupes, salle de conditionnement physique, sauna, centre de santé, piscine extérieure chauffée, terrains de jeux, pêche à la truite, sentiers, écurie, cabane à sucre (mars et avril), etc.
➲ Localisation : sur le flanc du mont Rigaud, entre Montréal et Ottawa

Établissement de charme où vous profiterez de la nature et du calme, tout en appréciant la possibilité de vous réunir dans des salles fonctionnelles. Idéal pour la motivation d'une équipe. Différents forfaits affaires sont disponibles avec ou sans hébergement à un tarif très compétitif.

SAINT-HYACINTHE

HÉBERGEMENT

HÔTEL DES SEIGNEURS

1200, Johnson
450-774-3810 / 1 866-734-4638
www.hoteldesseigneurs.com
★★★★

➲ Chambres Atrium et classe affaires : 269 – à partir de 125$ en occupation double
➲ Suites classe affaires et administratives : 21
➲ Restaurants sur place : 2
➲ Le Quatre Saisons : cuisine française et régionale, 8 salons privés d'une capacité de 40 personnes chacun
➲ Le Pub Buckingham : cuisine de type bistro
➲ Salles de réunion : 45 (accueillant de 5 à 3 200 personnes)
➲ Salle la plus grande : 100 pi X 330 pi, jusqu'à 3 200 personnes en cocktail

➲ Commodités : Internet haute vitesse, équipement audiovisuel, étage exécutif avec 8 salles de réunion, deux quais de chargement et deux portes d'accès aux salles, professionnels sur place (décoration, kiosques, audiovisuel, électricité), services pour expositions, menus pour groupes et banquets, forfaits réunion, jardins tropicaux, piscine intérieure, jacuzzi, sauna, salle de conditionnement physique, service de masso-thérapie, discothèque, etc.

➲ Localisation : en bordure de l'autoroute 20

Un établissement pratique pour les très grands groupes. L'Hôtel des Seigneurs est le plus grand centre de congrès régional du Québec avec ses 100 000 pieds carrés d'espace pour les événements. Le rapport qualité-prix est très bon et les services nombreux feront de votre petite réunion ou événement d'ampleur une grande réussite.

RESTAURANT / LOCATION DE SALLES

TERROIR ETCETERA

4900, Martineau
450-799-4454
www.terroiretc.ca

➲ Catégorie : épicerie fine – café bistro
➲ Heures d'ouverture : lun-dim, 6h-21h (horaire variable en basse saison)
➲ Fourchette de prix : $
➲ Salles privées : 2 (jusqu'à 325 personnes en cocktail)

Cette nouvelle entreprise mise sur la découverte du terroir québécois. Vous retrouverez sur place une épicerie fine, un café bistro et une galerie d'art. Le vignoble Château Fontaine, le seul de la région, est à quelques pas et il est possible d'y organiser des dégustations. Sachez également que le 2e étage du bistro compte deux salles de réunion comprenant l'équipement audiovisuel, Internet haute vitesse sans fil, l'accès privé aux salles avec ascenseur et le vestiaire. Sur demande : confection de cadeaux corporatifs, menus de terroir sur mesure et service traiteur.

ACTIVITÉ DANS LES ENVIRONS

CLUB DE GOLF LA MADELEINE

3501, Montée du 4e Rang, Sainte-Madeleine
450-584-2244 / 1 800-561-2246
www.golflamadeleine.qc.ca

Un très beau terrain avec deux parcours 18 trous, accessible à toutes les catégories de golfeurs, rien de mieux après une longue matinée de réunion. Les plus compétitifs opteront pour un tournoi amical (à partir de 35$ par personne). Et pourquoi ne pas tenir votre réunion sur place ? Cinq salles de réception et deux terrasses sont à votre disposition ainsi qu'une grande variété de menus s'adaptant à toutes les bourses.

SAINT-JEAN-SUR-RICHELIEU

HÉBERGEMENT

HÔTEL RELAIS GOUVERNEUR

725, du Séminaire N | 450-348-7376 / 1 888-910-1111
www.relaisgouverneur.com
★★★

➲ Chambres standards et affaires : 111 – à partir de 99$
➲ Restaurant sur place : 1
➲ Le Félix-Gabriel : fine cuisine, capacité de 125 couverts
➲ Salles de réunion : 11 (4 à 500 personnes)
➲ Salle la plus grande : 50 pi X 96 pi, jusqu'à 500 personnes en théâtre ou cocktail
➲ Commodités : Internet haute vitesse sans fil, équipement audiovisuel, étage « classe affaires », piscine
➲ Localisation : à proximité de l'autoroute 35 et de la rivière Richelieu

Les hôtels de la chaîne Gouverneur sont reconnus pour leur confort et services aux gens d'affaires. Ses salles de réunion sont modulables, que ce soit pour une petite rencontre ou une conférence. Adhérez gratuitement au programme Club Gouverneur qui vous permettra de profiter de tarifs corporatifs avantageux ainsi que d'une foule de petits plus pour vos séjours d'affaires.

SAINT-MARC-SUR-RICHELIEU

HÉBERGEMENT

HOSTELLERIE LES TROIS TILLEULS & SPA GIVENCHY

290, Richelieu | 514-856-7787 / 1 800-263-2230
www.lestroistilleuls.com
www.spagivenchy.com
Établissement membre du réseau Relais & Châteaux.
★★★★

➲ Chambres supérieures, de luxe et suite : 41 – à partir de 175$ en occupation double

➲ Restaurant : 1 (haute gastronomie, cave à vin de 16 000 bouteilles, capacité de 120 couverts)

➲ Salles de réunion : 7 (accueillant de 10 à 120 personnes)

➲ Salle la plus grande : 26 pi X 45 pi, jusqu'à 120 personnes en banquet

➲ Commodités : Internet haute vitesse sans fil, équipement audiovisuel, menus pour réunions et banquets, forfaits réunion, Spa Givenchy, piscine intérieure, salle de conditionnement physique, cabine de bronzage, terrains de tennis, galerie d'art

➲ Localisation : aux abords de la rivière Richelieu

Un lieu unique, idéal pour tous ceux qui veulent que leur rencontre se fasse en parallèle à la détente. L'établissement est très renommé pour son prestigieux centre de santé, ouvert au grand public, qui offre toute une gamme de soins pour votre bien-être. Son affiliation à la prestigieuse chaîne Relais & Château est un gage de sa grande qualité.

SOREL-TRACY

HÉBERGEMENT

AUBERGE DE LA RIVE

165, Sainte-Anne | 450-742-5691 / 1 800-369-0059
www.aubergedelarive.com
★★★★

➲ Chambres standards : 96 – à partir de 95$ en occupation double

➲ Suites : 2

➲ Restaurant sur place : 1

➲ Le Saint-Laurent : fine cuisine, capacité de 120 couverts

➲ Salles de réunion : 11 (accueillant de 10 à 800 personnes)

➲ Salle la plus grande : 124 pi X 58 pi, jusqu'à 800 personnes en cocktail

➲ Commodités : Internet haute vitesse sans fil, centre d'affaires, équipement audiovisuel, forfaits affaires, kiosques disponibles (62), menus pour groupes, salle de conditionnement physique, piscine extérieure, service de massothérapie sur demande, bistro-bar (35 places)

➲ Localisation : en bordure de la rivière Richelieu, à quelques pas de la marina de Sorel

Une excellente adresse pour les groupes à la recherche d'une destination près de Montréal, mais dans laquelle on se sent loin du stress urbain ! Vous aurez le choix entre des salles de réunion donnant sur la marina ou sur une ferme. Ajoutez à cela une équipe de direction vraiment aux petits soins avec ses clients. Elle fera tout pour que vos réunions se déroulent au mieux.

© Tourisme Montérégie - mgphotographe.com

Enfin, le restaurant prépare une cuisine délicieuse. Le tout pour un excellent rapport qualité-prix.

VALLEYFIELD

HÉBERGEMENT

HÔTEL PLAZA VALLEYFIELD
40, du Centenaire | 450-373-1990 / 1 877-882-8818
www.plazavalleyfield.ca
★★★

➲ Chambres standards et suites : 122 – à partir de 109$
➲ Restaurant sur place : 1
➲ Le Mimosa resto-bar : cuisine raffinée à saveur régionale, capacité de 160 couverts
➲ Salles de réunion : 11 (accueillant de 12 à 600 personnes)
➲ Salle la plus grande : 83 pi X 63 pi, jusqu'à 600 personnes en théâtre ou cocktail
➲ Commodités : Internet haute vitesse sans fil, équipement audiovisuel, service de secrétariat, service de photocopie et télécopie, forfaits réunion, menus pour banquets, deux quais de chargement, piscine intérieure, bain à remous, salle de conditionnement physique, salle de billard, soins personnels (esthétique, coiffure, massage et bronzage)
➲ Localisation : sur la rive du lac Saint-François

Situé dans une ancienne manufacture de coton, cet hôtel est un bel endroit pour organiser des réunions en raison de sa belle vue sur le lac et sur la ville de Valleyfield. De plus, les salles de réunion sont bien équipées. Accès direct à la piste cyclable. À proximité de plus de 16 clubs de golf de la région du Suroît.

VAUDREUIL-DORION

HÉBERGEMENT

CHÂTEAU VAUDREUIL SUITES HÔTEL
21700, autoroute Transcanadienne
450-455-0955
Sans frais : 1 800-363-7896
www.chateau-vaudreuil.com
★★★★★

➲ Suites standards et exécutives : 116 – forfait corporatif à partir de 145$ par personne en occupation double (sur réservation minimum de 10 suites)
➲ Restaurant : 1
➲ Ristorante Villa d'Este : fine cuisine européenne, sections privées
➲ Salles de réunion : 12 (accueillant de 5 à 700 personnes)
➲ Salle la plus grande : 6 000 pi^2, jusqu'à 700 personnes en théâtre ou cocktail
➲ Commodités : Internet haute vitesse, équipement audiovisuel, centre d'affaires, forfaits corporatifs, menus pour banquet, bar, centre de santé, salle de conditionnement physique, piscine intérieure, bain à remous, sauna, terrains de tennis
➲ Localisation : aux abords du lac des Deux-Montagnes

Hôtel prestigieux situé dans le cadre enchanteur du lac des Deux-Montagnes. Le château est composé exclusivement de suites, décorées dans un esprit européen. Les groupes nombreux profiteront du beau pavillon sur le lac. Un établissement de très grande classe et une table réputée cotée 4 diamants.

Outaouais

ATOUTS DE LA RÉGION

- une destination nature, propice à la réflexion et au ressourcement
- la proximité d'Ottawa et de Montréal

ACTIVITÉS PHARES

- le parc Oméga où les animaux vivent en totale liberté
- la ville de Gatineau et son Musée canadien des civilisations
- le golf (l'Outaouais possède de très beaux parcours)

CONTACT

TOURISME OUTAOUAIS, DIVISION RÉUNIONS ET CONGRÈS

a/s Jill Mimeault | 103, Laurier, Gatineau
819-595-8005, poste 242 / 1 800-567-9824
jmimeault@tourisme-outaouais.ca
www.reunionoutaouais.com

Le site de l'office du tourisme est très complet. Trouvez les personnes contacts, découvrez la gamme de services offerts par la division congrès de Tourisme Outaouais, consultez le guide du planificateur, ou demandez une soumission en ligne. Un moteur de recherche vous permet également de trouver hébergement, restaurants, salles de réunion, activités et attraits… tout cela par critères, catégories et territoires. Une vraie mine d'information !

DUHAMEL

HÉBERGEMENT

AUBERGE COULEURS DE FRANCE

611, du Lac Doré Nord | 819-743-5878
www.chaletcouleursdefrance.com

Ouvert de la Saint-Jean à l'Action de Grâces & du 20 décembre au 3e week-end de mars.

★★★★

➲ Chambres : 16 – à partir de 179$ en occupation double, souper et petit déjeuner inclus
➲ Suites : 4
➲ Restaurant sur place : 1 (fine cuisine française et régionale)
➲ Salle de réunion : 1 (accueillant jusqu'à 30 personnes assises)
➲ Commodités : Internet sans fil, équipement audiovisuel, forfaits affaires, salon, bar, spa, massage, prêt et location d'équipement de plein air
➲ Localisation : au beau milieu de la nature

Nous avons eu un coup de foudre pour ces grands chalets en bois rond ! Pour commencer, le lieu est extraordinaire : après avoir parcouru une route quasi déserte, on arrive sur les bords d'une immense et magnifique étendue d'eau. C'est sur ses berges, dans une clairière, que reposent les magnifiques chalets de Couleurs de France. L'intérieur y est ravissant, chaque chambre étant décorée différemment, mais toujours dans des coloris chaleureux et avec des objets rapportés par les propriétaires de leurs nombreux voyages autour du globe. Toutes ont une terrasse privative qui donne sur le lac. Celui-ci se découvre en canot ou en pédalo (fournis). Pour profiter de la forêt aux alentours, on peut louer sur place des motoneiges ou des quads. Pour la détente après une journée de réunion bien remplie, optez pour un massage (plusieurs choix proposés) et un bain scandinave (eau chaude avec chute, sauna et salle de repos...). Après cela, il est temps de profiter du délicieux souper, préparé sur place, bien entendu !

GATINEAU

HÉBERGEMENT

Gatineau étant un grand centre et de par sa proximité avec la capitale nationale, l'offre en hébergement et en salles de réunion est considérable. Pour obtenir la liste complète afin d'organiser votre prochain séjour, réunion ou congrès, référez-vous au site affaires de l'office du tourisme : www.reunionoutaouais.com.

HILTON LAC-LEAMY
3, du Casino
819-790-6444 / 1 866-488-7888
www.hiltonlacleamy.com
★★★★★

⮑ Chambres standards : 310 – à partir de 209$
⮑ Suites luxueuses : 37
⮑ Suites présidentielles : 2
⮑ Restaurants sur place : 3 (plus 3 autres restaurants au casino)
⮑ Arôme Grillades et Fruits de Mer : spécialités « Terre et Mer », capacité de 140 couverts, salon Porto-cigares
⮑ Le Cellier : section de l'Arôme, cuisine de style bistro, capacité de 34 couverts
⮑ Le TGV : restauration rapide, capacité de 36 places
⮑ Salles et salons de réunion : 14 au centre de congrès de l'hôtel, avec possibilité de 2 très grandes salles, et 5

au casino (de 10 à 1 600 personnes)
⮑ Salle la plus grande : 170 pi X 93 pi, jusqu'à 1 600 personnes en théâtre
⮑ Commodités : Internet haute vitesse sans fil et avec prise, équipement audiovisuel, centre d'affaires multiservices, salles multimédia, salon VIP, bureau des ventes affaires, menus pour groupes et banquets, 3 étages exécutifs pour la clientèle affaires, 2 bars au casino et 1 à l'hôtel, service de remise en forme, spa, piscines intérieure et extérieure, salle de conditionnement physique, tennis, piste cyclable, terrain de jeu, randonnée, patinoire, etc.
⮑ Localisation : au Complexe du Lac-Leamy, à côté du casino

L'endroit idéal pour vos réunions d'affaires ou grands congrès/conférences. Les lieux se prêtent à merveille pour les groupes de toute taille et les nombreux services ne pourront que vous faciliter la vie au niveau de l'organisation. Tout a été pensé et l'équipe du service des ventes prendra en charge tous les détails afin de faire de votre réunion, congrès ou événement une grande réussite. Mais le Hilton est également un lieu de choix pour un repas d'affaires : vous avez le choix entre six restaurants et des salons privés sont à votre disposition. Pour un petit rendez-vous d'affaires, renseignez-vous sur les étages exécutifs.

FOUR POINTS PAR SHERATON & CENTRE DES CONFÉRENCES GATINEAU-OTTAWA
35, Laurier
819-778-6111 / 1 800-567-9607
www.fourpoints.com/gatineau
★★★★

⮑ Chambres standards et suites : 201 – à partir de 95$
⮑ Restaurant sur place : 1
⮑ Café Laurier : cuisine régionale, capacité de 73 couverts
⮑ Salles de réunion : 11 (de 15 à 150 personnes)
⮑ Salle la plus grande : 17,4 pi X 13,1 pi, jusqu'à 150 personnes en théâtre
⮑ Commodités : centre d'affaires, Internet haute vitesse sans fil et avec prise, équipement audiovisuel,

VOUS INSPIRER EN AFFAIRES

◆

C'EST DANS NOTRE NATURE

La ville de Gatineau et la région de l'Outaouais maîtrisent l'art de recevoir en matière de réunions et de congrès. Voisine de la capitale du Canada notre destination marie la sérénité de la nature et les vibrations de la grande ville.

▶ Serge Roy - SMCC   ▶ SCQ - Casino du Lac-Leamy   ▶ Fairmont Le Château Montebello

PLANIFIEZ VOTRE PROCHAIN ÉVÉNEMENT À GATINEAU ET EN OUTAOUAIS!

1 800 567-9824 // WWW.REUNIONOUTAOUAIS.COM

OUTAOUAIS
vivez-le !

bar, lounge, piscine intérieure, bain à remous, salle de conditionnement physique

⮕ Localisation : au centre-ville, près de la rivière des Outaouais

Tout le confort d'un quatre étoiles et des salles de réunion situées dans un ancien presbytère attenant à l'hôtel. Réaménagées avec beaucoup de goût (certaines boiseries sont d'origine), ces salles sont remplies de lumière et la vue sur le parlement d'Ottawa est splendide. L'hôtel se situe également juste en face du Musée canadien des civilisations qui possède un bon restaurant (Café du Musée, ouvert le midi).

HÔTEL-BOUTIQUE CHÂTEAU CARTIER

1170, chemin Aylmer
819-778-0000 / 1 800-807-1088
www.chateaucartier.com
★★★★

⮕ Chambres et suites classiques : 94 – tarifs corporatifs sur demande

⮕ Chambres et suites Signature : 34

⮕ Restaurant sur place : 1

⮕ Ekko Bar Lounge : spécialité de grillades sur feu de bois d'érable, capacité de 160 couverts, salon privé pour 20 à 90 personnes)

⮕ Salles de réunion : 17 (de 15 à 800 personnes)

⮕ Salle la plus grande : 137 pi X 46 pi, jusqu'à 800 personnes en cocktail

⮕ Commodités : Internet haute vitesse sans fil, service de photocopie et télécopie, service de secrétariat, équipement audiovisuel, suites pour la tenue d'ateliers, entrée privée pour arrivée en voiture dans une aire d'accueil, menus pour groupes et banquets, service conseil pour thématique, animation et décoration, bar, centre de santé, terrain de golf 18 trous, piscine intérieure, bain à remous, salle de conditionnement physique, tennis, volleyball plage, squash

⮕ Localisation : dans le quartier Aylmer, près du pont Champlain

Ce bel hôtel quatre étoiles s'est refait une beauté pour offrir davantage de suites et de chambres rénovées, encore plus luxueuses. Grand confort, soins de santé, magnifique terrain de golf et gastronomie vous attendant dans ce temple du luxe. Pour vos réunions d'affaires ou congrès, c'est une adresse de choix de par son grand nombre de salles disponibles, bien adaptées tant aux petits groupes qu'aux grandes conférences. En été, un chapiteau avec plancher de bois peut accueillir de 250 à 300 personnes. L'équipe de l'hôtel vous offrira un service des plus personnalisés respectant vos besoins et votre budget.

RAMADA PLAZA MANOIR DU CASINO

75, d'Edmonton | 819-777-7538 / 1 800-296-9046
www.ramadaplaza-casino.com
★★★★

⮕ Chambres standards : 154 – à partir de 109$

⮕ Chambres de luxe : 7

⮕ Suites mezzanine : 13

⮕ Restaurant sur place : 1

⮕ Le Bifthèque : spécialités de grillades et fruits de mer, capacité de 260 couverts

⮕ Salles, salons et suites de réunion : 12 (de 10 à 350 personnes)

⮕ Salle la plus grande : 41 pi X 60 pi, jusqu'à 350 personnes en cocktail

⮕ Commodités : Internet haute vitesse sans fil, centre d'affaires, équipement audiovisuel, menus pour groupes et banquets, forfaits réunion, piscine intérieure, centre de santé, salle de conditionnement physique

⮕ Localisation : à moins de 1 km du lac Leamy et de son casino (navettes organisées sur demande)

Une excellente halte lors d'un voyage d'affaires ou pour une petite réunion autour d'un bon repas. Toutes les chambres sont munies de baignoires à remous et de foyer électrique. Pour une réunion ou congrès, l'équipe de l'hôtel est à votre service et s'occupera des moindres détails. L'hôtel dispose aussi d'une suite exécutive avec salle de réunion intégrée, parfait pour les petits comités. Trois forfaits réunions à la journée sont offerts pour ceux qui ne séjournent pas à l'hôtel.

RESTAURANTS

CAFÉ JEAN-SÉBASTIEN
BAR & TAPAS

49, Saint-Jacques

819-771-2934

www.cafejeansebastien.com

⮑ Catégorie : cuisine française régionale et contemporaine

⮑ Heures d'ouverture : lun-ven, 11h30-14h et 16h-23h ; sam, 17h-23h ; dim, fermé.

⮑ Fourchette de prix : midi$, soir$- $$$

⮑ Salles privées : 4 (jusqu'à 20 personnes) et capacité de 40 personnes en salle principale. Terrasse.

Depuis plus de 10 ans, le Café Jean-Sébastien est le lieu de rendez-vous des fins palais. Comme son nom l'indique, on y retrouve une grande sélection de tapas mais aussi des plats savoureux mettant en vedette les produits de la mer et le gibier (leur confit de canard est sublime) en soirée. Deux côtés et deux ambiances distinctes permettent à l'établissement de vous accueillir pour toutes les occasions. Le service courtois et professionnel rend l'expérience plus agréable encore. Le midi, on retrouve également une sélection de sandwichs, burgers et savoureuses salades. Très belle carte des vins.

LE PIED DE COCHON

248, Montcalm

819-777-5808

www.lepieddecochon.ca

⮑ Catégorie : fine cuisine française traditionnelle

⮑ Heures d'ouverture : mar-ven, 11h-30-14h & 17h30-22h ; sam, 17h30-22h ; dim-lun, fermé

⮑ Fourchette de prix : midi$- $$, soir $$- $$$

D'une capacité de 90 couverts en salle et de 30 en terrasse, ce charmant bistro vous propose une fine cuisine française où steak tartare, entrecôte, magret de canard, produits fumés ou pavé de saumon séduiront vos papilles.

Ottawa

Difficile de se rendre à Gatineau sans aller faire un tour à Ottawa, pour une visite du Parlement ou du Musée des Beaux-Arts du Canada. Capitale fédérale oblige, la ville offre d'excellents hôtels du plus intime comme l'Indigo, avec sa petite salle de réunion (www.ichotelsgroup.com), au plus grand comme l'Albert at Bay (www.albertatbay.com), un hôtel de suites doté d'une gigantesque salle de réception, ou le Fairmont Château Laurier, situé à deux pas du parlement, avec sa vingtaine de salles et ses chambres luxueuses. La rumeur veut qu'Ottawa ait le plus grand nombre de restaurants au Canada, proportionnellement à sa population bien entendu. Il y a donc largement de quoi se faire plaisir !

ACTIVITÉ

MUSÉE CANADIEN DES CIVILISATIONS

100, Laurier | 819-776-7000 / 1 800-555-5621
www.civilisations.ca

Tarifs spéciaux et visites guidées pour les groupes de 20 personnes et plus. Ce vaste complexe muséologique ultramoderne offre 16 500 m² de salles d'exposition consacrées à l'histoire du Canada depuis les Vikings, ainsi qu'aux arts et traditions des nations autochtones du Canada. Par l'impressionnante collection d'objets qu'il regroupe (plus de 3 millions), ses diaporamas, ses systèmes de projection de haute technologie et ses expositions interactives, il vise à mettre en valeur le patrimoine culturel de 275 groupes humains vivant au Canada. *Vous y verrez également le Musée canadien des enfants (activités de découverte), le Musée canadien de la poste, un théâtre IMAX et des expositions temporaires, le Café du Musée, le Café Express et une cafétéria.*

MANIWAKI

HÉBERGEMENT

AUBERGE DU DRAVEUR

85, Principale | 819-449-7022 / 1 877-449-7022
www.aubergedraveur.qc.ca
★★★★

➲ Chambres Confort : 49 – à partir de 94$

➲ Suites : 3
➲ Studios : 9
➲ Restaurant sur place : 1
➲ Le Williamson : cuisine internationale
➲ Salles de réunion : 4 (de 5 à 325 personnes) plus la terrasse, l'aire de jeux et une suite
➲ Salle la plus grande : 60 pi X 60 pi, 325 personnes en théâtre
➲ Commodités : Internet haute vitesse sans fil, service de planification (décoration, soirées thématiques, musique, etc.), équipement audiovisuel, menus pour groupes et banquet, service de bar, accès direct aux sentiers de motoneige, golf et rafting à proximité, centre de conditionnement physique, deux spas extérieurs, 1 sauna, 2 hammams, service de massothérapie
➲ Localisation : Maniwaki, à 130 km au nord de Gatineau

Le Draveur vous offre confort et raffinement avec de nombreux services sur place. La nouvelle salle de conférence est très agréable. Un point très original : l'hôtel prête des instruments de musique (piano, guitare, violon)! En parcourant le site Internet, vous aurez un bon aperçu de la variété des activités à faire dans les environs.

CHÂTEAU LOGUE

12, rue Comeau
819-449-4848 / 1 877-474-4848
www.chateaulogue.com
★★★★

➲ Chambres Confort et suites : 51 (dont 6 suites Deluxe et 4 Prestige) – à partir de 108$ en occupation double, petit déjeuner inclus (tarifs corporatifs sur demande)

⮑ Restaurant sur place : 1

⮑ Le Poste de Traite : fine cuisine

⮑ Salles de réunion : 6 (de 10 à 300 personnes) — verrière aussi disponible

⮑ Salle la plus grande : 55 pi X 40 pi, 300 personnes en théâtre ou cocktail

⮑ Commodités : Internet haute vitesse sans fil, équipement audiovisuel, tarifs corporatifs, bistro-bar, cave à vin (capacité de 14 personnes), terrasse, terrain de golf, piscine intérieure, centre de santé, sauna, bain tourbillon, salle de conditionnement physique, centre d'interprétation de la protection de la forêt contre le feu et tour à feu

⮑ Localisation : en plein cœur de la ville

Un hôtel tout confort, situé au bord de la rivière Gatineau dans un environnement très calme, qui vous propose sous un même toit des services personnalisés d'hébergement et de restauration de premier ordre. Le restaurant offre tant une cuisine bistro que française. Notez qu'il est possible d'organiser un souper thématique ou un cocktail intime dans la cave à vin. Les salles de réunion ont une bonne fenestration et pour les petits groupes, la cave à vin et le loft offrent un cachet inégalable.

MONTEBELLO

HÉBERGEMENT

FAIRMONT LE CHÂTEAU MONTEBELLO

392, Notre-Dame | 819-423-3012/ 1 800-441-1414
www.fairmont.com/fr/montebello
★★★★★

⮑ Chambres standards et suites : 211 - tarifs corporatifs sur demande

⮑ Restaurant sur place : 1

⮑ Aux Chantignoles : haute gastronomie, capacité de 360 couverts

⮑ Salles de réunion : une vingtaine de salles (dont une, toute nouvelle, avec terrasse reliée à l'établissement par un corridor), mezzanines et même une tente extérieure (de 10 à 500 personnes)

⮑ Salle la plus grande : 4 200 pi^2, jusqu'à 500 personnes en réception

⮑ Commodités : Internet haute vitesse sans fil et avec prise, équipement audiovisuel, centre d'affaires, service de photocopie et télécopie, menus pour groupes et banquets, un choix presque infini d'activités, centre de santé, salle de conditionnement physique, piscines intérieure et extérieure, port privé, bars, terrasses, etc.

⮑ Localisation : à 1h30 de Montréal et 1h d'Ottawa, en pleine nature aux abords de la rivière des Outaouais

Certainement le plus bel hôtel de la région ! L'architecture du bâtiment central, tout en bois, est impressionnante. Les activités de motivation sont nombreuses et pour une sortie unique, vous pourrez demander un cours de conduite à l'école Land Rover. Au niveau affaires, le vaste choix des salles conviendra à tout type de réunion ou événement. La grande quantité des services, qui rime ici avec qualité, vous permettra de personnaliser votre événement d'affaires selon vos besoins et budget. Notez que le réseau Fairmont est doté d'un service de réservation pour gens d'affaires, Le Global Sales Solutions (1 866-662-6060).

FAIRMONT KENAUK AU CHÂTEAU MONTEBELLO
1000, chemin Kenauk
819-423-5573 / 1 800-567-6485
www.fairmont.com/fr/kenauk
★★★★

⮩ Chalets : 13 (9 disponibles à l'année) – tarifs corporatifs sur demande

⮩ Chalet pour réunion : 1 (Chalet Papineau, capacité de 16 personnes en hébergement et 25 en réunion)

⮩ Commodités : équipement audiovisuel sur demande, services de traiteur et d'entretien ménager quotidien sur demande, foyer extérieur, quai privé sur le lac Papineau, nombreuses activités de plein air et de consolidation d'équipes (service de guide sur demande), accès aux installations sportives du Château Montebello, etc.

⮩ *Notez que le réseau Fairmont est doté d'un service de réservation pour gens d'affaires, Le Global Sales Solutions (1 866-662-6060).

⮩ Localisation : à 30 min au nord du Fairmont Château Montebello, en pleine nature

Pour les amoureux de la nature et du confort, Kenauk offre une expérience sans compromis au cœur de l'un des plus grands et plus anciens territoires privés de chasse et de pêche en Amérique du Nord. La faune et la flore seront au rendez-vous, avec 65 lacs (dont 25 disponibles pour la pêche) et 265 km^2 de superficie. Le Chalet Papineau est parfait pour un lac-à-l'épaule de quelques jours. On y retrouve 5 chambres, 3 salles de bain, une vaste salle à manger (6,4 m X 10,4 m), une grande cuisine toute équipée, une salle de séjour avec un imposant foyer en pierre, et une véranda. Pour des séjours de motivation, plusieurs autres chalets s'offrent à vous (notez cependant qu'ils sont répartis sur l'ensemble du territoire) et des activités de consolidation d'équipes sont disponibles en toute saison. L'expérience restera inoubliable !

Ours noir, Parc Oméga © NRL

AUBERGE MONTEBELLO

676, Notre-Dame | 819-423-0001 / 1 877-423-0001
www.aubergemontebello.com

Établissement membre du réseau Hôtellerie Champêtre.

★★★

➲ Chambres standards et supérieures : 44 – forfait réunion à partir de 118,45$
➲ Restaurant sur place : 1
➲ Le Rouge 20 : grillades, poissons et cuisine du terroir
➲ Salles de réunion : 3 (de 10 à 140 personnes)
➲ Commodités : Internet sans fil, équipement audiovisuel, forfaits réunion, menus pour groupes, centre de santé, piscine extérieure chauffée, salle de conditionnement physique, location de vélo, petit spa de type scandinave sur le toit (sauna et spa à l'extérieur) offrant une vue panoramique sur la rivière
➲ Localisation : à 1h30 de Montréal et 1h d'Ottawa

Charmante ancienne résidence victorienne aux abords de la rivière des Outaouais. Centre de santé, confort et fine cuisine à son restaurant Le Rouge 20 caractériseront votre séjour. Les chambres sont de styles différents et nous vous recommandons particulièrement les champêtres : spacieuses, lumineuses et très abordables. Trois forfaits réunion vous sont offerts à un prix abordable et comprennent l'hébergement, la salle de réunion et les repas et pauses café selon l'option choisie.

ACTIVITÉ

PARC OMÉGA

399, route 323 N | 819-423-5487
www.parc-omega.com

Juin à novembre : lun-dim, 9h-17h (fermeture du parc à 19h). Novembre à juin : lun-dim, 10h-16h (fermeture du parc à 17h). Tarifs spéciaux pour les groupes de plus de 15 personnes. Le Parc Oméga vous propose, dans une réserve privée parfaitement entretenue, de partir à la rencontre des animaux d'Amérique du Nord dans votre voiture ! Des centaines de bêtes plus magnifiques les unes que les autres évoluent librement dans le parc et s'empressent de venir déguster les carottes que vous leur tendez (sachets disponibles à la réception). Seuls les loups, les coyotes et les ours sont dans de larges enclos mais, c'est davantage pour vous assurer de meilleures conditions d'observation que pour des raisons de sécurité car, ici, les lois de la nature sont respectées. En été, des démonstrations d'oiseaux de proie sont proposées plusieurs fois par jour. Il est possible de louer une voiturette de golf pour se rendre à la ferme du parc où vous attendent d'autres espèces. Nouveautés : la reproduction, dans les bâtiments, de la maison de l'artiste local Georges Racicot, dont les objets et meubles ont été rachetés afin de continuer à faire « vivre » l'artiste ; une ancienne cabane à sucre déjà sur place reprend du service ; et surtout, l'arrivée de 15 caribous au parc dans un nouvel espace aménagé pour eux. Un incontournable !

MONTPELLIER

HÉBERGEMENT

LE VICEROY AUBERGE & SPA

533, route 315 | 819-428-2827 / 1 888-882-6666
www.aubergeviceroy.com

★★★

➲ Chambres standards : 7 – à partir de 79$ en occupation double, petit-déjeuner inclus
➲ Chambres de luxe : 16 (13 panoramiques et 3 suites)
➲ Restaurant sur place : 1 (gastronomie, 2 salles à manger)
➲ Salle de réunion : 1 (accueillant jusqu'à 50 personnes)
➲ Commodités : Internet haute vitesse, équipement audiovisuel, forfaits affaires, menus pour groupes, barbillard, salon avec foyer, centre de santé, spa, boutique de produits régionaux, plage privée
➲ Localisation : à 1h d'Ottawa et 2h de Montréal, au bord du lac Viceroy

Cette auberge, dirigée par deux Toulousains amoureux du Québec, est isolée mais le confort des touristes d'affaires est assuré. Un golf à proximité,

une salle de réunion avec vue sur le lac, une table très réputée dans la région, un accueil chaleureux et des propriétaires très professionnels. De plus, vous retrouverez sur place un spa scandinave comprenant deux bains froids, un bain tempéré, un sauna à chromothérapie, un foyer extérieur, une terrasse avec chaises longues et une salle de repos. Les bains sont en roche naturelle, une première au Canada. Excellente activité après une dure journée de travail !

OLD CHELSEA

ACTIVITÉ / LOCATION DE SALLES

LE NORDIK – SPA EN NATURE
16, chemin Nordik
819-827-1111 / 1 866-575-3700
www.lenordik.com
Un site enchanteur où soins du corps et détente sont rois et maîtres. Le complexe, installé en pleine nature, vous propose des bains nordiques, de la massothérapie et des soins détente (dès le printemps 2010). Il est possible de tenir des réunions corporatives et des réceptions dans l'une de leurs deux salles : Le Lodge (425 pi²) et Boréal (1 200 pi²). Moderne et champêtre à la fois, chaque salle vous offre une grande fenestration donnant vue sur une nature luxuriante, de l'équipement audiovisuel de haute qualité, ainsi qu'un menu corporatif composé d'aliments frais et de qualité, incluant notamment plusieurs produits du terroir. Des forfaits affaires permettent de combiner la salle de réunion, l'équipement audiovisuel, les repas et pauses café, avec les différents services du spa.

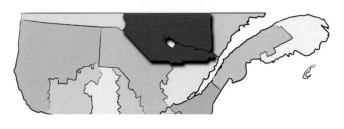

Saguenay-Lac-Saint-Jean

ATOUTS DE LA RÉGION

- les vues sur le fjord du Saguenay et le lac Saint-Jean
- les nombreuses possibilités d'activités de plein air et de loisirs, été comme hiver

ACTIVITÉS PHARES

- le zoo sauvage de Saint-Félicien : pour bâtir un esprit d'équipe dans un endroit vraiment insolite
- la Nouvelle Fabuleuse à La Baie : un spectacle à grand déploiement haut en couleurs sur l'histoire de la région
- le réseau muséal qui propose 18 sites culturels et 4 parcs nationaux dans la région

LA ROUTE DU FJORD

CONTACT

PROMOTION SAGUENAY – DIVISION TOURISME D'AFFAIRES, CONGRÈS & SPORTS
a/s Nathalie Gaudreault
295, Racine E, C.P. 1023, Chicoutimi
418-698-3157, poste 6030 / 1 800-463-6565

nathalie.gaudreault@promotionsaguenay.qc.ca
www.promotionsaguenay.qc.ca

L'office du tourisme et des congrès de Saguenay possède toute une expertise en organisation d'événements d'affaires et sportifs. Parmi les services offerts, notons entre autres les visites de familiarisation et d'inspection, le soutien à la logistique de transport, la mise en relation avec les fournisseurs locaux ou encore les services de guides touristiques. Demandez votre copie du Guide du Planificateur.

SAINT-FÉLIX-D'OTIS

ACTIVITÉ / RESTAURANT SALLE DE RÉUNION

SITE DE LA NOUVELLE-FRANCE
370, Vieux Chemin
418-544-8027 / 1 888-666-8027
www.sitenouvellefrance.com

Visites commentées de juin à fin août. Départs à chaque 30 min pour la visite commentée, entre 9h15 et 16h30. Tarif de groupe disponible. Possibilité d'organiser votre événement au pavillon d'accueil. Restaurant sur place.

Un fascinant voyage dans le temps qui vous transporte au XVIIe siècle en Nouvelle-France ! Tout a été mis en œuvre pour vous faire revivre un passé authentique : habitants en costumes d'époque, bâtiments minutieusement reconstitués dans un paysage fidèle aux descriptions. Un spectacle équestre de grande qualité relate l'histoire du cheval canadien, une race exceptionnelle. Possibilité pour les groupes de combiner la visite du site, le spectacle équestre et une croisière sur le fjord en compagnie de Samuel de Champlain. Pour la « boustifaille », le restaurant Le Dixseptième élabore des mets d'époque et une cuisine maison contemporaine. La capacité de la salle à manger est de 250 personnes. Pour donner un cachet unique à votre événement, vous pouvez louer le pavillon d'accueil. Contactez-les par téléphone ou par courriel à evenements@site-nouvellefrance.com. Des forfaits sur mesure sont également offerts selon votre budget pour les voyages de motivation ou les réunions d'affaires (corpo@sitenouvellefrance.com).

LA VILLE DE SAGUENAY ET SES ENVIRONS

CONTACTS

PROMOTION SAGUENAY – DIVISION TOURISME D'AFFAIRES, CONGRÈS & SPORTS

Voir section « La Route du Fjord » pour toute l'information.

TRIGONE, CONSEILLERS EN AMÉLIORATION DE LA PERFORMANCE

1700, Talbot, bureau 101
418-693-3300 / 1 866-931-3300
conseillers@trigone.biz | www.trigone.biz

Cette entreprise accompagne les organisations dans l'amélioration de leur performance, avec une gamme complète de services de tous genres, tout en respectant les enjeux humains, économiques et technologiques. Son équipe est composée de professionnels en management, en marketing, en ressources humaines, en ingénierie, en pédagogie, d'experts techniques ainsi que de psychologues et gestionnaires.

ARRONDISSEMENT DE CHICOUTIMI

HÉBERGEMENT

HÔTEL CHICOUTIMI

460, Racine E
418-549-7111 / 1 800-463-7930
www.hotelchicoutimi.qc.ca
★★★★

- Chambres tendances : 54
- Chambres contemporaines : 12 – à partir de 90 $
- Chambres spacieuses : 4
- Suites : 3
- Chambres Sensoria : 5
- Restaurant sur place : 3
- Rouge Burger Bar : spécialité de burgers (vous choisissez les options), menu de type « comfort food », diffusion d'événements sportifs, capacité de 70 couverts
- L'international Café : cuisine d'inspiration méditerranéenne, d'une capacité de 140 couverts (spectacles jazz et blues à l'année)
- Le Victorien : petits-déjeuners découverte, d'une capacité de 80 couverts
- Salles de réunion : 5 (de 10 à 325 personnes)
- Salle la plus grande : 4 900 pi^2, 325 personnes
- Commodités : Internet haute vitesse sans fil, équipement audiovisuel, service de photocopie et télécopie, forfait gens d'affaires, prix corporatifs, centre de massothérapie, centre de conditionnement physique, savonnerie, boutique de produits régionaux
- Localisation : en plein centre-ville, à deux rues de la rivière Saguenay

Situé en plein cœur du centre-ville, l'Hôtel Chicoutimi vous réserve une expérience inoubliable où tous vos sens seront mis à contribution. Les chambres, épurées et très tendances, ont été créées par un designer local et offrent

saguenay

une ville   un fjord

- 3 centres de congrès
- plus de 700 chambres de catégorie 4 étoiles
- plus d'activités enivrantes
- une équipe des plus audacieuses

Plus facile d'accès › 55 minutes de Montréal en avion
› nouvelle route panoramique à 4 voies divisées

congrès et événements

POUR VOIR PLUS LOIN

LE MONTAGNAIS HÔTEL ET CENTRE DE CONGRÈS
L'un des plus vastes hôtels au Québec
avec un centre de congrès intégré.

www.lemontagnais.qc.ca

HOLIDAY INN SAGUENAY CENTRE DES CONGRÈS
Renommé pour la qualité de ses installations
et l'excellence de son service.

www.hisaguenay.com

CENTRE DE CONGRÈS & HÔTEL LA SAGUENÉENNE
La plus grande salle de spectacle au coeur
d'un centre de congrès au Québec.

www.lasagueneenne.com

HÔTEL CHICOUTIMI
L'hôtel tendance spécialisé en organisation
d'événements écoresponsables.

www.hotelchicoutimi.qc.ca

Office du tourisme et des congrès de Saguenay
1 800 463.6565 | saguenay.ca

Promotion
Saguenay

toutes les commodités nécessaires à votre séjour (et même plus!). Notez que le nouveau concept de l'hôtel a intégré le virage vert et le développement durable, tant dans ses infrastructures que ses services. Il dispose de salles de réunions et de banquets entièrement rénovées et équipées en services multimédias de tout genre.

HÔTEL LA SAGUENÉENNE
250, des Saguenéens
418-545-8326
Sans frais : 1 800-461-8390
www.lasagueneenne.com
★★★★

⮑ Chambres standards : 112 – tarifs corporatifs sur demande
⮑ Suites : 6 – tarifs corporatifs sur demande
⮑ Restaurant sur place : 1
⮑ Le Tremblay : restaurant style pub d'une capacité de 150 couverts, salles privées disponibles (salles de réunion)
⮑ Salles de réunion : 11 (de 5 à 1 275 personnes)
⮑ Salle la plus grande : 116 x 79 pi, 1 275 personnes en théâtre
⮑ Commodités : centre d'affaires ouvert 24 heures par jour (comprend 2 ordinateurs, imprimante, scanner et Internet), équipement audiovisuel, Internet haute vitesse sans fil, appels interurbains au Canada et aux États-Unis gratuits, menus pour groupes et banquets, salle de conditionnement physique, piscine intérieure à l'eau salée, sauna et spa, etc.
⮑ Localisation : sur la route 175, en arrivant à Chicoutimi

Entièrement rénové en 2005, ce luxueux hôtel est l'endroit idéal pour marier travail et détente. Ses chambres bien équipées permettent à ses hôtes de travailler en toute tranquillité. Son restaurant-bar peut vous accueillir lors de votre congrès ou pour une petite réunion d'affaires. N'hésitez pas à prendre la côte de bœuf au jus, sa grande spécialité. Ses onze salles de réunion, modulables selon les besoins, sauront satisfaire toutes les exigences.

LE MONTAGNAIS – HÔTEL ET CENTRE DE CONGRÈS
1080, Talbot | 418-543-1521 / 1 800-463-9160
www.lemontagnais.qc.ca
Établissement membre du réseau Chaîne Hôte.
★★★★

⮑ Chambres standards : 298 – à partir de 114$ en occupation double
⮑ Suites de luxe et hospitalières : 9
⮑ Restaurant sur place : 1
⮑ Le Légendaire : cuisine régionale et de type bistro, capacité de 225 couverts (organisation de banquets en salle)
⮑ Salles de réunion : 17 (de 6 à 1 500 personnes)
⮑ Salle la plus grande : 10 700 pi^2, 1 500 personnes en théâtre
⮑ Commodités : Internet haute vitesse sans fil, équipement audiovisuel, menus pour groupes et banquet, piscines intérieure et extérieure, saunas et bain tourbillon, centre de santé, salle de conditionnement physique, tennis, discothèque L'Éclipse, etc.
⮑ Localisation : sur la route 175, avant la jonction avec la route 372

Le Montagnais est passé maître dans l'organisation de congrès et autres évènements d'importance au Saguenay. Ses chambres, très confortables et spacieuses, sont toutes équipées d'Internet sans fil. Le restaurant propose de nombreux menus à la carte ou pour groupe, et offre un service professionnel dans un décor à l'image de l'hôtel. Enfin, il est situé près du centre-ville et des principaux centres commerciaux mais, vous constaterez vite que nul besoin est de sortir de cet hôtel… tout y est !

RESTAURANT

LA CUISINE
387, Racine E | 418-698-2822
www.restaurantlacuisine.ca
⮑ Catégorie : cuisine internationale
⮑ Heures d'ouverture : lun-ven, 11h-14h ; lun-dim, 17h-fermeture
⮑ Fourchette de prix : midi à partir de$; soir$- $$
⮑ Salles privées : 2 (une de 60 couverts à l'étage et

une haut de gamme au rez-de-chaussée de 15 à 20 couverts)

Un restaurant branché et très prisé qui se spécialise dans la cuisine de type bistro (tartare de bœuf, salade tiède de foies de poulet, bavette de veau, etc.), en plus d'offrir un savoureux menu de grillades, pâtes, moules et mets asiatiques. Une excellente carte des vins agrémente le tout. Une adresse incontournable où l'accent est mis sur les produits du terroir régional. Menu de groupe disponible.

ACTIVITÉS

CLUB DE GOLF LE RICOCHET
1571, Saguenay E | 418-693-8221
Ouvert d'avril à octobre : lun-dim, 7h-23h.
Ce club de golf public, surplombant la rivière Saguenay, offre deux parcours : 9 trous (3350 verges, normale 36) et 9 trous éclairés (1 100 verges, normale 27). On y retrouve également 45 emplacements de frappe de balles éclairés et vert d'entraînement. Pour ceux dont ce serait les premiers pas en la matière, il est possible d'engager un instructeur. Services de location d'équipement, bar et restauration, salle de réunion/congrès.

CROISIÈRES DU FJORD
Zone portuaire
418-543-7630 / 1 800-363-7248
www.croisieresdufjord.com
En opération de mai à octobre. Tarif groupe et nolisement disponible. Cette compagnie offre une multitude de croisières sur le fjord du Saguenay. Les départs s'effectuent de Chicoutimi, La Baie, Sainte-Rose-du-Nord, Rivière-Éternité et L'Anse-Saint-Jean (également à Sacré-Cœur et Tadoussac dans la région de Manicouagan). Il est possible de noliser un des navires de leur flotte afin d'y réaliser votre événement : Le Cap Éternité (48 passagers), Le Cap Liberté (72 passagers), Le Nouvelle-France (146 passagers), et La Marjolaine (400 passagers).

LOCATION DE SALLES

PULPERIE DE CHICOUTIMI
300, Dubuc | 418-698-3100 / 1 877-998-3100
www.pulperie.com
C'est sur ce site impressionnant, près de la chute de la Rivière Chicoutimi, qu'a été implanté le premier complexe industriel de pulpe de bois mécanique, fondé par un Canadien français, Alfred Dubuc. Fermé en 1930, sauvé de la démolition en 1978, les bâtiments forment aujourd'hui un site historique national mais également, le Musée régional du Saguenay-Lac-Saint-Jean avec une collection de plus de 26 000 objets, artefacts et œuvres. Un lieu exceptionnel pour y tenir votre prochain réunion ou événement. Sept salles différentes, au cachet indéniable, peuvent accueillir jusqu'à 250 personnes. La location de la salle inclut les entrées aux expositions et il possible de réserver les services d'un guide.

ARRONDISSEMENT DE JONQUIÈRE

HÉBERGEMENT

HOLIDAY INN SAGUENAY – CENTRE DES CONGRÈS
2675, du Royaume
418-548-3124 / 1 800-363-3124
www.saguenay.holiday-inn.com
★★★★
➲ Chambres standards : 137 – à partir de 109$
➲ Chambres exécutives : 16
➲ Suites : 2
➲ Restaurant sur place : 1
➲ Le restaurant Côté Jardin : capacité de 150 couverts, salle privée disponible
➲ Bar le Zeste : parfait pour les 4 à 7, capacité de 50 personnes

- ⮑ Salles de réunion : 16 (de 10 à 1 500 personnes)
- ⮑ Salle la plus grande : 108 X 108 pi (11 664 pi²), 1 500 personnes en théâtre
- ⮑ Commodités : Internet haute vitesse sans fil, équipement audiovisuel, centre d'affaires, service de photocopie/fax/courrier, espace affaires sans personnel, menus pour groupes et banquet, centre de santé, salle de conditionnement physique, piscine extérieure, centre commercial adjacent, etc.
- ⮑ Localisation : au croisement de la route 170 et de la rue Mathias, à deux pas du bureau touristique

L'hôtel Holiday Inn Saguenay est situé à l'entrée de la ville si l'on arrive de l'est. Tout est mis en œuvre pour vous satisfaire et organiser avec vous un événement des plus réussis. Les chambres, spacieuses et très confortables, sont toutes équipées d'Internet sans fil haut débit et d'une boite vocale. Le centre d'affaires, ouvert 24 heures par jour, comprend deux ordinateurs et une imprimante. Pour casser la croûte, son restaurant propose une cuisine du marché, gibiers, fruits de mer et grillades où l'accent est mis sur la créativité et la fraîcheur. Pour vos réunions et événement, les salles du centre de congrès sont entièrement modulables et équipées de tout le matériel nécessaire. Un menu banquet peut être élaboré sur demande.

ARRONDISSEMENT DE LA BAIE

HÉBERGEMENT

AUBERGE DES 21

21, Mars | 418-697-2121 / 1 800-363-7298
www.aubergedes21.com
Établissement membre du réseau Hôtellerie Champêtre.
★★★★

- ⮑ Chambres standards : 10 – à partir de 99$
- ⮑ Chambres intermédiaires : 10
- ⮑ Chambres de luxe : 9
- ⮑ Suites exécutives : 2
- ⮑ Restaurant sur place : 1 (restaurant gastronomique « 4 diamants » de 90 couverts, 2 salles privées disponibles)

- ⮑ Salles de réunion : 7 (de 10 à 80 personne)
- ⮑ Commodités : Internet sans fil, équipement audiovisuel, centre d'affaires, forfait affaires, menus pour groupes et banquet, service de secrétariat, centre de santé
- ⮑ Localisation : au centre-ville, aux abords de la baie des Ha ! Ha !, à quelques minutes de l'aéroport de Bagotville

L'auberge est située dans un cadre enchanteur, aux abords de la baie avec une vue sur le fjord au loin. L'accueil y est chaleureux et très professionnel et les chambres sont douillettes. Les salles de réunions sont équipées en fonction des besoins et de savoureuses pauses café y sont proposées. L'auberge est reconnue comme une des meilleures tables de la région et possède une expérience solide dans l'organisation de repas, banquets et autres évènements importants. De nombreux menus sont disponibles. Il est même possible de personnaliser son menu sur demande.

AUBERGE DES BATTURES

6295, de la Grande-Baie S
418-544-8234 / 1 800-668-8234
www.battures.ca
★★★★

- ⮑ Chambres standards : 16 – à partir de 78$ en basse saison et de 115$ en haute saison
- ⮑ Chambres supérieures : 8
- ⮑ Chambres de luxe : 3
- ⮑ Suites junior : 4
- ⮑ Suites de luxe : 1
- ⮑ Restaurant sur place : 1 (restaurant gastronomique, capacité de 100 couverts)
- ⮑ Salles de réunion : 3 (de 10 à 125 personnes)
- ⮑ Salle la plus grande : 1 370 pi², 125 personnes en banquet
- ⮑ Commodités : Internet sans fil, service de photocopie, de télécopie et secrétariat, équipement audiovisuel, soutien à l'organisation de congrès (activités sociales, etc.), service de massage, salle de conditionnement physique, etc.
- ⮑ Localisation : à l'est du centre-ville, sur la route 170 en direction de Saint-Félix-d'Otis.

À 10 km de la ville en direction du parc

du Saguenay et au bord de la baie des Ha! Ha!, l'Auberge des Battures offre une superbe vue sur la baie et sa jonction avec le fjord. Un accueil chaleureux, une table gastronomique exceptionnelle et un éventail d'activités nature décrivent à merveille cet endroit. Des forfaits affaires sauront combler vos attentes : journée affaires à 23 $ par personne (incluant la location de la salle, deux pauses-cafés et le repas du midi), et pension affaires à 168,25 $ par personne (incluant deux jours de réunion avec pauses et repas du midi, un souper, une nuit en occupation simple et un petit-déjeuner).

AUBERGE
DE LA RIVIÈRE SAGUENAY
9122, de la Batture
418-697-0222
Sans frais : 1 866-697-0222
www.aubergesaguenay.com
Établissement membre du réseau Gîtes et Auberges du Passant Certifiés.
★★★
➲ Chambres : 13 – à partir de 75 $ (forfait sur mesure)
➲ Chalet : 1 (jusqu'à 7 personnes)
➲ Restaurant sur place : 1 (cuisine champêtre et régionale, capacité de 50 couverts)
➲ Salle de réunion : 1 (20 pi X 16 pi, accueillant 15 personnes)
➲ Commodités : Internet à la réception et dans la salle de réunion, tableau à feuilles et écran géant, menus pour groupes, service de massage sur réservation
➲ Localisation : à l'est du centre-ville, route 170 en direction de Saint-Félix-d'Otis puis chemin de la Batture (aux abords de la baie des Ha! Ha! et du fjord)

Cette auberge, fort réputée pour son calme et la beauté des paysages qui l'entoure, est l'endroit idéal pour les petites réunions d'une quinzaine de personnes maximum. Des forfaits sur mesure sont concoctés afin de répondre aux besoins et attentes de votre entreprise, tout en respectant votre budget. Qui plus est, vous pouvez bénéficier de l'exclusivité des lieux. Le

restaurant de l'auberge met de l'avant les produits régionaux et peut mettre sur pied un menu spécial selon vos désirs. Un petit havre de paix qui vous offrira amplement de quoi faire entre les réunions, question de profiter de la beauté des lieux.

RESTAURANT

OPIA
865, Victoria
418-697-6742
www.opiaresto.com
➲ Catégorie : cuisine internationale
➲ Heures d'ouverture : mar-ven, 11h-22h ; sam-dim, 16h-22h
➲ Fourchette de prix : table d'hôte le midi $, table d'hôte le soir $- $$
➲ Salle privée : une salle semi-privée au 2e étage, capacité de 50 couverts

Ce restaurant à la déco stylisée et aux couleurs chaudes est l'endroit que tous vous recommanderont. Une cuisine du marché, des saveurs internationales, des produits frais de la mer, bref, un menu qui séduit et à la portée de tous les budgets. Pour les groupes, des menus table d'hôte personnalisés peuvent être concoctés. Ne repartez pas sans déguster un de leurs excellents desserts… qui a dit qu'on ne devait pas céder à la tentation !

ACTIVITÉS

LES AVENTURES D'UN FLO
Représentation au théâtre du palais municipal à 20h : 1831, 6e Avenue
418-698-3333
Sans frais : 1 888-873-3333
www.palaismunicipal.com
Représentations en juillet et août. Tarif groupe (20 personnes et plus) : 37 $-39 $, 1 gratuité par 10 personnes. Depuis vingt ans, ce spectacle grandiose rassemble des milliers de spectateurs venus découvrir l'histoire

du Saguenay-Lac-Saint-Jean, de sa fondation en 1603 à nos jours. Aujourd'hui, ce nouveau spectacle tout aussi majestueux raconte l'histoire d'amour entre Florian et une jeune amérindienne, et leurs péripéties à travers les époques. Un magnifique hommage à la région et une très bonne soirée en perspective.

SURVOL DU FJORD EN AVION

7000, de l'Aéroport

418-677-1717

www.aeropluslabaie.com

De 90$ à 165$ pour le tour touristique (3 personnes maximum par vol). Durée : 30 min à 1h. Nolisement disponible. Survol des plus beaux sites du fjord à bord d'un petit avion. Deux circuits sont proposés mais il est possible de choisir soi-même la durée et l'itinéraire voulu.

ARRONDISSEMENT DE SHIPSHAW

ACTIVITÉ

VOILE MERCATOR

40, des Terres-Rompues | 418-698-6673

Sans frais : 1 888-674-9309

www.croisieresaguenay.com

Une activité hors du commun pour les groupes de 10 personnes et moins. À bord du catamaran « Le Bleu Marin », découvrez les plaisirs de la navigation. Chaque participant fera une formation de base en voile et se verra remis un certificat d'initiation. Différentes formules vous sont proposées : croisière sur mesure, rencontre d'affaires à bord, un 5 à 7 pour vos activités sociales branchées, et excursions touristiques. Pour ceux qui recherchent une excellente d'activité de teambuilding, optez pour la consolidation d'équipe sur voilier. Ce programme a été mis sur pied en collaboration avec Trigone, spécialiste en management stratégique et développement organisationnel.

TOUR DU LAC SAINT-JEAN

CONTACT

TOURISME ALMA – BUREAU DES CONGRÈS ALMA-LAC-SAINT-JEAN

a/s Patricia Ouellet | 1682, du Pont Nord, Alma

418-668-3611 / 1 877-668-3611

affaires@tourismealma.com

www.tourismealma.com

Pour vous accompagner dans l'organisation de votre événement de tout genre, le bureau des congrès vous offre un soutien tout au long de votre démarche. Vous cherchez un hôtel, une salle de conférence, des restaurants, des activités paracongrès… contactez-les ou visiter leur site Internet, section « Bureau des Congrès » pour une liste très complète des fournisseurs.

ALMA

HÉBERGEMENT

HÔTEL UNIVERSEL & CENTRE DES CONGRÈS D'ALMA

1000, des Cascades | 418-668-5261 / 1 800-263-5261

www.hoteluniversel.com

Établissement membre du réseau Chaîne Hôte.

★ ★ ★ ★

⊃ Chambres standards : 58 – à partir de 71$

⊃ Suites exécutives : 13

⊃ Restaurants sur place : 3

⊃ Le Bordelais : restaurant de fine cuisine régionale, capacité de 70 couverts

⊃ Le Bobar : menu de type bistro

⊃ Le Litchi : cuisine chinoise

⊃ Salles de réunion : 16 (de 2 à 600 personnes) ; salle la plus grande : 73 pi X 73 pi, 600 personnes en théâtre

⊃ Commodités : Internet haute vitesse sans fil, équipement audiovisuel, service clé en main (logistique, installation des équipements, accueil, etc.), menus pour groupes et banquet, salle de conditionnement physique, centre de santé « Alma sur l'île », cinq salles

de cinéma, salon de coiffure, agence de voyage, etc.

⮑ Localisation : en plein centre-ville

L'Hôtel Universel est le seul hôtel de sa catégorie à Alma et ses environs. Ses chambres offrent une vue imprenable sur la rivière Petite-Décharge et le centre-ville d'Alma. Pour vos réunions d'affaires, en plus des salles, un vaste hall et une suite exécutive sont mis à votre disposition. Déjeuners, pauses, menu réunion ou banquet, tout y est à des prix très raisonnables. Pour ceux qui aimeraient ne pas s'occuper de la logistique de leur événement, une équipe des ventes se charge de tout, allant du transport jusqu'aux activités.

COMPLEXE TOURISTIQUE DAM-EN-TERRE

1385, de la Marina | 418-668-3016 / 1 888-289-3016
www.damenterre.qc.ca
★★★

⮑ Hébergement : 31 unités (condos pour 4 à 6 personnes, suite-condos pour 2 à 4 personnes, chalets pour 2 à 4 personnes) – à partir de 102,95$ l'unité condo ou suite pour 2 personnes

⮑ Restaurant sur place : 1 (capacité de 200 couverts) – service de traiteur sur réservation seulement

⮑ Salles de réunion : 4 (de 8 à 200 personnes)

⮑ Salle la plus grande : 7 400 pi^2, 200 personnes

⮑ Commodités : équipement audiovisuel, forfaits affaires sur mesure, salon, terrasses, nombreuses activités de plein air, activités de consolidation d'équipe

⮑ Localisation : à 6 km d'Alma

En bordure de la rivière Grande-Décharge, le complexe touristique Dam-en-Terre offre l'hébergement, les repas et un large choix d'activités de plein air et de détente. L'équipe du complexe montera sur mesure un forfait pour vos rencontres mais peut également s'occuper des loisirs pour vos moments de pause. Pourquoi ne pas profiter d'une croisière sur le Lac-Saint-Jean à bord du MV La Tournée ? Ici l'expression « joindre l'utile à l'agréable » prend tout son sens !

RESTAURANT

AUBERGE BISTRO ROSE & BASILIC

600, des Cascades | 418-669-1818 / 1 866-614-1818
www.roseetbasilic.com

⮑ Catégorie : cuisine contemporaine, du terroir, fine cuisine française

⮑ Heures d'ouverture : mar-ven, 11h-14h & 17h-22h : sam, 17h-22h (lun-dim, 11h-22h en saison estivale)

⮑ Fourchette de prix :$- $$

⮑ Salle privée : 1 (salon Affaires pour 2 à 20 personnes, équipement audiovisuel complet) et possibilité de louer la salle du 2e pour un groupe de 50 personnes maximum

Tout nouveau tout beau, c'est avec fébrilité que Linda Décoste a ouvert son auberge-bistro en juin 2008. Succès immédiat et comment en effet de ne pas adorer les lieux : un accueil chaleureux, un personnel très attentif, une déco moderne et soignée, un emplacement de choix. Et que dire du menu : des plats santé et délicieux, préparés sous la gouverne du chef Laurent-Michel Deplanque. Belle sélection de vins, surtout dans le rouge. 3 terrasses chauffées. Menus groupe disponibles. Une adresse « coup de cœur » à retenir !

ACTIVITÉS

ÉQUINOX

1385, de la Marina
(complexe touristique Dam-en-Terre)
418-480-7226 / 1 888-668-7381
Aussi : Auberge des Îles à Saint-Gédéon,
418-345-2589
www.equinoxaventure.ca

Équinox vous offre la location d'équipement de plein tels que vélo, kayak de mer (pour aller, entre autres, sur les îles d'Alma), rabaska (grande embarcation), canot et pédalo. Le matériel de sécurité est inclus dans la location. Des excursions guidées en kayak de mer, en vélo et en rabaska l'été (en raquettes l'hiver) sont offertes à l'année et à des prix très compétitifs.

PARC THÉMATIQUE L'ODYSSÉE DES BÂTISSEURS

1671, du Pont Nord
418-668-2606 / 1 866-668-2606
www.odysseedesbatisseurs.com

Mi-juin à octobre : lun-dim, 9h-17h30 (fermeture à 16h30 en septembre). En basse saison : lun-ven, 9h-16h30. Visites guidées et prix de groupe disponibles.

Le parc thématique L'Odyssée des Bâtisseurs propose une expérience vivante vous démontrant l'importance de l'eau dans le développement de la région. À travers ses expositions, vous découvrez les grands moments de la construction de la centrale Isle-Maligne. Dans les lieux d'exposition en plein air, c'est de façon très interactive que sont présentés les métiers liés à l'eau ainsi que des points importants de l'histoire de la ville. Depuis le château d'eau, la vue est fort intéressante. Possibilité de continuer sa visite en faisant une randonnée sur l'île Maligne en prenant un petit traversier.

SAINT-NAZAIRE

RESTAURANT

À L'ORÉE DES CHAMPS

795, Rang 7 E | 418-669-3038
www.aloreedeschamps.com

⮑ Catégorie : fine cuisine régionale

⮑ Heures d'ouverture : jeu, 18h-23h ; ven, 13h-23h ; sam, 9h-minuit ; dim, 9h-20h (hors saison : les contacter avant de s'y rendre)

⮑ Fourchette de prix :$- $$

⮑ Salle privée : 1 (capacité maximale de 25 personnes)

Pour vous gens d'affaire, un tout nouveau concept agrotouristique vous attend en campagne pour vos réunions ou vos événements. Unique table champêtre au Saguenay-Lac-Saint-Jean, À l'Orée des champs c'est d'abord le plaisir de la table et des rencontres avec une salle à manger pouvant accueillir plus de 100 personnes selon vos besoins. Une table d'hôte délicieuse et raffinée provenant des produits de la ferme, entre autres l'agneau apprêté de différentes façons. De plus, l'entreprise met à votre disposition une salle de réunion et les pauses café, collations, repas du midi et du soir vous sont proposés. Pour réussir vos réunions, des services d'animation d'ateliers, de consolidation d'équipe, un équipement audiovisuel approprié ainsi que l'accès Internet haute vitesse viendront agrémenter vos activités.

LAC BOUCHETTE

HÉBERGEMENT

ERMITAGE SAINT-ANTOINE DE LAC-BOUCHETTE
250, de l'Ermitage
418-348-6344 / 1 800-868-6344
www.st-antoine.org
★★★

➲ Chambres standards : 60 – à partir de 47,30$ (basse saison) et 61,18$ (haute saison)
➲ Restaurant sur place : 1 (cuisine régionale, capacité de 270 couverts)
➲ Salles de réunion : 8 salles (de 5 à 150 personnes)
➲ Salle la plus grande : 36 pi X 57 pi, jusqu'à 200 personnes en conférence
➲ Commodités : équipement audiovisuel, poste Internet, service de bar, ateliers pour gens d'affaires, sentiers de randonnée, lieux de prière
➲ Localisation : près de la route 155, au sud de Chambord
Un endroit des plus originaux pour organiser une réunion. L'ermitage est essentiellement un lieu de prière mais il accueille également les groupes. C'est un lieu magnifique, en face du lac, idéal pour méditer et travailler sereinement. Deux formules sont proposées. La première, plus classique, consiste en la location de chambres et de salles de réunion. La deuxième est franchement plus originale. Il s'agit d'opter pour un des ateliers de deux jours en groupe sur un des trois thèmes suivants : le pardon, l'épuisement professionnel

ou la communication et le dialogue dans l'entreprise.

SAINT-FÉLICIEN

HÉBERGEMENT

HÔTEL DU JARDIN
1400, du Jardin
418-679-8422 / 1 800-463-4927
www.hoteldujardin.com
★★★★

➲ Chambres standards : 75 – à partir de 99$
➲ Chambres de luxe : 10
➲ Restaurants sur place : 2
➲ L'Oasis : cuisine internationale et régionale, capacité de 175 couverts
➲ Bistro-bar l'Éden : menu du jour les midis en semaine, capacité de 75 couverts
➲ Salles de réunion : 8 (de 10 à 600 personnes)
➲ Salle la plus grande : 80 pi X 70 pi, 600 personnes en théâtre
➲ Commodités : Internet haute vitesse sans fil, service de télécopie et photocopie, équipement audiovisuel, forfaits affaires, menus pour les groupes et banquet, piscine intérieure à l'eau salée et spa, salle de condition physique, centre de massothérapie le Jardin d'Ô, discothèque Le Saint-Fé (jeu-sam, 21h-3h), etc.
➲ Localisation : sur la route 167, près du centre-ville
Établissement de grand confort avec un centre des congrès répondant à tous vos besoins et budgets. Des forfaits affaires sont disponibles à la carte et sur demande. Par exemple : la salle de réunion (20 pers. max), deux pauses café, et le repas du midi en table d'hôte pour seulement 29,95$ plus taxes par personne. Des menus de cuisine régionale peuvent être élaborés pour votre groupe ainsi que des déjeuners buffet et des collations pour la pause. Notez que des buffets sont offerts au restaurant de l'hôtel les vendredis et samedis soirs ainsi que le dimanche. Pour une petite réunion d'affaires, le bistro-bar l'Éden vous propose un menu du jour tous les midis en semaine à compter de 6,95$.

Dormir au zoo en Asie

Vous cherchez une activité hors du commun pour votre groupe corporatif ? Imaginez alors passer la nuit au zoo de Saint-Félicien en compagnie des Tigres de l'Amour ! Le tout débute sur les coups de 20h avec une visite guidée axée sur l'adaptation des animaux à la nuit. Par la suite, feu de camp pour tous et nuitée au pavillon de l'habitat des tigres. Au matin, un petit déjeuner est servi avant le départ. Cette activité, sous supervision constante d'un naturaliste, s'adresse aux groupes de 6 personnes et plus (40 $ par adulte).

ACTIVITÉ

ZOO SAUVAGE DE SAINT-FELICIEN

2230, du Jardin
418-679-0543 / 1 800-667-5687
www.borealie.org

En mai, septembre et octobre : lun-dim, 9h-17h. De juin à fin août : lun-dim, 9h-18h (jusqu'à 20h de mi-juillet à mi-août). Consultez le site internet pour les horaires d'hiver. Tarif groupe sur demande. Durée de la visite : minimum 4h, incluant la visite du parc et la projection de deux films. Les humains en cage, les animaux en liberté ! Un concept unique et l'une des grandes attractions du Québec. Assis dans un train grillagé, vous ferez une balade inoubliable à travers le Canada d'est en ouest, parmi sa faune étonnante : ours noirs, grizzlis, caribous, cerfs, loups, couguars, bisons, orignaux, bœufs musqués, etc., mais également aigles et échassiers, tous évoluant dans leurs habitats naturels. Sans oublier les fameux sentiers de la nature et le zoo traditionnel situé sur l'Ile-aux-Bernard que traverse une rivière en cascades. Nouveautés : tigres de l'amour, nouvel habitat des grizzlis, nouveau circuit éducatif à la Petit ferme et aux jeux d'eau, exposition « les artistes du zoo en scène ».

SAINT-GÉDÉON

HÉBERGEMENT

AUBERGE DES ÎLES

250, rang des Îles / 418-345-2589 / 1 800-680-2589
www.aubergedesiles.com
★★★

⮞ Chambres standards et supérieures : 32 — à partir de 90$ en occupation double (tarifs corporatifs sur demande)

⮞ Suites : 1

⮞ Chalet : 1 (capacité de 4 personnes)

⮞ Restaurant sur place : 1 (cuisine française, du terroir, capacité de 80 couverts)

⮞ Salles de réunion : 4 (de 10 à 250 personne)

⮞ Commodités : équipement audiovisuel, Internet dans la salle de conférence, menus pour groupes, centre de santé, plage, location d'embarcations, terrains de tennis, etc.

⮞ Localisation : aux abords du lac Saint-Jean, à quelques minutes du terrain de golf Grandmont

L'Auberge des Îles déploie ses charmes dans un décor de rêve, avec le lac Saint-Jean à ses pieds. Sur place, tout est fait pour passer un séjour parfait : une vue imprenable sur le lac depuis la plupart de leurs chambres, une jolie plage ultra-tranquille, un centre de santé, et une multitude d'activités en toute saison. Les salles de réunion sont toutes équipées et certaines offrent une magnifique vue sur le lac. Un service bar et restauration est offert aux groupes ainsi que pour les pauses café. La terrasse du restaurant est l'endroit de rêve pour relaxer devant le coucher de soleil.

A

ACTIVITÉS CORPORATIVES
ET AVENTURE PLEIN AIR 158
ACTIVITÉS LAURENTIDES 139
AÉROPORT INTERNATIONAL
JEAN -LESAGE 8, 53
AÉROPORT INTERNATIONAL
LESTER B. PEARSON 8
AÉROPORT INTERNATIONAL
MACDONALD-CARTIER D'OTTAWA .. 8
AÉROPORT INTERNATIONA
PIERRE-ELLIOTT–TRUDEAU 8, 16
AÉROPRO 120
AFRIQUE EN MOUVEMENT 48
AIR CANADA 8
AIR CREEBEC 10
ALAIN LEBEL 158
ALLEGRO 108
À L'ORÉE DES CHAMPS 186
À L'OS 42
ALT HÔTEL 160
AMÉNAGEMENTS
HYDROÉLECTRIQUES MANIC-2
ET MANIC-5 119
AML 43
AMOSPHÈRE COMPLEXE HÔTELIER 79
AO LA FANTASTIQUE LÉGENDE ... 102
APAQ (ASSOCIATION
DES PROPRIÉTAIRES D'AUTOBUS
DU QUÉBEC) 7
APOLLO-GLOBE TRAITEUR 44
APPALACHES
LODGE-SPA-VILLÉGIATURE 117
APPARTEMENT (L') 33
ARBRASKA 134
ARRIVAGE (L') 39
ASSOCIATION DES BUREAUX
DE CONGRÈS DU QUÉBEC 11
ASSOCIATION TOURISTIQUE
DE CHARLEVOIX 105
ASSOCIATION TOURISTIQUE
RÉGIONALE DE DUPLESSIS 118
ASSOCIATION TOURISTIQUE
RÉGIONALE DE LA GASPÉSIE 123
ASSOCIATION TOURISTIQUE
RÉGIONALE DE MANICOUAGAN ... 118
ASTRAL (L') 69
AUBERGE AUX 4 SAISONS
D'ORFORD 92
AUBERGE BISTRO ROSE & BASILIC 186
AUBERGE COULEURS DE FRANCE . 167
AUBERGE DE LA POINTE 86
AUBERGE DE LA RIVE 165
AUBERGE DE LA
RIVIÈRE SAGUENAY 183
AUBERGE DE MONTAGNE
DES CHIC-CHOCS 124
AUBERGE DES 21 182
AUBERGE DES BATTURES 182
AUBERGE DES FALAISES 108

AUBERGE DES GALLANT 163
AUBERGE DES GLACIS (L') 114
AUBERGE DES ÎLES 188
AUBERGE DU DRAVEUR 172
AUBERGE DU
LAC-À-L'EAU-CLAIRE 154
AUBERGE DU LAC MORENCY 145
AUBERGE DU LAC SAINT-PIERRE . 157
AUBERGE DU LAC TAUREAU 136
AUBERGE DU VIEUX FOYER 147
AUBERGE GODEFROY 100
AUBERGE GOUVERNEUR 156
AUBERGE HARRICANA 82
AUBERGE LA GRANDE MAISON ... 106
AUBERGE L'AUTRE JARDIN 60
AUBERGE LE BALUCHON 156
AUBERGE LE LOUIS HÉBERT 67
AUBERGE LE LOUIS HÉBERT 61
AUBERGE LE SAINT-GABRIEL 36
AUBERGE LE VINCENT 55
AUBERGE MCDONALD 120
AUBERGE MONTEBELLO 175
AUBERGE QUILLIAMS 92
AUBERGE SAINT-ANTOINE 55
AUBERGE SAINT-PIERRE 55
AUBERGE & SPA WEST BROME 92
AUBERGE SUR MER 84
AUBERGE VAL SAINT-CÔME 135
AU CANOT VOLANT 135
AUGUSTE RESTAURANT 97
AUTHENTIK CANADA 17
AUTOBUS GALLAND 17
AUTOBUS LAVAL 53
AUTOBUS VOYAGEUR /
GREYHOUND CANADA 6
AUTOCAR
EXCELLENCE/EXCEL-TOURS 18
AUX ANCIENS CANADIENS 67
AUX TRUFFES 143
AVENTURES D'UN FLO (LES) 183
AVIS 17

B

BATEAU MOUCHE (LE) 44
BEAVER HALL 34
BEST WESTERN HÔTEL
UNIVERSEL 101
BIOSPHÈRE 19
BISTRO L'ARDOISE 85
BISTRO L'AROMATE 34
BLANCHISSERIE LA PARISIENNE ... 19
BLUME 17
BORIS BISTRO 34
BOSSUS (LES) 71
BOUCHON (LE) 98
BUDGET 17
BUFFET DU PASSANT 72
BUREAU DE CONGRÈS ET DE
FOIRES DE SHAWINIGAN 152

BUREAU DU TOURISME ET
DES CONGRÈS DE
SAINT-HYACINTHE 160

C

CABARET LION D'OR 19
CAFÉ DU CLOCHER PENCHÉ 68
CAFÉ JEAN-SÉBASTIEN
BAR & TAPAS 171
CAFÉ SIROCCO 68
CANYON SAINTE-ANNE 77
CAPITOLE (LE) 73
CASERNE DALHOUSIE (LA) 65
CASINO DE CHARLEVOIX 108
CASINO DE MONTRÉAL 19
CASINO DE MONT-TREMBLANT ... 144
CELEBRATION LIMOUSINE 18
CENTRE CDP CAPITAL SITQ 20
CENTRE DE CONGRÈS DE QUEBEC . 54
CENTRE DE CONGRÈS
ET D'EXPOSITIONS DE LÉVIS 113
CENTRE DE DÉCOUVERTE 65
CENTRE DE FORMATION
PAR L'ACTION 88
CENTRE DES CONGRÈS LE PARC .. 151
CENTRE DES
CONGRÈS TREMBLANT 143
CENTRE DE
VILLÉGATURE JOUVENCE 94
CENTRE LOCAL DE
DÉVELOPPEMENT
D'ABITIBI-OUEST 79
CENTRE LOCAL DE
DÉVELOPPEMENT DE
ROUYN-NORANDA 79
CENTRE MONT-ROYAL 18
CENTRE SHERATON 26
CHALET DU MONT -ROYAL 20
CHAMPLAIN 18
CHAPELLE DU MUSÉE (LA) 65
CHARBON STEAKHOUSE 68
CHÂTEAU BEAUVALLON 142
CHÂTEAU BONNE ENTENTE 54
CHÂTEAU BROMONT 90
CHÂTEAU JOLIETTE 134
CHÂTEAU LOGUE 172
CHÂTEAU VAUDREUIL
SUITES HÔTEL 166
CHEZ ALEXANDRE ET FILS 35
CHEZ BERNARD 146
CHEZ BOUQUET ÉCO-BISTRO 106
CHEZ CHINE 37
CHEZ GAUTIER 39
CHEZ LA MÈRE MICHEL 42
CHEZ MALLET 102
CHEZ QUEUX 40
CHRONIQUE (LA) 43
CIRQUE ÉLOIZE 20
CITÉ DE L'OR ET VILLAGE

MINIER DE BOURLAMAQUE 82
CLD DE BEAUCE-SARTIGAN 110
CLD DE LA MRC DE MATANE 123
CLD DE LA MRC
DE MEMPHRÉMAGOG 88
CLUB CHASSE ET PÊCHE (LE) 43
CLUB DE GOLF
DE DRUMMONDVILLE 103
CLUB DE GOLF LA MADELEINE 164
CLUB DE GOLF LE RICOCHET 181
CLUB MOUNT -STEPHEN 20
CLUB VOYAGES 131
COACH CANADA 18
COACH CANADA 7
COMPLEXE RÉCRÉOTOURISTIQUE
LA BANNIK 80
COMPLEXE TOURISTIQUE
DAM-EN-TERRE 185
CONDOS ET HÔTEL
LE MONTAGNARD 99
CONFUSION TAPAS DU MONDE 36
CONGRÈS & SPORTS 177,178
CONSEILLERS EN AMÉLIORATION
DE LA PERFORMANCE 178
COOP 18
CORPORATE AVENTURE 90
COSMOS CAFÉ 113
COURTYARD MARRIOTT 56
CRÉMAILLÈRE (LA) 70
CROISIÈRES 2001 122
CROISIÈRES AML 75, 87,122
CROISIÈRES DU FJORD 181
CROISIÈRES DUFOUR 122
CROISIÈRES LE COUDRIER 114
CROISIÈRES OTIS 122
CTMA 131
CUISINE (LA) 180

D

D'ARBRE EN
ARBRE DRUMMONDVILLE 103
D'ARBRE EN ARBRE TREEGO 99
DELTA CENTRE -VILLE 26
DELTA SHERBROOKE HÔTEL
ET CENTRE DES CONGRÈS 96
DELTA TROIS-RIVIÈRES HÔTEL
ET CENTRE DES CONGRÈS 157
DENISE CORNELIER TRAITEUR 45
DEUX GOURMANDES
UN FOURNEAU 72
DÉVELOPPEMENT
ÉCONOMIQUE LONGUEUIL 160
DIABOLISSIMO 45
DIAMOND 18
DISCOUNT 17
DIVISION RÉUNIONS ET CONGRÈS 167
DIVISION TOURISME D'AFFAIRES 178
DOMAINE DE L'ÎLE RONDE 133
DOMAINE DES

TROIS GOURMANDS 134
DOMAINE DU VIEUX COUVENT 132
DOMAINE TEMI KAMI 80

E

ENFANTS TERRIBLES (LES) 35
ENTERPRISE 17
ENTRECÔTE SAINT-JEAN (L') 69
ÉQUINOX 186
ERMITAGE SAINT-ANTOINE
DE LAC-BOUCHETTE 187
ESPACE RIVES-SUD 162
ESPACE SHAWINIGAN – CENTRE
DE FOIRES ET D'EXPOSITIONS 157
ESTAMPILLES
AUBERGE & SPA (L') 105
ESTRIMONT SUITES & SPA 93
EXACT AIR 120
EXPOCITÉ – CENTRE DE FOIRES 54

F

FAIRMONT KENAUK AU
CHÂTEAU MONTEBELLO 174
FAIRMONT LE CHATEAU
FRONTENAC 55
FAIRMONT LE CHÂTEAU
MONTEBELLO 173
FAIRMONT LE MANOIR RICHELIEU 107
FAIRMONT LE REINE ELIZABETH 24
FAIRMONT TREMBLANT 141
FAUCHEUX 91
FERME DU JOUAL VAIR 101
FORGE (LA) 143
FOUR POINTS BY SHERATON LÉVIS 112
FOUR POINTS PAR
SHERATON & CENTRE
DES CONFÉRENCES
GATINEAU-OTTAWA 168
FOURQUET FOURCHETTE 161

G

GALOUINE (LA) 122
GARE CENTRALE DE MONTRÉAL 4
GARE CENTRALE DE MONTRÉAL / VIA
RAIL 15
GARE DU PALAIS 4
GARE DU PALAIS 52
GEORGESVILLE (LE) 116
GÎTE DU MONT ALBERT 129
GOLF LE VERSANT 138
GRAFFITI 68
GRAND HÔTEL TIMES 56
GRAND LODGE
MONT-TREMBLANT (LE) 142
GRAND THÉÂTRE DE QUÉBEC 65
GROUPE GAUDREAULT 18
GROUPE LA QUÉBECOISE 18
GROUPE LA QUÉBECOISE 5

GROUPE LIMO QUÉBEC 54

H

HERTZ 17
HILTON LAC-LEAMY 168
HILTON MONTRÉAL BONAVENTURE 27
HILTON MONTRÉAL/LAVAL 149
HOCHELAGA 18
HOLIDAY INN SAGUENAY – CENTRE
DES CONGRÈS 181
HOLIDAY INN SELECT MONTRÉAL
CENTRE-VILLE 27
HOSTELLERIE BAIE BLEUE &
CENTRE DES CONGRÈS
DE LA GASPÉSIE 125
HOSTELLERIE LES TROIS
TILLEULS & SPA GIVENCHY 165
HÔTEL ALT 56
HÔTEL-BOUTIQUE
CHÂTEAU CARTIER 170
HÔTEL BROSSARD 161
HÔTEL & CHALETS MONTCALM 135
HÔTEL CHÂTEAU LAURIER QUÉBEC 57
HÔTEL CHÉRIBOURG 93
HÔTEL CHICOUTIMI 178
HÔTEL CLARENDON 57
HÔTEL CLARION 58
HÔTEL CRYSTAL
DE LA MONTAGNE 24
HÔTEL DE GLACE 62,77
HÔTEL DE LA MONTAGNE 28
HÔTEL DE L'INSTITUT 28
HÔTEL DES COMMANDANTS 126
HÔTEL DES COUTELLIER 60
HÔTEL DES ESKERS 80
HÔTEL DES PREMIÈRES NATIONS 62
HÔTEL DES SEIGNEURS 163
HÔTEL DU CAPITOLE 58
HÔTEL DU JARDIN 187
HÔTEL DU LAC CARLING 140
HÔTEL ET SUITES LE DAUPHIN 101
HÔTEL FORESTEL ET CENTRE DE
CONGRÈS 82
HÔTEL GAULT 28
HÔTEL GOUVERNEUR 84, 121, 158
HÔTEL GOUVERNEUR
LE NORANDA 81
HÔTEL GOUVERNEUR
PLACE DUPUIS 29
HÔTEL LA NORMANDIE 128
HÔTEL LA SAGUENÉENNE 180
HÔTEL LA SAPINIÈRE 147
HÔTEL L'EAU À LA BOUCHE 146
HÔTEL LE CONCORDE 58
HÔTEL LE FRANCIS 127
HÔTEL LE MANOIR 118
HÔTEL LE NAVIGATEUR 84
HÔTEL LE PRÉSIDENT 96
HÔTEL LE PRIORI 59

HÔTELLERIE JARDINS DE VILLE 97
HÔTEL LÉVESQUE 86
HÔTEL L'OISELIÈRE 111
HÔTEL L'OISELIÈRE MONTMAGNY ... 112
HÔTEL L'OISELIÈRE
SAINT-NICOLAS 112
HÔTEL MANOIR SAINT-SAUVEUR ... 145
HÔTEL MARITIME PLAZA 29
HÔTEL MONT-GABRIEL 147
HÔTEL MORTAGNE 160
HÔTEL NELLIGAN 29
HÔTEL PLAZA VALLEYFIELD 166
HÔTEL PORT ROYAL 59
HÔTEL PUR 59
HÔTEL RELAIS GOUVERNEUR 164
HÔTEL RIMOUSKI
ET CENTRE DE CONGRÈS 85
HÔTEL SACACOMIE 155
HÔTEL SAINTE-ANNE 60
HÔTEL SAINT-PAUL 30
HÔTEL SANDMAN 162
HÔTEL SÉPIA 60
HÔTEL SEPT-ÎLES 121
HÔTEL TADOUSSAC 121
HÔTEL UNIVERSEL &
CENTRE DES CONGRÈS
D'ALMA 184
HÔTEL UNIVERSEL ET
CENTRE DES CONGRÈS 86
HÔTEL VAL-DES-NEIGES
MONT SAINTE-ANNE 63
HOUSE OF JAZZ 47
HYATT REGENCY MONTRÉAL 30

I

IAN PERREAULT 46
ILLICO GALERIE 158
IMPERIA HÔTEL SUITES 140
INSTITUT DE TOURISME
ET D'HÔTELLERIE DU QUÉBEC 48
INTERCONTINENTAL 25
INTERNATIONAL DES FEUX
LOTO-QUÉBEC 48
INTIMISTE (L') 114

J

JARDIN BOTANIQUE ET
INSECTARIUM DE MONTREA 21
JET BOATING MONTRÉAL
SAUTE-MOUTONS 50
JPDL QUÉBEC & CHARLEVOIX 105
JUSTE POUR ÉVÉNEMENTS 21

K

KAIZEN SUSHI BAR & RESTAURANT . 38

L

LABYRINTHE DU HANGAR 16 50

LARGO RESTO-CLUB 74
LA TOHU - CITÉ DES ARTS
DU CIRQUE 21
LATULIPPE CENTRE DU
TEAM BUILDING 149
LE 48 67
LEMÉAC 40
LIEU HISTORIQUE NATIONAL DU
CANADA DE LA GROSSE-ÎLE-ET-
LE-MÉMORIAL-DES-IRLANDAIS 114
LIMOUSINE A1 54
LIMOUSINE MONTRÉAL 18
LIMOUSINE MURRAY HILL 18
LIMOUSINE SÉLECT 18
LOWES HOTEL VOGUE 25

M

MAISON DU GOUVERNEUR 22
MAISON DU PÊCHEUR (LA) 128
MAISON DU TOURISME D'AMOS 79
MANOIR BELLE PLAGE 125
MANOIR DES ÉRABLES 115
MANOIR DES SABLES 94
MANOIR DE TILLY 116
MANOIR DU LAC DELAGE 63
MANOIR DU LAC WILLIAM 104
MANOIR HOVEY 95
MANOIR LAC-ETCHEMIN (LE) 111
MANOIR MONTMORENCY 64
MANOIR ROUVILLE-CAMPBELL 163
MARCHÉ BONSECOURS 22
MARQUISE DE BASSANO 61
MASSIF DE PETITE-RIVIÈRE-
SAINT-FRANÇOIS (LE) 109
MÉCHANT BŒUF (LE) 41
MENUS-PLAISIRS RESTAURANT-
AUBERGE (LES) 151
MICROBRASSERIE
NOUVELLE-FRANCE 155
MISTO 41
MOINE ECHANSON (LE) 74
MONTAGNAIS – HÔTEL ET
CENTRE DE CONGRÈS (LE) 180
MONTAGNE COUPÉE (LA) 136
MONTEGO RESTO CLUB (LE) 70
MOTEL RESTAURANT
FLEURS DE LYS 124
M SUR MASSON 36
MUSÉE   CANADIEN   DES
CIVILISATIONS 172
MUSÉE D'ART CONTEMPORAIN
DE MONTRÉAL 22
MUSÉE DE LA CIVILISATION 77
MUSÉE DE LA CIVILISATION 66
MUSÉE DE LA NATURE ET
DES SCIENCES 99
MUSÉE DES BEAUX-ARTS
DE MONTRÉAL 23
MUSÉE JUSTE POUR RIRE 23

MUSÉE MCCORD 23
MUSÉE NATIONAL DES
BEAUX-ARTS DU QUÉBEC 66

N

NAVARK 162
NORDIK – SPA EN NATURE (LE) 176
NOUVEL HÔTEL ET SPA 31

O

OBSERVATOIRE DE LA CAPITALE 66
OFFICE DE TOURISME ET
DES CONGRÈS DE VAL-D'OR 79
OFFICE DU TOURISME DE QUÉBEC .. 52
OFFICE DU TOURISME ET
DES CONGRÈS DE
RIVIÈRE-DU-LOUP 83
OFFICE DU TOURISME ET
DES CONGRÈS DU
HAUT-RICHELIEU 160
OH PINO ! 71
OPIA 183
OPUS3 14
OPUS MONTRÉAL 32
ORANGE BISTRO 106
ORANGE BLEUE (L') 119
ORCHESTRE SYMPHONIQUE
DE QUÉBEC 73
ORLÉANS EXPRESS 5, 53
OTTAWA BUS TERMINAL 5
OUTERACTIVE EXPÉRIENCES 144

P

PAILLARD 72
PALAIS DES CONGRÈS
DE MONTRÉAL 18
PARADIS DU NORD (LE) 81
PARC MARIE-VICTORIN 103
PARC NATIONAL DU
MONT ORFORD 94
PARC OMÉGA 175
PARC THÉMATIQUE L'ODYSSÉE
DES BÂTISSEURS 186
PARLEMENTAIRE (LE) 70
PASCAN AVIATION 130
PETIT MANOIR DU CASINO (LE) 108
PHANEUF ÉVÉNEMENTS 14
PHÉNIX LIMOUSINE 18
PIED DE COCHON (LE) 171
PLACE DES ARTS 47
PLACE FORZANI 151
POINTE-À-CALLIÈRE 23
POIVRE NOIR 158
PORTER AIRLINES 10
POURVOIRIE DU LAC BLANC 154
POURVOIRIE DU LAC-MOREAU
ET AUBERGE DU RAVAGE 109
PROMOTION SAGUENAY – 178

PROMOTION SAGUENAY –
DIVISION TOURISME D'AFFAIRES   177
PUB ST-PAUL   41
PULL MAN   47
PULPERIE DE CHICOUTIMI   181

Q

QUALITY INN MATANE   126
QUALITY INN & SUITE LÉVIS   112
QUALITY SUITES   102
QVC-INSCRIPT   52

R

RADISSON HÔTEL LAVAL   150
RAMADA PLAZA MANOIR
DU CASINO   170
RÉGIS FLEURY   52
RELAIS NORDIK   120
RESTAURANT AU 51   107
RESTAURANT LES
SAVEURS OUBLIÉES   107
RESTO PUB L'ESTAMINET   87
RIÔTEL BONAVENTURE   123
RIÔTEL MATANE   127
RIÔTEL PERCÉ   128
ROBIN DES BOIS   35
ROUTE DES VINS (LA)   90

S

SAINT-AMOUR (LE)   71
SAINT MARTIN HÔTEL &
SUITES (LE)   150
SAINT-SULPICE   31
SEIGNEURIE DU TRITON (LA)   152
SERVICES HISTORIQUES
SIX ASSOCIÉS INC. (LES)   75
SHERATON LAVAL ET
CENTRE DES CONGRÈS DE LAVAL   151
SHODAN   38
SITE DE LA NOUVELLE-FRANCE   177
SKI BROMONT.COM   91
SLS LIMOUSINE   18
SOCIÉTÉ DE DÉVELOPPEMENT
DU TÉMISCAMINGUE   79
SOFITEL MONTREAL
GOLDEN MILE   25
SONAR   74
SOURCE (LA)   134
SOUVENIRS D'INDOCHINE   38
SPA LE FINLANDAIS   140
SPECTATOURS   110
STATION CENTRALE
D'AUTOBUS DE MONTRÉAL   5
STATION CENTRALE
D'AUTOBUS DE MONTRÉAL   15
STATION DE SKI
MONT-TREMBLANT   145
STATION DE SKI SUTTON   99

STATION TOURISTIQUE
DUCHESNAY   64
STATION TOURISTIQUE
PIN ROUGE   127
ST.CHRISTOPHE   91
STUDIOS NOUVELLE-FRANCE (LES)   61
SURVOL DU FJORD EN AVION   184

T

TABLE DES ROY (LA)   132
TABLE DU CHEF (LA)   98
TAJ (LE)   37
TAPEO   38
TAXI COOP   54
TEAM BUILDING MONTREAL   50
TERMINUS D'AUTOBUS DE
LA GARE DU PALAIS   5
TERMINUS D'AUTOBUS DE
LA GARE DU PALAIS   53
TERROIR ETCETERA   164
THÉÂTRE DE LA BORDÉE   66
THÉÂTRE DU NOUVEAU MONDE   47
THÉÂTRE DU PETIT CHAMPLAIN   73
THÉÂTRE ST-DENIS   47
THRIFTY   17
TOQUÉ !   43
TORONTO CITY CENTRE AIRPORT   8
TORONTO COACH TERMINAL   5
TOUR DU CHEF (LE)   46
TOURISME
ABITIBI-TÉMISCAMINGUE   78
TOURISME ALMA – BUREAU
DES CONGRÈS ALMA-LAC-
SAINT-JEAN   184
TOURISME BOIS-FRANCS –
VICTORIAVILLE   100
TOURISME CANTONS-DE-L'EST   88
TOURISME CENTRE-DU-QUÉBEC   100
TOURISME CHAUDIÈRE-
APPALACHES   110
TOURISME DRUMMOND   100
TOURISME ÎLES DE
LA MADELEINE   130
TOURISME LANAUDIÈRE   133
TOURISME LAURENTIDES   139
TOURISME LAVAL   149
TOURISME MAURICIE   152
TOURISME MONTÉRÉGIE   159
TOURISME MONTRÉAL   14
TOURISME MONT-TREMBLANT   139
TOURISME OUTAOUAIS   167
TOURISME RIMOUSKI   84
TOURISME SHERBROOKE   88
TOURISME SUROÎT   159
TOURS DU VIEUX-QUÉBEC (LES)   77
TOURS LUDOVICA   77
TRADITION GAUTIER   46
TRANSDEV LIMOCAR   6
TRIGONE   178

U

UNION STATION   4
UPSTAIRS   47
UTOPIE (L')   69

V

VERAVIN   75
VIA RAIL   4
VICEROY AUBERGE & SPA (LE)   175
VICES VERSA   108
VICTORIN HÔTEL ET CONGRÈS (LE)   104
VILLAGE QUÉBECOIS D'ANTAN   103
VISITE DES FANTÔMES DE QUÉBEC   77
VOILE MERCATOR   184
VOYAGES VASCO   131

W

WAXMAN   14
WESTIN MONTRÉAL   32
WESTIN RESORT & SPA (LE)   141
WESTJET   11
WILLIAM   162
WINDIGO (LE)   148
WINDSOR   22
W MONTREAL   26

Y

YUZU SUSHI BAR   72

Z

ZÈBRES (LES)   148
ZOO SAUVAGE DE
SAINT-FELICIEN   188